JN317246

CRUGE

費用便益の経済学的分析
環境と公共分野の理論

田中　廣滋　編著

中央大学出版部

プロローグ

　20世紀に環境問題が深刻になった一つの要因は，社会全体の仕組みが環境問題を解決する方向に向かっていないことであった．本叢書の第2号のテーマは「環境ネットワークの再構築」であったが，そこでは次のことが問われた．21世紀を展望して，環境問題を解決するためには，市場機構を含めて社会のすべてのシステムを環境改善の方向に組み替えることが必要である．とはいっても，環境問題の解決には避けて通ることができない省エネルギー製品の開発に成功した企業が経営の面でも成功するとは限らない．企業は研究開発コストの回収に失敗して，その技術の商品化さえも実現できないかもしれない．環境の技術開発コストが市場の価格や数量に反映されない状況の下では，この環境新技術革新が実用化されて，環境の改善という面で大きな成果が社会全体に行き渡ることは期待できないであろう．このような不幸な結果をわれわれはどのようにして回避すべきであろうか．いくつかの対応策が考えられる．このような採算の合わない技術開発に企業は取り組むべきではないということが，現実的でしかも，実際に採用される対応策であると考えられる．このような消極的な態度を研究機関や企業がとり続ければ，環境問題の解決は，遠のくと考えられる．ここで，個別の主体の合理的な行動が社会全体の最適な行動に結びつかないという一種の合成の誤謬が発生して，環境問題の展望を暗くしてしまう．

　社会全体からのシステムを適正に管理する全知全能な慈善的な政府が存在すれば，社会の混乱は容易に収拾されると期待される．しかしながら，政府といえども，社会的な意思決定に関して重大な影響力を有しているに過ぎない．政府は社会全体を完全に制御する主体ではなく，社会全体としてはその意思決定に参加するプレイヤーの一つに過ぎない．現在の社会システムを簡略化すれば，いろいろの主体が協力，競争あるいは対立しながら，社会全体の歯車がかみ合い，回転していく図式が浮かび上がってくる．個々の主体は合理的な行動

を実現するために，常に費用便益の計算を実施していると考えられる．これに対して，個別の合理的な行動を追求するのではなく，社会全体としての費用便益を科学的に評価することは，その作業に費やされる労力や費用の大きさなどのために，敬遠され，実行には移されない傾向がみられるが，その重要性は強調してもしすぎることはない．

　制度改革が論じられるときには，その議論の基礎には費用便益分析がある．どうしたら適正な純便益が求められるのか．純便益が最大になる選択肢は何であるのか．純便益が負になる選択肢が実行されることはないのか．このような問いは費用便益と不可分の関係にあり，これらの一連の課題に対して，経済学はその体系の中で解答を準備する．経済学的な主張の多くは，直接的にせよ間接的にせよ，費用便益に関するものである．費用便益分析は経済学の理論を構成する重要な支柱であり，その意味では伝統的な研究テーマである．このような，理論的な接近とは別に，費用便益分析には，個別の課題に関して，政策の選択肢に関する評価あるいは判定が求められている．費用便益分析は，基本理念を明確にするだけではなく，実証理論あるいは実験科学である側面を有している．制度的に安定した社会では，同じタイプの意思決定が繰り返されることから，政策の選択に関する効果の検証結果の入手が比較的に容易であり，政策の経験的な評価に裏打ちされた政策が実施される可能性が多く，政策の選択において，大きな失敗が生じることに関して，社会的に一種の防止装置が備わっているということができる．これに対して，社会が直面する制度改革において，これまでに経験したことのない選択を迫られる．地方分権が推進される過程においては，個々の自治体がそれぞれの地域の特性を活かした意思決定を実行しなければならない．この場合にも，政策に対する経験的評価が十分に確立されておらず，選択された政策が予想どおりの効果を順調に上げることができるという根拠は明確にはなされないであろう．これまで企業の経営のなかで展開されてきたように，これから，政府や自治体は効果が不確定な多様な選択肢の中から意思決定を迫られるケースが急激に増大すると予測される．そこでは，合理的な意思決定，迅速な政策の見直しの仕組みの確立などが不可欠である．こ

の作業を円滑に実施する手段として費用便益分析に大きな期待が寄せられる．

　本書では，個別の主体の合理的な行動と社会全体としての費用便益の関係が環境問題を中心としながら，種々の意思決定の問題に言及される．本書の構成は2部に分けられる．第Ⅰ部では，費用便益の基礎的な概念とその代表的な適用例が解説される．1章から4章までは，基礎概念の解説に重点が置かれる．5章から7章は環境経済学や公共経済学で用いられる評価方法が議論される．8章は道路整備を例にとって費用効果分析が解説される．第Ⅱ部は，現代的な政策課題に関する費用便益分析が展開され，われわれの社会の進路に関する選択に示唆が与えられる．政治的な意思決定過程の変容（9章），構造改革の基本的な問題（10章），民間部門を活性化する地方分権の進め方（11章），地域振興の政策（12章），年金・医療制度改革の基本問題（13章），環境政策における行政と民間の協働（14章）などの問題が費用便益からの接近によって，その解決の糸口が得られることが主張される．

　最後に，構造改革や地方分権が進展するにつれて，環境問題を例にとるまでもなく，住民が自ら政策の決定や実行に直接的に参加する機会が高まると予想される．住民と自治体が協働して政策を策定して，実施する過程において，その政策の判断を誤らないためには，参加者が納得することができる適正な費用便益の分析が不可欠である．環境政策や行政（自治体）と住民と企業との協働が必要な社会的な意思決定が効率的で公平でしかも機動的に運営するためには，一見迂回的に感じても，費用便益分析の枠組みを適正に適用することが不可避である．われわれに求められていることは，費用便益分析の重要性を再評価することとこの枠組みに対する経験を積み上げて，社会全体として，この手法を習得することであろう．読者諸氏がこの素朴な結論の重要性を再認識して，費用便益分析の有効活用への工程を進み始められることを期待するものである．中央大学大学院の坂本純一氏には索引作成で協力を頂いた，謝意を表したい．

2003年6月

執筆者を代表して　田中廣滋

目　次

プロローグ

第Ⅰ部 基 礎 編

第1章 費用便益の分析方法
1. 費用便益分析とは……………………………………………………3
2. 費用便益分析の方法と課題…………………………………………8

第2章 経済余剰と政治過程
1. 効率性と余剰分析……………………………………………………15
2. 政治的意思決定過程，費用効果分析と公平性……………………21

第3章 割引率の役割
1. はじめに………………………………………………………………29
2. 割引率について………………………………………………………30
3. 社会的割引率…………………………………………………………33
4. 排出許可証取引の費用便益分析……………………………………40
5. 割引率の選択…………………………………………………………48
6. 費用便益分析の推計における実際的な諸問題……………………52
7. おわりに………………………………………………………………58

第4章 不確実性と温暖化交渉の行方
1. はじめに………………………………………………………………63
2. 期待値分析……………………………………………………………64
3. 感度分析………………………………………………………………70
4. 準オプション価値……………………………………………………74
5. 排出権取引における感度分析について……………………………79
6. おわりに………………………………………………………………85

第5章 ヘドニック価格法による公共投資の分析
1. はじめに……………………………………………………89
2. ヘドニック価格法の理論……………………………………91
3. 公共財の最適消費モデル……………………………………95
4. 実証分析……………………………………………………100
5. おわりに……………………………………………………105

第6章 ＣＶＭによる環境の経済的評価
1. はじめに……………………………………………………109
2. 調査実施フロー……………………………………………112
3. 網走湖保護におけるＣＶＭの実施例……………………122
4. ＣＶＭの問題点……………………………………………125
5. おわりに……………………………………………………141

第7章 環境保全活動の潜在価格
1. はじめに……………………………………………………145
2. 環境潜在価格の理論と企業の取組み……………………148
3. 企業の環境保全活動の定式化……………………………151
4. 環境保全技術の向上と環境規制強化による影響………153
5. おわりに……………………………………………………156

第8章 高速道路整備と費用効果分析
1. はじめに……………………………………………………161
2. 費用効果分析の概念………………………………………163
3. 高速道路の費用と便益・効果……………………………168
4. 道路公団改革と費用対効果………………………………180
5. おわりに……………………………………………………184

第Ⅱ部　課題と分析

第9章　政策決定過程の分析
 1．はじめに………………………………………………………191
 2．モデル…………………………………………………………196
 3．再交渉の過程…………………………………………………206
 4．おわりに………………………………………………………215

第10章　構造改革の基本問題
 1．景気対策と構造改革…………………………………………219
 2．民間部門における公共財の供給……………………………222
 3．政治支出と所得再分配………………………………………223
 4．財政収支均衡条件……………………………………………226
 5．個人による類型の選択………………………………………227
 6．税回避行動と財政の再建……………………………………237
 7．おわりに………………………………………………………241

第11章　地方分権と民間部門
 1．はじめに………………………………………………………245
 2．基本モデルの設計……………………………………………247
 3．民間市場の効果分析…………………………………………255
 4．おわりに………………………………………………………267

第12章　公共事業と地域の負担率
 1．はじめに………………………………………………………269
 2．基本モデル……………………………………………………271
 3．最適な財政政策………………………………………………281
 4．おわりに………………………………………………………285

第13章　年金の世代間負担の決定
　1．はじめに …………………………………………………289
　2．モデル …………………………………………………295
　3．利他的な世代間行動 …………………………………298
　4．破棄率の社会的意思決定 ……………………………305
　5．おわりに ………………………………………………315

第14章　環境経営における費用便益分析
　1．はじめに …………………………………………………319
　2．天然環境ストックと人工環境ストック ……………321
　3．基本モデル ……………………………………………323
　4．クリーン企業経営と費用便益分析 …………………326
　5．環境経営の潜在価格 …………………………………327
　6．環境経営の潜在価格と企業行動 ……………………333
　7．環境経営の費用効果 …………………………………333

エピローグ

索　引

第Ⅰ部 基 礎 編

第 1 章

費用便益の分析方法

1．費用便益分析とは

1.1 社会的費用便益分析

　経済理論の考察の対象となる企業の生産活動や家計の消費活動をはじめとして，個人が係りあう日常的な意思決定において，その行動が合理的であることが追求される．たとえば，企業が設備投資を計画するとき，それから得られる収益と費用が慎重に比較検討される．また，住宅の購入時にも，不動産の評価額，ローンの負担，老後の資金計画など色々の面から，購入計画が検討されるであろう．社会的な意思決定が合理的であるといえるためには，その判断基準として，費用便益分析が実施されることが求められることになる．そのためには，社会全体での意思決定に係るすべての費用と便益を集計した，総費用と総便益の相対的な大きさを比較検討することが必要である．このことを明確に表現するために，費用便益分析は社会的費用便益分析と呼ばれることがある．

　福祉，科学技術の振興，国土保全，地域振興などを例にとるまでもなく，政府が実行する各種の公共サービスはそれぞれに大切な役割を持っている．その意味において，これらの政策が社会的な便益をもたらすことは明らかである．その反面，政策の目標を達成するために必要な税金など国民負担が社会的便益

より相対的に大きいことが明確になれば，この政策の実施は再検討されるべきであろう．政策の遂行には，費用と便益が比較検討されるプロセスを組み込まなければ，われわれの社会が有する有限な資源が浪費されたり，大きな資源配分の歪みが生じることになる可能性が存在する．この作業が進められる前提として，費用および便益の各項目が同一の単位で測定されなければならない．通常，費用便益分析の評価は円やドルなどの貨幣の単位による金額で表示される．社会的便益から社会的費用が控除された額は社会的純便益あるいはただ単に純便益と呼ばれる．これらの概念を式で示しておこう．

社会的純便益（net social benefits（NSB））
　　　＝社会的便益（social benefits（B））－社会的費用（social costs（C））

費用便益分析は広い応用範囲を有する．課税や補助金の策定をはじめとする各種の政策，また，社会保障，地域開発，環境保全などの計画（programs），社会資本の整備を進めるための公共事業（projects），各種の安全や良好な環境を実現するための規制措置，さらに，宇宙開発や医療の新分野への政府の支援などのように，新しい科学技術を実用化するための実証実験，他の政府による民間部門への活動の制約を課す規制などの干渉などが費用便益分析の対象と考えられる．これらの一連の分野を費用便益分析の対象とすることによって，社会がより良い方向に向かうための改善の方策が見出されるべきであろう．一般的な原則として，費用便益の計算の方法を特定しない段階では，費用便益分析を使用することには余り反対はないが，実際面において費用便益額を算出する段階では，費用便益の分析者の間で意見の不一致が存在する．

まずはじめに，社会的な便益と費用が計算されるとき，社会の便益と費用に個々の個人の便益と費用がどのように反映するのかということに関する議論が存在する．通常の費用便益の手法では，各個人の便益と費用の総和が社会の便益と費用として用いられる．たとえば，20円と30円の便益を受ける個人が100人と200人存在する社会では，社会的便益は8,000円と求められる．ところが，このような加法的演算に基づく社会的な便益の評価が功利主義的な方法と呼ばれるが，功利主義的な集計方法が可能なのは，この2つのタイプあるいはすべ

ての個人に関して便益評価額の1円が同等であるということが前提とされている．一般的には，この1円の重み（評価）はその個人が置かれている環境などによって異なると考える．上記の集計を実行するためには，功利主義的な方式には，個人間の効用比較がなされるといわれる．

次に，ある影響が費用なのか便益なのかを見定めることは困難である．たとえば，公的な部門における民営化による人員の削減が実施されたとしよう．人件費の削減は，公的な部門だけに焦点をあてると，サービスの削減による便益の減少と費用の削減によってもたらされる国民の税負担額の軽減が観察される．その一方で，民営化によって，民間部門における代替的なサービスの創出による便益額の増大が便益の項目でのプラス評価として計算される一方で，費用項目には消費者への新たな価格などの負担が発生する．この民間部門を含めた純便益が計算されなければならない．消費者にとっての代金の支払いである費用の増加は，民間の企業にとっては収入に他ならず，便益の項目として計上される．このように，同じ項目が，費用と便益の双方でカウントされることに注意して，純便益が求められなければならない．

また，意思決定によるインパクトが時間を超えてどのように生じるのかを分析しなければならない．また，どのようにその効果を金額表示するかが明確にされなければならない．費用は年度を基礎として計算されるが，便益と費用の影響が年度の壁を越えて生じるプロジェクトも存在する．森林の伐採という環境問題は，流域での洪水など自然災害の発生の可能性が高まることを意味する。災害を防止するために河川の堤防の補強工事が必要となるばかりでなく，流域の地力の低下による農業の生産額の低下，あるいは，その対策としての肥料使用量の増加などが予想される．これらの影響は長期間に亘って及ぼされることから，その評価額は，設定される評価期間によって変化する．

1.2 費用便益分析の目的と分類

広い意味でいえば，費用便益分析の目的は社会的意思決定に対して有効な判断資料を提供することを通じて，その実行を容易にすることである．実施さ

る時期に応じて，費用便益分析は事前と事後の費用便益という2つのタイプに分けられる．さらに，この2つのタイプの分析とは区別して，中間の費用便益分析が用いられることがある．各タイプの費用便益分析はその特徴に応じて使用される．たとえば，計画中の事業では事前の費用便益分析が適用されるし，実施段階では中間の費用便益分析が用いられる．事業の最終評価に関する評価には，事後の費用便益が用いられる．以上の分類に基づいて，各タイプの費用便益分析の特徴を明らかにしておこう．

a 事前の費用便益分析

事前の費用便益分析は対象となる事業や政策が実施される前に行われるタイプの分析であり，通常多用されている．このことからこの手法は標準的な費用便益分析であるということができる．この分析をすることによって，合理的な判断の基礎資料が得られるが，いろいろの不確実な要因が存在するために，その評価と実際に起こる数値（実現値）との間には乖離が生じることが一般的である．

b 事後的な費用便益分析

事後的な費用便益分析は事業の終わりに実施される分析であるので，事業がすでに完成あるいは終了していることもあって，事前の分析と比較して，関心や実施の意欲は必ずしも高くない．特に，このタイプの費用分析に追加的なコストがかかることが1つの障害となる．しかし，この分析では，事前の費用便益分析と比較して，多くの不確実性が取り除かれることから，正確な費用が算出可能であるという利点が存在する．過去の分析の事例と同様な意思決定がされるときには，類似のケースの事後分析を参考にすることによって事前の費用便益分析に関する評価の精度を上げることが可能であることから，事後分析は事業実施に関する費用の節約または便益の向上に間接的に役立つ．

c 費用便益分析の他の類型

事業や政策が終了あるいは完成する前の中間の段階で費用便益分析がなされることがある．同じプロジェクトでも事前の費用便益分析と事後的または中間の費用便益分析を比較することによって，費用便益の分析の精度を向上させる

ことが可能であることから，中間の分析から重要な情報が得られる．特に，中間の費用便益分析は，事後的分析より精度が劣るが，事前の分析より高い精度の評価を得ることが可能である．この結果に基づいて，事業の見直しを行うことが可能であることから，結果として無駄な経費の節減と便益額の向上を期待することができる．

費用便益分析の予想評価が実際の値と乖離する場合が生じるが，このような費用便益分析の失敗からも，次のような含意が読み取られる．事前・中間・事後の費用便益の評価値を比較すると，予測値が実際の値と異なる理由が理解できる．

1.3 米国での費用便益分析の実施状況

最近では，費用便益分析に基づく評価が多く用いられるようになっているが，この傾向は行政の効率性を見直す小さな政府の主張と無関係ではない．米国連邦政府は1981年のはじめにレーガン大統領によって発布された大統領命令12291で費用便益分析の一般的使用を指令した．この命令では主な規制案ごとに規制影響分析（regulatory impact analysis（RIA））を要求している．クリントン大統領は，1994年の大統領令で連邦政府の費用便益分析への委託を確立した．

費用便益分析を実施するための費用は非常に大きい．たとえば，米国の環境保護省（Environmtal Protection Agency（EPA））は主要な費用便益分析に対して平均で約70万ドル（8,000〜9,000万円）を支出している．それでも，実際の意思決定が，将来的に巨額の損失を社会に及ぼすことが，部分的ではあっても防止されるのであれば，この支出は社会的にみて必要経費であるということができる．[1]

1.4 費用便益分析の今後

政府は税金などの国民負担率を上げることに対する抵抗や，経済の活性化の要求および景気対策の面から税金や料金を引き下げる圧力に直面している．こ

のような国民の要望に応えるためには，政府は，行政がより効率的にあるいは効果的に機能することを保証するような仕組みを構築しなければならない．この方針に関して国民的な合意があるので，実際の意思決定において，抽象的な理念の選択や政策の大枠に関する選択の余地はない．具体的な選択肢から効率的に意思決定をするためには，費用便益分析とそれに関連する手法を使用することの有用性が広く認識されてきている．また，この分析手法は政策に関する情報の公開や説明責任の実行にも不可欠である．環境の問題では，この趨勢は顕著に現れており，費用便益分析が重視されるべきであるという認識が強められている．[2]

2. 費用便益分析の方法と課題

2.1 費用便益分析で実施されるべき工程

費用便益分析を6つの工程に分けて，その作業の内容を説明してみよう．公共事業に関する費用便益分析の適用例をみてみよう．

1. 代替的な事業のセットを明確にする．

高速道路の建設に関する費用便益分析が実施される場合には，建設のルート，道路の車線の数や幅などの構造上の特性，工法，利用料金の有料・無料などの項目に関してその内容を明確にして，費用便益の評価に入ることが重要である．ルートや工法の違いは費用便益の評価額に大きな影響を与える．

2. 費用便益を測定する対象と主体を決める．

どの地域に居住する個人に関して便益と費用を測定するかによってその分析結果が大きな影響を受ける．高速道路を建設する場合，建設の対象地域内に居住する個人の便益を測定することは当然であるが，そのルートが開設されることによって，全国的レベルで物流が変わることが予想される場合には，費用便益の評価対象となる受益者を対象地域の住民に限ることはその便益額を小さくする効果があると考えられる．利用者による料金の負担，地域あるいは国民経済レベルで生じる雇用への効果も明確にされなければならない．まず第一に，

受益者負担が原則であるといっても，公共事業では，料金など直接的な収入を超えて経済的な余剰が発生することが指摘されており，費用が事業収入を上回ることが容認される．この赤字額の補塡のため，補助金を含めて多様な形態で政府からの支出が実施される．公共事業の費用のうち納税者の負担に帰着する金額が計算される必要がある．第二に，公共事業の機会費用が考慮されるべきである．たとえば，地域の産業への影響も地域振興にとって重要なビジネスチャンスの形成などプラス要因だけではなく，高速道路の建設によってルートから離れた旧道の沿線の商店街などのように利用者が減って営業が困難になる衰退産業のマイナス効果も計算されなければならない．

　景観や生物の生態系に与える自然環境の破壊と自動車の交通量の増加に伴う排気ガスおよび騒音などによってもたらされる環境への影響も測定されなければならない．また，生態系への影響も評価項目に含められる．生息地が分断された野生生物が，道路を危険を冒して渡らないですむようなトンネルの建設の費用便益も計算されるべきである．自動車通行の高速化と交通量の増大に伴う大きな事故と件数が絶対的な量の面では増加する可能性がある一方で，車道と歩道の分離や交差点の減少による交通事故の減少の予測が存在する．人命を費用便益の評価対象とすることには，人命の尊厳を重視して反対の意見を表明する人も多いが，費用便益の主張では，効果は人命への影響を含めて測定されるべきである．

　3．上の2の作業を進めるために，影響（impacts）の一覧表を作って尺度の指標（単位）を選ぶ．

　　　代表的な項目に関してその測定の単位あるいは指標を列挙してみよう．

　　　　項目　　　　　　　単位または指標

　利用者の便益　：時間費用（利用者が節約することができた時間を求めの時間で稼ぐことが可能な収入などで評価する．）

　料金　　　　　：金額（事業主体の収入と利用者の費用の両面に現れる．）

　転業・廃業　　：機会費用（鉄道などの代替輸送手段の利用量減少を含む．）

環境保護　　　：環境評価から得られた値．
　　経済の波及効果：対象地域の生産額あるいは取引額をベースとして推計される．
　　建設と維持費用：直接的に計上される費用だけでなく，機会費用を含めて計算する．
4．事業の全期間に亘って影響を数量的に予測して，すべての影響を金額表示する．

　分析者は以下の項目に関する事業期間内の見通しを明らかにしなければならない．

　料金収入の予測には利用者・利用量（自動車）の予測が必要となる．補助金の給付額は年度別の予定給付額に基づいて算出される．返済期間の収支の状況が示されなければならないが，建設の計画と維持管理の状況に関する情報が必要である．

5．通常便益や費用が異時点間で生じるので，それらの便益と費用が比較可能となるように，便益と費用を時間に関して割り引き，各選択肢それぞれの純現在価値（net present value（NPV））を計算する．
6．感度分析（sensitivity analysis）をして，NPVと感度分析に基づいて，最適な選択肢を勧告する．

　ところで，計画時点で発生する不確実性に対応する処置が必要となり，そのための手法が開発されている．その手法は感度分析と総称される．割引率と感度分析は3章と4章で詳しく説明される．[3]

2.2　現実の政治的な意思決定と費用便益分析

　費用便益分析の結果が現実の意思決定で実施されるとは限らない．実際には，両者は必ずしも一致しない理由が存在する．費用便益分析の利用者の意図に応じて，各主体が費用便益分析で最大化する目標が異なる．利用者を政治家，行政の担当者，予算管理者に分けて費用便益分析の結果に対する利用者の行動を図1と2を用いて明らかにしよう．ただし，図1は総便益，総費用および純

便益額，図2は限界便益と限界費用をそれぞれ垂直軸に表示したものである．限界便益と限界費用が等しくなる純便益最大の点Bで表示される．社会的最適水準は各利用者にとって最適といえるであろうか．まず政治家は，選挙のときに住民の支持を獲得して選ばれることが必要である．そのためには多くの得

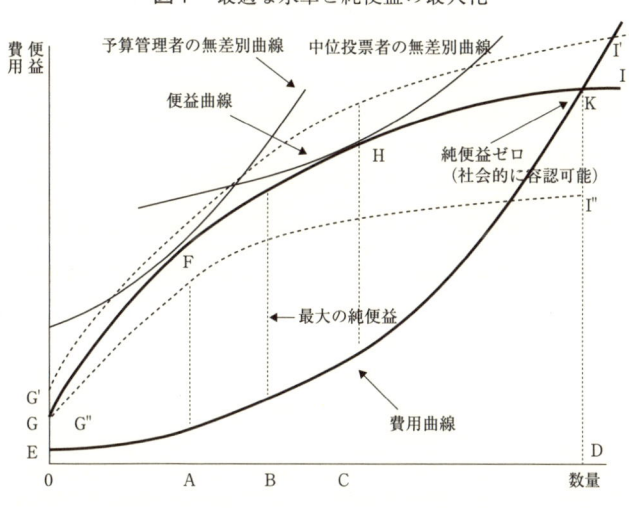

図1　最適な水準と純便益の最大化

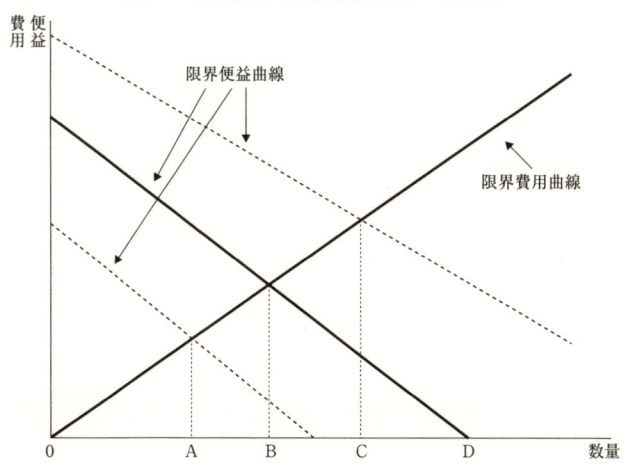

図2　限界便益と限界費用を用いた説明

票を獲得するように努力する．政治家は社会の各層の利害を便益に反映するのには有効に機能するが，費用には無関心である．このとき，純便益を最大化することは，必ずしも得票最大とはならない．政党または政治家に得票最大化をもたらす中位投票者の無差別曲線と便益曲線との接点が最適な数量Bを超過する点Hで達成される可能性が存在する．次に，行政の担当者または官僚の行動を考察しておこう．彼らは，自分の存在をアピールしたり，より大きな権限を得るためなどの理由で，予算規模の最大化を目指す．社会的な承認が得られる上限である純便益がゼロとなる図1ではK点で示される数量まで，彼らは事業を拡大するように努力する．いいかえると彼らの目標は予算の限度内でできるだけ大きな事業を実行しようとすることである．

予算の管理者は予算制約の遵守を行動の優先的な課題であるとしている．予算管理者は純便益最大化をめざさず，独自の判断を行う．予算管理者の無差別曲線と便益曲線の接点Fの数量Aは最適な数量Bより小さく表れる．政策または事業の決定過程に費用便益分析が義務付けられていたとしても，政治家や行政担当者は便益を$G'I'$と過大に，予算管理者は$G''I''$と過小に評価して，各主体の目標を実現しようとする誘因がある．予算管理者は不確実性を見込んで，費用の各項目の数値を大きく査定しようとする一方で，政治家と行政が算定する便益額が事業の拡大のために操作された値であることを心配する．利害集団は自己の利益を追求するが，このような行動が容易になるように便益額の測定値が上昇する要因として現れる．

各主体が想定するあるいは目標とする社会的な純便益と費用便益分析で分析される社会的な純便益の間に乖離が存在する可能性がある．

注

1) ここでの内容はBoardman A. E., D. H. Greenberg, A. R. Vining and D. L. Weimer (2001) 5-6 pp. の要約である．*EPA' use of Benefit-Cost Analysis : 1981-1986,* EPA-230-05-87-028, Office of Policy, Planning and Evaluation Agust 1987, pp.1-3.
2) 環境政策における費用便益分析の有効性はLesserなど (1997) で解説される．

3) 本書における費用便益に関する分析の基礎は，Layard と Glaister（1994）で紹介された多くの研究に負っている．

参 考 文 献

Boardman A. E., D. H. Greenberg, A. R. Vining and D. L. Weimer : Concept and Practice (2001), *Cost–Benefit Anlysis 2ed.* Prentice Hall, NJ.

Layard, R. and S. Glaister (1994), *Cost–Benefit Analysis 2ed.*, Cambridge University Press.

Lesser, J. A., D. E. Dodds and R. J. Zerbe, Jr. (1997), *Environmental Economics and Policy,* Addison–Wesley.

付 記

本章は田中廣滋（2002）「費用便益分析への導入」『地球環境レポート』6 号，50-55 頁を改訂したものである．

第 2 章

経済余剰と政治過程

1．効率性と余剰分析

1.1 社会的な純便益の最大化とパレート最適

　費用便益分析では，純便益が最大となるプロジェクトを確定することが目標とされるが，この規準が適用される根拠として，次のような命題が成立することが知られている．社会的な純便益が最大となる配分はパレート最適となる．費用便益分析の有効性は効率性の観点からも支持される．その主張の内容を確かめてみよう．

　この命題が成立することは次の対偶命題を用いて証明される．もしある配分がパレート最適でないとすれば，他の個人の効用を低下することがなくても，ある個人の効用が改善される可能性が存在する．このとき，合計額で表された純便益は増加する．この配分は純便益を最大化する配分ではなかった．この命題の前提が矛盾する．図1の点Aにおいて，純便益は最大化されるが，パレート最適でない点Cの社会的な純便益額は点Aに向かってシフトすることによって，その純便益額は増加する可能性が存在する．ところで，点Bでは社会的な純便益が点Aより小さく，パレート最適な配分というだけでは，純便益が最大になる訳ではない．

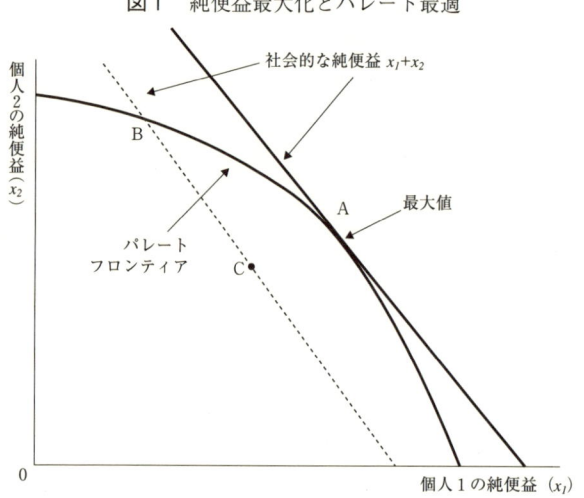

図1 純便益最大化とパレート最適

社会的な純便益 x_1+x_2
個人2の純便益（x_2）
B
パレートフロンティア
A 最大値
C
個人1の純便益（x_1）

パレート最適な配分は，資源配分の効率性がそれ以上改善されないという意味において，効率性の基準として用いられる．このことから，費用便益分析で得られる結果は効率的であるといえる．いいかえると，費用便益分析では，効率的な配分を意味する結果が選択される．

1.2 支払い意思額（willingness to pay（WTP））と受取り意思額（willingness to accept（WTA））

消費者は市場で価格という対価を支払って財・サービスを入手するが，実際に支払う価格と支払ってもいいと思う評価の間には余剰という概念で示される乖離が存在する．この余剰概念の存在は図2を用いて確かめられる．個人が所有する財・サービスの内容が点Aで表されるときには，個人は1,000円の貨幣を所有して，消費財または公共財を消費しない．この個人は，点Aの1,000円と点Bで示される10単位の消費財または公共財と300円の貨幣の組み合わせが無差別であると想定される．個人が貨幣1,000円の一部で，10単位の消費財または公共財を購入するとき，どのような条件が満たされなければならないであ

ろうか．図では同一効用のもとで点Aから点Bへの移動が描かれる．財の購買に対する支払いがなければ，この個人には，点Aと無差別な（市場で購入あるいは取引後の）貨幣額300円と初期の所有額1,000円との差額700円が手元に残っている．この差額分が一般的に消費者余剰と呼ばれ，CS（consumer's surplus）と表示されることにすれば，取引を通じて個人はCSに相当する経済的な厚生を余分に享受することができる．逆にいえば，この貨幣額をこの個人が財の購入のために支出しても効用が低下することはないので，この個人は，この取引が成立するために，700円の支払い意思額を有していると考えられる．

次に，この10単位の消費財または公共財を消費していた個人が，この消費量を断念する場合は，図2では，点Bから点Aへの消費内容のシフトで表される．この個人は10単位の財の消費を断念するのと引き換えに，点Bの300円に加えて，市場での販売によって700円の代金を得ることによって，同じ効用水準が維持される．逆にいえば，取引が実行される前の状態Bと無差別な貨幣量が1,000円であることを想起すれば，個人はこの財の消費をできない取引に応じることによって，700円の貨幣に相当する効用の損失を被る．この個人が取引に応じて消費を断念するためには，点Bでの所有貨幣額300円に加えて，700円以上の貨幣量が補償される必要があり，この700円の貨幣量（一般的には，CS）が受取り意思額であると呼ばれる．

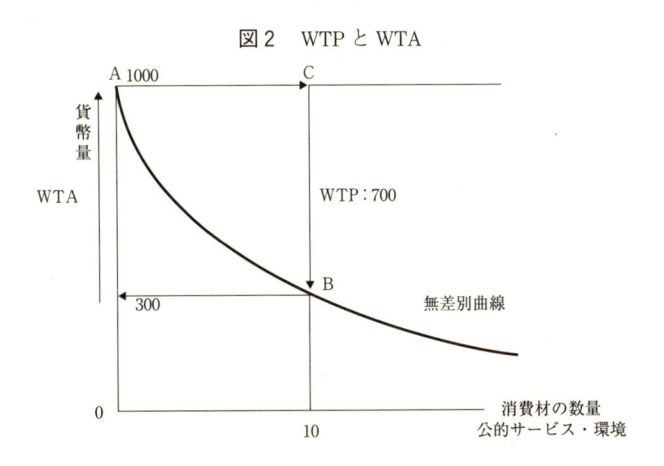

図2　WTPとWTA

この2つの意思額を用いては，経済的な取引において，市場価格が支払われるときにも，余剰が存在することが確かめられる．この余剰を実際に測定するための手法が費用便益分析で開発されている．具体的な手法は5章以後の多くの章で論じられている．以下では，市場で現れる消費者の行動から，この余剰を測定するときに注意すべきことが解説される．

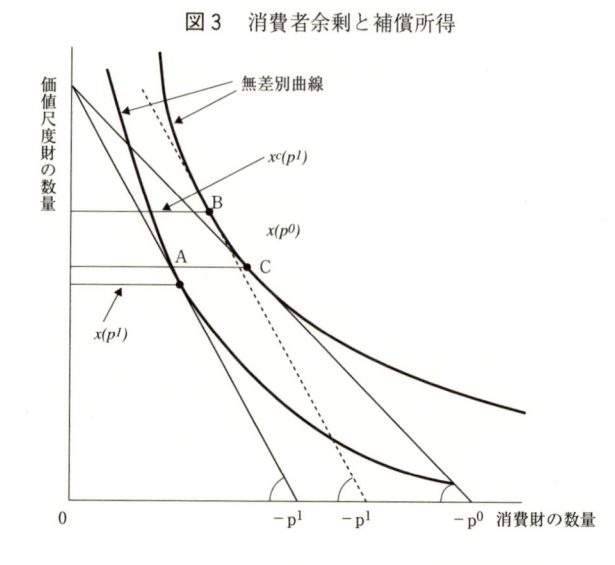

簡単化のために，価値尺度財であるパンと消費財である雑誌の2財の経済が想定される．パンと雑誌の価格がそれぞれ100円(p_2)と800円(p_1)であるとすれば，水平軸に消費財の数量，垂直軸に価値尺度財の数量が測られるとき，予算制約線の勾配の絶対値はp_1/p_2に等しくなる．ここでは，この価格比がpと表示される．価格の変化が生じる以前の価格が$p^0=8$と書かれる．消費財である雑誌の価格が上昇すれば，価格比8より大きくなって，予算制約線の絶対値での勾配は大きくなる．この価格比のp^1への上昇に伴い最適消費は点Cから点Aにシフトする．このときの需要量は$x(p^1)$で示される．これに対して，点Cと同一の効用水準が維持されるように所得が補償されるとき，p^1における補償需要量は点Bの水平座標の値$x^c(p^1)$で表示される．$x(p^1)<x^c(p^1)$が

図3　消費者余剰と補償所得

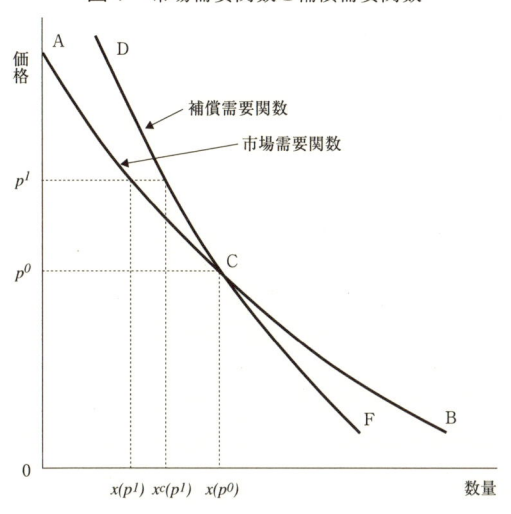

図4 市場需要関数と補償需要関数

満たされることに注意すれば，この消費財の消費量と価格比の関係を示す市場需要関数と補償需要関数は図4の曲線 AB と DF で描かれる．

　この図4を用いると市場で消費者が支払う金額は，長方形 $0p^0Cx(p^0)$ の面積で示される．これに対して，消費の各単位での評価は需要価格または補償需要価格に等しくなる．$x(p^0)$ 単位までの消費者の評価の総額は，市場需要曲線または補償需要曲線の下方の面積で表される．補償需要関数は通常の取引で生じる価格などの情報からは得られない．補償需要曲線を求めるためには，6章で紹介される CVM（仮想的評価法）など市場以外のルートでのデータの収集が必要とされる．このような特別の仕組みを使用しないときには，この補償需要関数を市場需要関数で代用することが有力な選択肢であるといえる．ところが，図3において，市場需要を表す点Aが初期の点Cと比較すれば，所得効果の部分だけ効用が低下することに注意すれば，市場需要関数を用いた余剰の測定では，その評価値が低く現れるという一種の歪みが生じる．いいかえれば，図4の直線 p^0C と，補償需要関数と囲まれた領域の面積で，WTP または WTA の値は測定されるべきであるが，現実的には，消費者余剰の値は図4の

Ap^0C で囲まれる領域の面積で近似される．

　市場が機能している財に関しては，WTP または WTA を市場の需要関数から推計することの理論的な意味付けが述べられたが，公共財あるいは外部性，環境などで特徴付けられる市場が成立しない財に関しては，WTP または WTA を測定する手法が考案されなければならない．

1.3　生産者余剰と消費者余剰

　WTP は，市場の取引において得られた便益額がその費用を超過する額であるということもできる．この観点から，市場の需要と供給関数を見れば，需要関数は限界便益，供給関数は限界費用の値を示している．図5では，純便益の最大化はこの両曲線が交わる点 A において達成される．

　x_1 において経済的余剰（消費者余剰＋生産者余剰）は最大になる．x_1 と異なる x_0 と x_2 の水準では x_1 と比較して，それぞれ三角形 BCA と AED に似た図形の面積だけ余剰が減少することが確かめられる．独占，外部経済または不経済の存在によって引き起こされる市場の失敗，課税や規制などの政府による産業

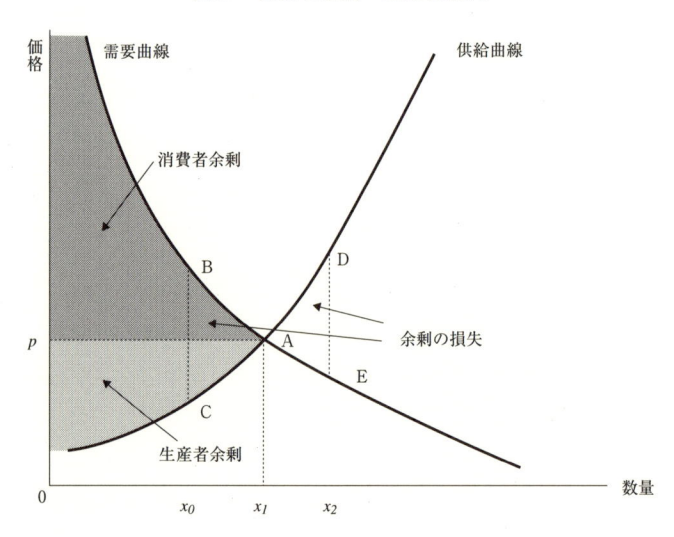

図5　消費者余剰・生産者余剰

政策によってもたらされる政府の失敗が存在することはしばしば指摘されるが，これらの活動が社会に及ぼす影響を明確にして，資源配分の歪みを是正するための対応策をとるためにも，余剰分析が有効である．

2．政治的意思決定過程，費用効果分析と公平性

2.1 意思決定と費用便益分析

　社会における意思決定は費用便益を担当する部門の独自の判断だけで実行される訳ではない．社会の意思決定には，その社会に属する個人が全員参加することが原則となっていて，各個人は独自の判断で意思決定の場に臨む．個人の意思を社会の意思決定に反映させる意思決定の制度として，社会的にも広く認められている多数決制度においても，投票のパラドックス（voting paradox）と呼ばれる次のような現象が生じることが知られている．図6において，その内容が次のように説明される．たとえば，道路の整備に関して，3つのプランA，B，Cがあったとしよう．Aは道路が現状のままとして，駐車場などを整備しながらロードプライシングを導入する．Bは道路の幅を拡幅して，交通量を拡大する．Cは高速道路やバイパスを整備して交通量の流れを変えるものである．各プランに対して，費用便益分析を実施して，その分析結果を比較することによって，最適なプランが決められるが，図6で表示される場合には，最適なプランが社会の意思決定によって定められない．その理由を考えてみよう．図6において，同じ人数の3つのグループから議会が構成されている．各グループの各プランに対する選好の順序は，①，②，③で表示される．まずA案が提案される，これに対して，C案が個人2と3の多数派の賛成で，修正案として採択される．このC案も，1と2の多数派の支持でB案に修正される．このB案も1と3の賛成で，A案に修正される．この修正案の採決が続けられると，いつまでたっても社会の意思決定は定まらないといえる．また，修正を一回だけに制限する，あるいは，同じ案を再議決しないというルールを採用すれば，社会的な意思決定は得られるが，原案に対する修正案が社会的な

図6　投票のパラドックス

個人＼選択肢	A	B	C
1	①	②	③
2	③	①	②
3	②	③	①

(順位)

$A >_{\{1,3\}} B >_{\{1,2\}} C >_{\{2,3\}} A$

意思決定となり，提案権を持つ主体によって社会的な意思決定を操作できるという問題が生じる．

　上の説明を通じて，多数決によって社会的な意思決定を実行しようとしても，均衡が成立せず，意思決定ができない場合があることが明らかにされたが，この問題は費用便益との関連で，以下のように説明される．再び，道路整備の例を考えてみよう．3つのタイプの個人にはそれぞれ異なった便益が生じるが，総費用は15で各個人に均等に負担されると想定しよう．表1において，各選択肢に対して，粗便益から費用の負担額が控除された純便益額が表示される．表1で示される純便益額の値に基づく選好の関係は図6と同じ形状を示すことから，ここで，この3つの選択肢A，B，Cのうちどれが選択されるかは明確に定められていない．純便益が最大となる選択肢Bが決定されることがあるが，最小の純便益額をもたらす選択肢Cが社会的な意思決定となる可能性が存在する．特に均衡の不成立といわれる場合には，政治的な意思決定は費用便益分析に基づく結果を実現するとは限らない．いいかえると，政治的な意

表1　純便益と均衡の不存在

個人＼選択肢	1	2	3	社会便益	純便益
A	5(10−5)	−1(4−5)	−1(4−5)	18	3
B	3(8−5)	3(8−5)	−2(3−5)	19	4
C	0(5−5)	1(6−5)	1(6−5)	17	2

純便益（粗便益−費用）

思決定過程で自動的に費用便益分析が実行されることにはならない．費用便益の値と無関係に選択肢が社会的に選択される．

2.2 選好の強度

事業などの多くのプロジェクトでは，純便益がどんなに大きくても，便益が及ぶ範囲が社会全体から見れば，一部の地域あるいは一部の対象に限られることが考えられる．この場合には，個人間で，事業に対する選好の強度が一定ではなく，大きく偏るということが生じる．便益を受ける主体が限られるようなプロジェクトは，国レベルでは多数派の支持を受けることが困難である．この問題は表2を用いて説明される．各公共事業の総費用は9で各個人に平等に3だけの負担がある．公共事業x_1とx_2の便益は個人2と3に集中する．このときx_1とx_2をそれぞれ単独で実施する提案に対して，2と3が賛成するだけで，各案とも多数の2票を獲得することはできない．x_1とx_2はそれぞれ純便益が1と2で効率的であるという評価を得られても，政治的な意思決定過程で実施の承認を得ることは困難である．その結果を実施に移すことが困難だというのであれば，どんなに費用便益の分析をしても，意味がないことになるが，このような便益の偏在に対して現実的にはどのような対応が通常とられているのであろうか．個人2と3の間でx_1とx_2の両方の案に賛成するという協力関係が成立すれば，両個人とも何も公共事業が実施されないときより状況が有利であると判断して，この票の取引に賛成するであろう．両個人は次のように考える

表2 票の取引と効率性

	公共事業 x_1			公共事業 x_2			x_1とx_2の実施
	粗利益	費用	純便益	粗利益	費用	純便益	純便益
個人1	0	3	−3	1	3	−2	−5
2	10	3	7	0	3	−3	4
3	0	3	−3	10	3	7	4
合計	10	9	1	11	9	2	3

であろう．票の取引が行われるときに得られる純便益4は，単独に事業が実行されるときの7と比較すれば小さいが，何も事業が実施されないときの純便益ゼロよりは大きい．

表2で描かれる例では，効率的な2つの公共事業は実行されるが，この2つの公共事業を比較して，純便益が大きい公共事業x_2だけを実施するという選択は実現しないといえる．この意味においても，政治的な意思決定は費用便益分析の結果に敏感に対応するのでないということができる．この票の取引には，表3で示されるような，非効率的な事業が展開される仕組みになることも知られている．

表3 票の取引と非効率性

| | 公共事業y_1 ||| 公共事業y_2 ||| y_1とy_2の実施 |
	粗利益	費用	純便益	粗利益	費用	純便益	純便益
個人1	0	3	−3	1	3	−2	−5
2	8	3	5	0	3	−3	2
3	0	3	−3	7	3	4	1
合計	8	9	−1	8	9	−1	−2
			非効率			非効率	

表2に対する説明と同様な議論を通じて，y_1とy_2は単独では採択されないが，個人2と3の票の取引によってy_1とy_2を一緒に実施することは，個人2と3にそれぞれ2と1という正の純便益をもたらすことになり，この2個人の賛成で実施されるということができる．この政治的な選択は純便益が−1で，負となる2つの事業を実施するというものであり，費用便益の分析結果に基づく選択とは逆の内容となっている．この例からも，費用便益分析に基づいて政治的意思決定が実施されるという保証は存在しない．

2.3 費用効果分析

前節で，費用便益の分析結果が社会的に選択されるという保証が存在しない

ことが説明された．これに加えて，費用便益分析を実行しようとしても，便益の評価ができないで，便益の測定が不可能である場合が存在する．このときにも，事業や政策の選択などには，なんらかの基準を設けることが必要である．このような選択に際しては，同じ便益上の結果をもたらす費用を比較することが有用である．このような分析の手法は費用効果分析（cost–effective analysis）と呼ばれる．詳細な説明は8章でなされるので，ここでは，その概略の紹介をすることにしよう．医療活動や防災などでは，人命を災害や病気から救うことが重要な目的となっている．しかしながら，人命を大切にするためには，医学や薬学の研究だけでなく，幅の広い研究活動とそれを実践する病院の施設が必要であるし，自然や交通の災害に対しては，洪水に対する堤防などの河川の整備や交通事故対策としての道路の整備が不可欠である．これらの活動に対して，政府が支援する方針をもったとしても，これらの項目に対する予算には税収からの制約があり，財源をどのように配分すべきであるかという問題が残される．

　費用効果分析の例として人命の評価を取り上げてみよう．x_1とx_2が2つの医療プロジェクトの費用または予算額でE_1とE_2がその効果であるとする．ある金額Aの予算があるとき，発生率は低いが有効な治療方法が確立していない難病対策の研究費x_1とインフルエンザなど感染者が多い伝染病の予防の対策費x_2にどのように配分するべきであるかという問題に対して，次のような観点からこの予算額の配分が決定される．決まった予算額は助けられる人命あるいは効果E_iが最大になるように配分される．このとき，効果の値$\frac{E_1}{x_1}$と$\frac{E_2}{x_2}$が大きいほうから順番に評価が定められるということができる．ところが，実際の公共事業では，同じ効果をもたらすプログラムに関して，費用がかからないものを選択することが必要である．Eの値が一定であるので，$\frac{x_1}{E}$と$\frac{x_2}{E}$からその値がその値がより小さなプログラムが優れていると判定される．一言で費用効果分析といっても，分析の目標と分析者によって係数の設定の仕方が異なる可能性が存在する．医療に関する効果分析では，人命など特定の項目が効果測定の対象となっている．ところが，これらの項目だけが便益を代表する訳で

はなく，費用便益分析の前提とされるすべての便益が費用効果分析で計算されていないことに注意すべきである．費用効果分析は費用便益分析とは異なる分析結果をもたらすと考えられており，費用効果分析は費用便益分析に代用される次善の分析方法であるといえる．この問題は，ラグランジュ関数

$$E_1(x_1) + E_2(x_2) + \lambda \{A - x_1 - x_2\} \tag{1}$$

を用いて，分析される．x_1とx_2で微分して整理すれば，

$$E_1'(x_1) = E_2'(x_2) = \lambda \tag{2}$$

が満たされる．限界の効果が等しくなるまで，予算を配分することが求められる．一般的には，関数E_1'とE_2'が異なるため，予算額x_1とx_2は均等にはならない．各プロジェクトに対する均等な予算配分が実際に見かけられることはあっても，理論的な支持を得ることはできないのである．

2.4 社会的厚生と公平性の基準

公平あるいは平等が重視される社会において，便益の評価における各個人へのウェイトが重要な役割を演じる．簡単化のために，3人の個人から構成される社会を想定し，その所得分配が$\{M_1, M_2, M_3\}$で示されるとしよう．ただし，不等式$M_1 < M_2 < M_3$が成立して，所得が低い順番に個人が並べられるとする．所得に関する効用が$V_i(M_i)$ ($i = 1, 2, 3$) で，また，社会的厚生関数が

$$W\{V_1(M_1), V_2(M_2), V_3(M_3)\} \tag{3}$$

と表示されるとすれば，最適な所得分配はラグランジュ式

$$W\{V(M_1), V(M_2), V(M_3)\} + \lambda \{M - M_1 - M_2 - M_3\}$$

をM_1とM_2とM_3で微分して整理することによって求められる．ただし，定義$V_i(M_i) = V(M_i)$が用いられる．ここで，一階の最適条件は

$$\frac{\partial W}{\partial V_i} \frac{dV}{dM_i} = \lambda, \quad i = 1, 2, 3, \tag{4}$$

となり，$\frac{dV}{dM_i}$（貨幣の限界効用）は所得の減少関数で示される．各個人に関して社会の限界的評価（厚生）が等しくなるとき，社会的最適な配分が実現されて

いるといえる．この最適な均等条件が成立しないと仮定してみよう．不等号 $\alpha_1 > \alpha_2 > \alpha_3$ が満たされるとして，社会的な厚生関数がある所得分配 $\{M_1, M_2, M_3\}$ において線型近似される．

$$W\{V(M_1), V(M_2), V(M_3)\} = \alpha_1 M_1 + \alpha_2 M_2 + \alpha_3 M_3. \tag{5}$$

$$dM_1 + dM_2 + dM_3 = 0$$

を満たす所得の再分配政策 (dM_1, dM_2, dM_3) において次の命題が成立する．社会的厚生 W に関する全微分

$$dW = \frac{\partial W}{\partial M_1} dM_1 + \frac{\partial W}{\partial M_2} dM_2 + \frac{\partial W}{\partial M_3} dM_3$$

を用いれば，$dM_1 > dM_2 > dM_3$ を満たす再配分で社会的厚生が改善されるということができる．このことは，$(dM_1, dM_2, dM_3) = (1, 0, -1)$ が成立するとき，$dW = \alpha_1 - \alpha_3 > 0$ が満たされることから確かめられる．最適条件(4)が満たされるまで，所得の再分配することによって社会的厚生は改善される．

参 考 文 献

田中廣滋（1988）『市場機構と公共政策』九州大学出版会．
田中廣滋・井原豊實・平井健之（1992）『公共経済学の基礎と展開』中央経済社．
田中廣滋・御船洋・横山彰・飯島大邦（1998）『公共経済学』東洋経済新報社．

付　記

本章は田中廣滋（2002）「費用便益分析の基礎概念」『地球環境レポート』6号，56-63頁を改訂したものである．

第 3 章

割引率の役割

1. はじめに

　費用便益分析は公共政策や環境政策を実施するべきかどうかを判断したり，複数の政策間での優劣をつけたりするために用いられる．ここで，注意しなければならないことは政策の便益と費用が多くの場合多期間に亘って生じるということである．道路を建設するプロジェクトを例に説明しよう．新しい道路が開通することによって，従来よりも走行時間の短縮や地域経済の活性化などといった便益が将来の各期に発生するであろう．また，道路が開通するまでの期間には工事費や用地費が発生するし，開通後の各期には維持管理費が発生するであろう．道路の建設が社会的に望ましいかどうかを判断するには，費用便益分析において異なる時点に生じる便益と費用が比較されなければならない．ところで，異なる時点で発生する費用と便益が明確に求められたとしても，それらの値を単純に合計するだけでは，有効な費用便益分析が実施されるとはいえない．異なる時点での一円には異なる評価が与えられるので，このような単純な計算は避けられるべきである．割引率を用いて将来の各期の価値を現在の価値に直してから純便益が計算される．このように，割引率は費用便益分析を用いて政策を評価する際に欠かすことのできない重要な役割を担っているといえ

る．

　本章では，費用便益分析における割引率の理論的な意味と計測に用いられるときの留意点を解説しよう．本章の構成は以下の通りである．2節では，割引率の概念が解説される．さらに，費用便益の評価の基礎となる純現在価値と便益費用比率が説明される．また，4節の連続時間における分析のための，純現在価値の定式化が解説される．3節では，社会における現在の財と将来の財の最適な配分問題が図と式の両方から説明される．地球温暖化対策のように分析の対象となる期間が数世紀にも及ぶような超長期の費用便益分析では，将来にわたって自然環境が保全されることや将来世代の消費水準が維持されることが配慮されなければならないが，そのために有効な負の割引率の概念が紹介される．モデルにおける割引の具体的な取り扱いをみるために，4節では，アメリカの酸性雨プログラムにおける排出権取引を分析としたRubin（1996）の理論モデルを取り上げる．動学的分析において割引率の意味が解説される．4節では理論モデルの観点から割引率が論じられたのに対して，5節と6節では実際に費用便益分析をするうえで割引率に関して注意すべきが論じられる．5節では，割引率の選択いかんによって分析結果が左右され得ることが数値例で示される．また，プロジェクトから社会が獲得できる純便益がちょうどゼロになる割引率である内部収益率という概念が解説され，内部収益率の適用法と問題点が述べられる．6節では，実際に費用便益分析を試みる際に直面することが予想される次の3つの問題とその解決方法が説明される．第一に，期間が異なるプロジェクトはどのように比較検討されるべきであるのか．第二に，プロジェクト（の分析期間）が終了した後の価値はどのように考慮されるべきであるのか．第三に，物価変動の影響はどのように考慮されるべきであるのか．

2．割引率について

2.1　割引率と現在価値

　通常，個人は同じ1単位の財の消費に関して，将来に入手が可能という予約

よりもただちに入手が可能な現物を選好する．この場合には，将来の消費は現在の消費よりも低く評価される．このような選好は正の時間選好（time preference）と呼ばれる．正の時間選好の下では，たとえば1年後の100円の価値は現在の100円よりも低く評価される．1年後の100円は現在では何円の価値を持つのかを計算するために割引率（discount rate）が用いられる．割引率は，将来の価値を現在の価値に換算するために用いられる率である．割引率が5％であるとすると，1年後の100円の価値は現在では$100/(1+0.05)$円の価値と等しい．この$100/(1+0.05)$円のように，将来の価値を現在の価値で表わした値を割引現在価値（present discounted value）という．たとえば，市場利子率が5％で確定しているとき，現時点で$100/(1+0.05)$円は1年後には金融市場で，100円となる．逆に，1年後の額面100円の金融債券は$100/(1+0.05)$円に現時点では同等であると市場で評価される．割引率に利子率を用いることができるならば，t年後の100円の割引現在価値は$100/(1+0.05)^t$円と計算される．その理由は，現時点で$100/(1+0.05)^t$円で購入された金融債券にはt年後には100円の現金が金融市場で支払われるからである．

　このような割引の手続きは政府のプロジェクトによって将来発生する便益や費用を現時点で評価するときにも用いられる．割引率が費用便益分析でどのように用いられるかを説明しよう．ある地域に道路を建設するプロジェクトが検討されるとする．n期にわたる便益と費用が考察されているとしよう．割引率をi，t期の便益をB_t，費用をC_tで表すことにしよう．なお，わが国の政府による公共プロジェクトの費用便益分析では，一般に割引率として4％が用いられている．B_tとC_tの割引現在価値は$B_t/(1+i)^t$と$C_t/(1+i)^t$であるので，このプロジェクトの純現在価値は

$$NPV = \sum_{t=0}^{n} \frac{B_t}{(1+i)^t} - \sum_{t=0}^{n} \frac{C_t}{(1+i)^t} \tag{1}$$

と計算される．この純現在価値は各期の割り引かれた便益の合計から割り引かれた費用の合計を引いたものであり，公共プロジェクトを実施することによって社会にもたらされる純便益を表している．t期の純便益（net benefit）をNB_t

$=B_t-C_t$ で表すと,純現在価値は

$$NPV = \sum_{t=0}^{n} \frac{NB_t}{(1+i)^t} \qquad (2)$$

と書くこともできる.

　純現在価値が正であることがプロジェクトを実施するための第一義的な判断基準である.次に,実際にはプロジェクトに支出できる政府の予算は限られていることから,この第一の基準を満たす複数のプロジェクトの中から純現在価値が高いものが選択される.

　もう1つの基本的な判断基準として,便益費用比率法(benefit-cost ratio method)がある.これは便益費用比

$$\frac{B}{C} = \sum_{t=0}^{n} \frac{B_t}{(1+i)^t} / \sum_{t=0}^{n} \frac{C_t}{(1+i)^t} \qquad (3)$$

に基づく分析方法である.明らかに,プロジェクトの純現在価値が正になるならば,便益費用比は1以上となる.従って,便益費用比が1以上であることがプロジェクトを実施する第一義的な判断基準である.ただし,実際には便益や費用の予測の不確実性を考慮して,便益費用比率法の採択基準は便益費用比が1.5以上であるとか2以上であることがプロジェクトを実施する基準として用いられる.

2.2 連続時間モデルにおける割引

　費用便益分析において,実際のプロジェクトの推計では0期,1期,…,T期というように時間が離散的に経過すると定式化されるのに対して,数理的な分析手法を用いるために,時間に関する連続性が想定されることがある.ここでは,連続時間モデルにおける割引について説明がなされる.[1]

　年利率5%の半年複利で運用された現金100円の元利合計額は1年間後には$100(1+(0.05/2))^2$円,3年間後には$100(1+(0.05/2))^{2\times3}$円である.さらに,現金$x$円が年$k$回複利の年利率$r$で$t$年間運用されたとき,その元利合計額は$x(1+\frac{r}{k})^{kt}$円である.ここで,指数関数$e$の定義と$k\to\infty$としたときの極

限値の関係に注意すれば，

$$\lim_{k \to \infty} x(1+\frac{r}{k})^{kt} = xe^{rt} \tag{4}$$

の成立が確かめられる．(4)の値は連続的に複利計算が t 年後まで繰り返された場合の元利合計金額を表している．この元利合計金を y とすれば，割引現在価値が x 円であることから，連続複利のもとでの割引現在価値は ye^{-rt} 円に等しくなる．次に割引率 i を用いて，連続時間モデルにおいて公共プロジェクトの純現在価値を計算してみよう．連続時間モデルでは，プロジェクトの純便益は連続して発生すると想定される．(4)を適用すれば，各 t 時点での純便益 $NB(t)$ の割引現在価値は $e^{-it}NB(t)$ で与えられる．期間が T 期であるプロジェクトの純現在価値は期間全体にわたって各期の純便益の積分

$$NPV = \int_0^T e^{-it} NB(t) dt \tag{5}$$

で表わされる．(5)は連続時間モデルでの純現在価値を評価しており，離散時間モデルでの純現在価値(2)に対応する式である．

3．社会的割引率

3.1 社会的割引率と市場利子率

地球温暖化や経済成長のような社会全体での異時点間の資源配分の問題が論じられるときに用いられる割引率は特に社会的割引率（social discount rate）と呼ばれる．社会的割引率は現在の消費と将来の消費との間で社会によって定められたウェイトであるといえる．いいかえれば，社会的割引率は将来の消費の増加を達成するために現在の消費をどれだけあきらめるかという問題に対する社会的基準が与えられる．費用便益分析では社会的割引率が用いられる．図1を用いて，社会的割引率の基本的な概念を説明しよう．[2] この経済では外国との貿易は行われておらず，完全な資本市場が存在すると仮定しよう．租税，民間投資のリスク，貸付の取引費用は存在しないとしよう．

図1では，水平軸に現在の消費量，垂直軸に将来の消費量が示される．社会的な生産可能曲線 (production possibility curve) AD は実現可能な現在の消費量 (x_0) と将来の消費量 (x_1) の組み合わせを表している．生産可能曲線の意味を確認するために，2つの極端な場合を考えよう．一つは，現在時点ですべての資源を消費してしまい，将来の消費量はゼロとしてしまう場合である．このとき，消費の組み合わせは点Dで表される．もう一つは，現在の消費量をゼロにして，点Dで示される現在の消費量をすべて投資して，将来に点Aで示される数量を消費する場合である．この2つの両極端の場合を含めて将来と現在の消費可能な財の組み合わせは生産可能曲線 AD 上の点で表される．図1の45度線 OE より上方の領域に存在する点は将来の消費量が現在の消費量を上回っており，45度線の下の領域は将来の消費量が現在の消費量を下回っている．成長率が $\frac{x_1 - x_0}{x_0}$ と表されることに注意すれば，45度線の上と下の領域は正の

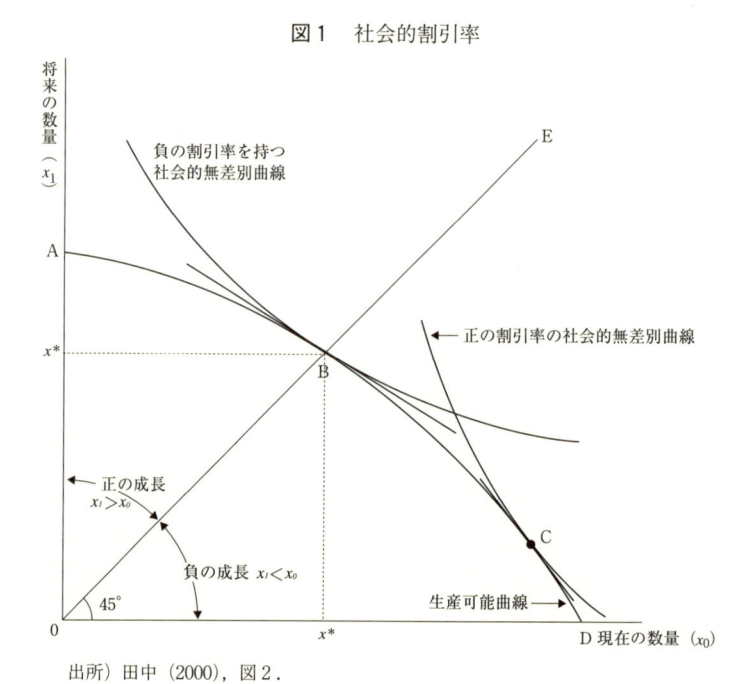

図1 社会的割引率

出所) 田中 (2000), 図2．

成長と負の成長を意味する．異時点間の資源配分では，現在時点における投資は将来時点における生産能力増加の効果を生じさせる．現在の消費を1単位あきらめて投資することから得られる将来の消費の増加量 β は投資の限界収益率（marginal rate of return on investment）と呼ばれる．この概念に対する読者の理解が明確になるように，次の定義が与えられる．

$$-\frac{dx_1}{dx_0} = 1 + \beta.$$

この式を変形すれば，次の2つの関係の成立が確かめられる．β は限界代替率 $\left(-\dfrac{dx_1}{dx_0}\right) - 1$ に等しくなる．生産可能曲線の接線の傾きは－（1＋投資の限界収益率）で与えられる．

3.2 社会的な厚生関数と割引率

図1を用いて，社会的な割引率と社会的な無差別曲線における異時点間の限界代替率の関係を式の上から説明しよう．公共事業を用いた社会資本の整備とその資金の負担方法や年金の制度改革が将来の消費に与える影響などのように，費用便益分析の対象となる公共政策では，社会における2期間にわたる財の消費配分が論じられる．異時点間における，モデル分析を簡単化するために，第0期と第1期の財の消費量が x_0 と x_1 で表示されるとしよう．直感的な理解を促すために，第0期の財を現在財，第1期の財を将来財と呼ぶことにしよう．社会的厚生関数が

$$W(x_0, x_1) \tag{6}$$

と表示される．異時点間の財の消費に関する限界代替率を求めるために，(6)を全微分してみよう．

$$dW = \frac{\partial W}{\partial x_0}dx_0 + \frac{\partial W}{\partial x_1}dx_1 = 0 \tag{7}$$

から，求められる式

$$-\frac{dx_1}{dx_0}\bigg|_{W=\text{一定}} = \frac{\dfrac{\partial W}{\partial x_0}}{\dfrac{\partial W}{\partial x_1}} = 1 + \rho \tag{8}$$

を用いて，ρ が社会的な時間選好率（social time preference rate）として定義される．食料が不足している状況の下では，現在の空腹をしのぐための食物の獲得が，将来のどのような財の消費よりも優先されるであろう．ところが，社会全体の資源配分という観点からいえば，現在の消費は将来の消費を抑制する効果がある．逆にいえば，十分な将来の消費を確保するためには，現在の消費は節減されることも必要な決断の一つであろう．穀物の種籾は将来数十倍の穀物の収穫につながると期待されている．一粒の穀物を現在消費することと，翌年の収穫によって可能となる数十倍の穀物消費を比較して，現在の消費あるいは生産の計画が決定される．現在の時点での財の消費と将来の時点での財の消費との間に存在する選好関係に基づいて，社会における異時点間の消費計画は定められると考えることができる．この選好関係は，現在財と将来財の限界評価に反映されると想定される．異時点間の消費における限界評価における相違が ρ で表される．(8)の関係が満たされるときには，社会は現在財を1単位だけ追加的に消費するためには，将来財を $1 + \rho$ 単位だけ消費の削減をしてもいいと考えている．ρ の値が正であるときには，限界評価では，現在財の1単位は ρ 単位だけ大きな単位の将来財と等価であると社会から判断されているということができる．この関係は，限界的な消費において，将来財が ρ 単位だけ現在財より小さく評価されていることを意味するともいえる．この性質に注目して，ρ は社会的な割引率と名づけられる．一般的には，将来の消費には選好は不確かな要因が組み入れられていることから，ρ の値は正の値をとると想定されるが，Dasgupta ら（1999）は自然環境を保全するためには負の値を当てはめることが有効であると指摘する．

社会的無差別曲線（social indifference curve）は同じ水準の社会的厚生を与える現在と将来の消費量の組み合わせを表示する曲線である．図1には，最適点 C と B で正の社会的割引率と負の社会的割引率の社会的無差別曲線の二つ

が描かれる．この性質は社会的無差別曲線の接線の傾きが－(1＋社会的時間選好率) で与えられることから確かめられる．まずはじめに，市場機構が完全に機能すると想定して，社会的な割引率の決定を市場に委ねられる場合を考えてみよう．正の社会的割引率の下では，最適な消費水準の組み合わせは生産可能曲線と社会的無差別曲線が接する点 C で与えられる．点 C において，生産可能曲線と社会的無差別曲線は同一の接線に接する．従って，最適な状態では，投資の限界収益率と社会的時間選好率が等しくなる．このとき，資本市場が完全ならば，均衡において，投資の限界収益率と市場利子率が等しくなるまで投資が行われる．また，各個人は個人の時間選好率と市場利子率が等しくなるまで消費を行う．個人は次期に消費できる1単位の財よりも現在消費できる1単位の財をより高く評価する．従って，効用を一定に保ちながら，現在の消費量を1単位減少させる替わりに，個人が進んで受け入れられる次期の消費の増加分は1単位よりも大きくなくてはいけない．現在の消費量を1単位減少させる替わりに将来の消費量を1単位よりもどれだけ多く増加させなければならないかを表した数値を個人の時間選好率（time preference rate）という．市場が完全ならば，個人の時間選好率と市場利子率は一致する．現時点で時間選好率が市場利子率よりも高い個人が存在したとするならば，その個人は時間選好率が市場利子率と一致するまで市場で借り入れて，現在の消費を増加させるであろう．逆に，現時点で時間選好率が市場利子率よりも低い個人が存在したとするならば，その個人は時間選好率が市場利子率と一致するまで現在の消費を減少させ，その分を市場で貸し付けるであろう．結果として，均衡では，すべての個人は市場利子率と同一の時間選好率をもつ．それゆえ，資本市場が完全であるならば，社会的割引率には市場利子率を用いればよいといえる．

　しかし，現実の経済には税，リスク，取引費用が存在することから，実際の資本市場は不完全であると考えられる．これらの存在は投資水準を均衡よりも低くする．このとき，社会的時間選好率と市場利子率は一致しない．[3]

3.3 負の社会的割引率と地球温暖化問題

　費用便益分析で将来の純便益の割引がなされるとき，地球温暖化対策のように市場機構が整備されていない領域で大きな問題が発生する．この分野では多方面からの学識を結集して割引率の問題が論じられる必要がある．[4] 超長期の分析では，現時点で生存している現在世代の純便益のほかにこれから生まれる将来世代の純便益をどのように扱うのかという問題に直面する．地球温暖化問題のように数世代にわたって費用と便益が発生するとき，分析にあたって将来世代の純便益が意思決定に十分に反映されなければならない．

　ところで，現代世代の経済活動によって排出された温室効果ガスによって温暖化が進行すれば，将来の水準は現在より悪化するであろう．こうした事態を考察するために，図1で現在と将来の環境の水準は x_0 と x_1 で表示されるとしよう．線分OAの長さは線分ODの長さより短かく，生産可能曲線の傾きの絶対値がほとんどの範囲で1より小であると仮定しよう．正の高い割引率が用いられるとき，将来世代の被る環境の悪化による被害額（温暖化が進むことによる被害や生態系の喪失など）や温室効果ガスの削減による便益の現在価値は小さくなる．たとえば，5％の割引率が用いられるとき，200年後の1兆円の被害は現在価値では約5,782万円に過ぎない．[5] したがって，正の社会的割引率による分析は現在世代が将来世代の犠牲によって繁栄を享受することが正当化する恐れがある．図1の点Cはこのような状態を示している．図から明らかなように，点Cでは，将来世代の消費可能な環境水準は現在世代と比較して著しく小さい．こうした事態を避けて，持続可能な成長を実現するためには，Dasguptaら（1999）は負の社会的割引率の適用を提案する．このことを図1で確認しよう．負の社会的割引率の下では，最適な環境水準の組み合わせは生産可能曲線と社会的無差別曲線が接する点Bで表される．点Bは図から明らかなようにOE線上にあることから現在世代の消費と将来世代の環境の数量は等しくなっており，持続的な成長が実現された状態であるといえる．従って，通常の公共プロジェクトなどと異なり，温暖化問題においては，現在の生産を追求して，環境が将来に著しく低下することを防止するために，持続可能な成

長の実現のためには負の社会的割引率が用いられなければならないといえる.[6] 負の社会的割引率が用いられることは次のことを意味する．現在世代が将来世代に配慮を示し（利他的な選好をもち），将来の環境の水準が現在の環境の水準よりも大きく評価される．

このように，負の社会的割引率は超長期の費用便益分析においては重要な政策的含意をもつ一方で，一般的な費用便益分析では正の社会的割引率が用いられる．正と負のどちらの社会的割引率が望ましいかは将来の社会が現在よりも豊かどうかに依存する．

ところで，Weitzman（2001）は地球温暖化問題のような超長期の費用便益分析で用いられるべき割引率を考察するために，全世界の博士号取得レベルの経済学者2,160名に対して地球温暖化問題に用いられる社会的割引率はどのような値が望ましいかという興味深いアンケートを実施した．集計された割引率の平均は4％で，回答された割引率の分布はちょうど統計学のガンマ分布のようにモードの2％をピークに正の範囲でなだらかに漸減するという結果が得られた．Weitzman は，異なる割引率を支持する専門家たちによって社会的割引率が決定されるという想定の下では，割引率に関する専門家の意見の分布に関する平均と分散に社会的割引率が依存するということを理論的に導出し，そこに上のアンケート結果を援用して次の主張を提唱する．遠い将来に対する社会的割引率ほど小さくなるという性質をもつガンマ割引（Gamma discounting）を費用便益分析で用いることが望ましい．ガンマ割引の下では，近い将来の価値には正の社会的割引率が適用され，遠い将来の価値にはゼロの割引率が適用される．Weitzman 自身は負の割引率には言及していないが，ガンマ割引の議論からも，どんな期間のプロジェクトにも一定の割引率を用いるのではなく，超長期のプロジェクトには負の社会的割引率を用い，通常のプロジェクトには正の社会的割引率を用いることは望ましいといえる．

4. 排出許可証取引の費用便益分析

4.1 酸性雨プログラム

本節では，割引の手続きが連続時間モデルの費用便益分析が果す役割を明らかにするために，Rubin (1996) によるアメリカの排出許可証取引 (marketable emission permits) の動学的分析を紹介しよう．はじめに，このモデルの分析の対象となった，アメリカの酸性雨プログラムにおける排出権取引の概要を説明しよう．

亜硫酸ガス (SO_2) や窒素酸化物 (NO_x) を含む酸性雨は森林や湖に被害を与える．そこで，1990年の大気浄化法改正では酸性雨プログラムが盛り込まれた．[7] 同プログラムでは SO_2 の排出量の中で高い割合を占める発電所が規制される．1995年1月から1999年12月までのフェーズ1と2000年1月からのフェーズ2からなる2段階の規制が課せられた．この2段階を経て，SO_2 の年間排出量を1980年比で1000万トン削減した890万トンで恒久的に固定する（上限）規制（キャップ）がなされる．SO_2 の削減において，排出許可証取引が重要な役割を担う．排出許可証取引とは，環境に負荷を与える物質を排出する権利を市場で売買する取引のことである．より具体的には，規制当局から各排出企業に配分された排出量と実際の排出量の差が市場で売買される．許可証は酸性雨プログラムではアラウアンス (allowance) と呼ばれる．

ところで，2，3節で論じられたような標準的な費用便益分析においては，(1)で定義される純現在価値の最大化が目標とされるのに対して，Carlson ら (2000) や Rubin の排出権取引のモデルでは割り引かれた費用の最小化が目標とされる．[8] 後者で定式化される費用最小化問題と前節までに論じられた費用便益分析との関係について説明を補っておこう．排出権取引が導入されない場合には SO_2 削減の手段として伝統的な直接規制が実行されることになる．従って，排出権取引の是非を論じる費用便益分析においては，同一の SO_2 の排出水準が達成されることを前提として，排出権取引を導入したときにかかるであろ

う費用と排出権取引が導入されない場合に実行されるであろう直接規制の下での費用が比較されなければならないといえる.[9] したがって, SO_2 の排出量が所与の水準まで削減されなければならないとき, ある一定水準の便益が達成されるとすれば, 費用最小化問題を解くことと純便益最大化問題を解くことは実質的に同じことであるといえる.

4.2 割引率の動学的分析

費用便益として多数の動学分析が展開されているが, そのなかから動学的分析における割引率の役割を説明するための標準的な分析の例として Rubin モデルが紹介される. Rubin モデルで用いられる記号と仮定を説明しよう. 規制の対象となる N 個の企業が存在する. t 期における各企業 $j (j=1, \cdots, N)$ の汚染物質の排出量が $e_j(t)$ で表される. 各企業 j が汚染物質の排出を $e_j(t)$ の水準に削減するとき, 費用関数は $C_j(e_j(t))$ で表示され, 不等式 $C_j'(e_j(t)) < 0$ と $C_j''(e_j(t)) > 0$ の成立が仮定される. このことは汚染物質の限界削減費用 $-C_j'(e_j(t))$ が逓増的に増加することを意味する. 各企業の費用関数は異なっているとしよう. 規制当局は地域ごとの排出基準に従って各企業 j に $S_j(t)$ だけの許可証を配分する.[10] 企業は汚染物質の排出量を所有する許可証の範囲内に抑えなければならない. 酸性雨プログラムではバンキング (banking) という制度が認められている. バンキングとは, 企業が超過削減量を将来に繰り越して, 将来にその分を排出することができる制度である. バンキングが許容されるとき, 企業に課される条件は, 計画期間全体にわたる累積的な排出量が累積的な配分量を下回らなければならないという制約に修正される. バンキングの下では, 企業の行動は次のように整理される. 実排出量が配分量を下回った企業は, 余剰の許可証を市場で売却するか, 将来に繰り越す (バンキングする). また, 実排出量が配分量を上回った企業は, 不足した許可証を市場で購入するか, 過去にバンキングした許可証を利用する. t 期に企業による許可証の純購入量が $y_j(t)$ で表されるとしよう. ただし, 正値の $y_j(t)$ はその値だけ企業が市場で許可証を購入したことを意味し, 負値の $y_j(t)$ はその絶対値だけ企業が市

場で売却したことを意味する．t 期に企業 j によってバンキングされた排出量が $Z_j(t)$，バンキングされた社会全体の排出量が $Z(t)=\sum_{j=1}^{N}Z_j(t)$ によってそれぞれ表される．[11] また，$Z(t)$ の変化率が $\dot{Z}(t)$ で表される．ここで，ドット（・）は時間による微分を表す．[12]

4.3 政府による直接的な最適管理

排出許可証取引の費用便益分析がなされるためには，費用最小化解（least-cost solution）の性質が明らかにされなければならない．政府の目的は排出量の流列を調整することによって，T 期までの期間に関して，汚染削減費用の割引現在価値の合計を最小化することである．許可証の市場での取引が前提とされるため，割引率が市場利子率 r に等しく，最適値関数は J^{**} と定義される．政府の目的汎関数は

$$J^{**} \equiv \underset{e_j}{Min} \int_0^T e^{-rt} \sum_{j=1}^{N} C_j(e_j(t)) dt \tag{9}$$

と定式化される．(9)では，e^{-rt} によって各時点における将来の汚染の限界削減費用は現在価値に割り引かれている．

バンキングが成立するため，次の一連の制約式が定式化される．社会全体に関するバンキングされた排出量ストックの変化分が社会全体での配分された許可証と実排出量との差の合計と等しくなければならないことから，状態方程式（state equation）

$$\dot{Z} = \sum_{j=1}^{N} (S_j(t) - e_j(t)) \tag{10}$$

が満たされなければならない．初期時点のバンキングされた排出量ストックはゼロであると仮定され，非負の制約条件

$$Z(0) = 0, \ Z(t) \geq 0 \tag{11}$$

が課される．各企業の排出量に関して，非負制約条件

$$e_j(t) \geq 0, \ j=1, \cdots, N \tag{12}$$

が置かれる．制約(10)〜(12)の下で(9)を最小化する最適化問題は，最適制御理論

を用いて解くことができる．ハミルトン関数（Hamiltonian）

$$H \equiv e^{-rt}\left[\sum_{j=1}^{N} C_j(e_j(t))\right] + \Lambda\left[\sum_{j=1}^{N}(S_j(t) - e_j(t))\right] \tag{13}$$

と，ラグランジュ関数（Lagrangian）

$$L \equiv H - \Phi Z(t) \tag{14}$$

が定式化される．ここで，$\Lambda(t)$ は制約 (10) に関する補助変数（costate variable）であり，Φ は制約 (11) に関するラグランジュ乗数である．最適化の必要条件が

$$\dot{Z} = \frac{\partial L}{\partial \Lambda} = \sum_{j=1}^{N}(S_j(t) - e_j(t)), \tag{15}$$

$$\dot{\Lambda} = -\frac{\partial L}{\partial Z} = \Phi, \quad Z \geq 0, \quad \Phi \geq 0, \quad \Phi Z = 0, \tag{16}$$

$$\frac{\partial L}{\partial e_j} = e^{-rt} C_j'(e_j) - \Lambda(t) \geq 0, \quad e_j \geq 0, \quad e_j\frac{\partial L}{\partial e_j} = 0, \quad j = 1, \cdots, N, \tag{17}$$

$$Z(T) \geq 0, \quad -\Lambda(T) \geq 0, \quad Z(T)\Lambda(T) = 0 \tag{18}$$

で与えられる．[13)]

必要条件の含意を確認しておこう．(15) は状態方程式である．e_j の非負制約 (12) が満たされるための相補条件 (17) より，次のことが明らかである．企業 j の排出量が正（$e_j > 0$）であるならば $\partial L/\partial e_j = 0$ となる．$e^{-rt} C_j'(e_j) = \Lambda$ が成立して，限界削減費用の割引現在価値（$-e^{-rt} C_j'(e_j)$）と追加的 1 単位の排出量をバンキングするときの限界費用の割引現在価値（$-\Lambda$）が等しいことが分かる．ここで，割引現在価値で表された補助変数 Λ はバンキングされた追加的 1 単位の排出量が社会全体の費用に与える限界価値である．バンキングされた排出量が追加的に 1 単位増加することは汚染排出量が 1 単位増加してもよいことを意味し，そのことは社会全体の総費用の割引現在価値を減少させることから，Λ は負値をとる．[14)] (16) より，この限界価値に関して，次のことが明らかである．バンキングに関する非負制約が効いていない（$Z > 0$）ならば，$\Phi = \dot{\Lambda} = 0$ が満たされることから限界価値は一定であることがわかる．また，バンキングに関する非負制約が効いている（$Z = 0$）とき，$\Phi = \dot{\Lambda} > 0$ が満たされ

る．Λ が負値であることに注意すると，このことは Λ の絶対値が小さくなることを意味する．したがって，バンキングされた追加的1単位の排出量の社会的な価値は時間とともに減少するといえる．また，(17)は任意の j に関して成立することから，排出量が正であるすべての企業に関して，割引現在価値で評価された限界削減費用が均等化されていることを示している．以上の考察で明らかなように，動学的分析では異時点間の価値が比較可能となることによって最適化がなされることから，割引の手続きが不可欠であるということができる．

4.4 排出許可証市場の利用と価格の管理

　企業は対象となる期間全体に亘ってどのように汚染削減を計画すればよいのだろうか．すなわち，企業は各期間において，どの程度，汚染を削減したり，許可証を購入・売却したり，バンキングを行ったりすべきなのであろうか．政府レベルの費用最小化問題が上述のように解かれるのに対して，企業レベルでは政府から配分される許可証の数量と許可証の価格を所与として費用最小化問題が解かれる．この問題は費用便益分析の一種の変形である．企業は必要に応じて許可証を購入あるいは売却するが，分析において削減費用とともにこのときの購入額あるいは売却額も現在価値に割り引かれなければならない．t 時点での許可証の価格を $P(t)$ で表そう．各企業 j の最適値関数を J_j^* と定義すれば，企業 j の目的汎関数は

$$J_j^* \equiv \underset{y_j, e_j}{Min} \int_0^T e^{-rt} \Big[C_j(e_j(t)) + P(t) y_j(t) \Big] dt \qquad (19)$$

と定式化される．(19)において，許可証の購入にかかる支出や売却で得られる収入は現在価値に割り引かれて評価されていることに注意しなければならない．ここで，企業 j に関して次の一連の制約が課される．バンキングされた排出量は配分された許可証の数量と実排出量の差に許可証の純購入量を足した水準に等しくなければならないことから，状態方程式

$$\dot{Z}_j = S_j(t) - e_j(t) + y_j(t) \qquad (20)$$

が満たされなければならない．初期時点のバンキングされた排出量ストックは

ゼロであると仮定される．排出量ストックは非負でなければならないことから

$$Z_j(0) = 0, \quad Z_j(t) \geqq 0 \tag{21}$$

が課される．企業 j の排出量に関して，非負制約条件

$$e_j(t) \geqq 0 \tag{22}$$

が置かれる．Rubin (1996) では簡単化のために，t 時点での許可証の取引に関して購入量の上限 $\alpha_j(t)$ と販売量の上限 $\beta_j(t)$ が存在するという仮定が置かれている．ここで，$\alpha_j(t)$ と $\beta_j(t)$ は正である．この仮定によって，$y_j(t)$ の取り得る値に関して制約式

$$y_j(t) \geqq -\alpha_j(t), \tag{23}$$

$$y_j(t) \leqq \beta_j(t) \tag{24}$$

が置かれる．Rubin モデルではこの仮定は企業の費用最小化問題が $y_j(t)$ に関して内点解（$-\alpha_j(t) < y_j(t) < \beta_j(t)$）を持つことを保証するために置かれるが，ここでは $y_j(t)$ が $-\alpha_j(t)$ あるいは $\beta_j(t)$ をとる端点解を含めて一般的に定式化してみよう．制約式 (20)〜(24) の下で (19) を最小化する最適化問題は最適制御理論を用いて解くことができる．[15] ハミルトン関数

$$H_j \equiv e^{-rt}\left[C_j(e_j(t)) + P(t)y_j(t))\right] + \lambda_j\left[S_j(t) - e_j(t) + y_j(t)\right] \tag{25}$$

と，ラグランジュ関数

$$L_j \equiv H_j - \phi_j Z_j(t) - \mu_j\left[y_j(t) + \alpha_j(t)\right] - v_j\left[\beta_j(t) - y_j(t)\right] \tag{26}$$

が定式化される．ここで，$\lambda_j(t)$ は制約 (20) に関する補助変数であり，$\phi_j(t)$ は制約 (21) に関するラグランジュ乗数，$\mu_j(t), v_j(t)$ は制約式 (23), (24) に関するラグランジュ乗数である．最適化の必要条件が

$$\dot{Z}_j = \frac{\partial L_j}{\partial \lambda_j} = S_j - e_j + y_j, \tag{27}$$

$$\dot{\lambda}_j = -\frac{\partial L_j}{\partial Z_j} = \phi_j, \quad Z_j \geqq 0, \quad \phi_j \geqq 0, \quad \phi_j Z_j = 0, \tag{28}$$

$$\frac{\partial L_j}{\partial e_j} = e^{-rt}C_j'(e_j) - \lambda_j \geqq 0, \quad e_j \geqq 0, \quad e_j \frac{\partial L_j}{\partial e_j} = 0, \tag{29}$$

$$\frac{\partial L_j}{\partial y_j} = e^{-rt}P + \lambda_j - \mu_j + v_j = 0, \tag{30}$$

$$\mu_j(y_j + \alpha_j) = 0, \quad \mu_j \geq 0, \tag{31}$$

$$v_j(\beta_j - y_j) = 0, \quad v_j \geq 0, \tag{32}$$

$$Z_j(T) \geq 0, \quad -\lambda_j(T) \geq 0, \quad Z_j(T)\lambda_j(T) = 0, \tag{33}$$

で与えられる。必要条件の含意を確認しておこう。(27)は状態方程式である。e_j の非負制約式(22)が満たされるための相補条件(29)より、次のことが明らかである。企業 j の排出量が正 $(e_j>0)$ であるならば $\partial L_j/\partial e_j = 0$ となる。従って、$e^{-rt}C_j'(e_j) = \lambda_j$ が成立して、汚染削減費用の割引現在価値 $(-e^{-rt}C_j'(e_j))$ と追加的1単位の排出量をバンキングするときの限界費用の割引現在価値 $(-\lambda_j)$ が等しいことが分かる。ここで、割引現在価値で表された補助変数 λ_j はバンキングされた追加的1単位の排出量が企業 j の費用に与える限界価値を表す。バンキングされた排出量が追加的に1単位増加することは汚染物質の排出量が1単位増加してもよいことを意味し、それは企業 j の総費用の割引現在価値を減少させることから、λ_j は負値をとる。[16] (28)より、この限界価値に関して、次のことが明らかである。バンキングに関する非負制約が効いていない $(Z_j>0)$ ならば、$\phi_j = \dot{\lambda}_j = 0$ が満たされることから限界価値は一定であることがわかる。また、バンキングに関する非負制約が効いている $(Z_j=0)$ とき、$\phi_j = \dot{\lambda}_j > 0$ が満たされる。$\dot{\lambda}_j$ が負値であることに注意すると、このことは λ_j の絶対値が小さくなることを意味する。したがって、バンキングされた追加的1単位の排出量の企業 j にとっての価値は時間とともに減少するといえる。次に(23)、(24)が等号なしの不等号で満たされる内点解の場合を考察すると、(31)、(32)の相補条件より $\mu_j = v_j = 0$ が得られる。したがって、(30)より、各企業 j は追加的1単位の排出量をバンキングするときの限界費用の現在割引価値 $(-\lambda_j)$ が許可証価格の現在割引価値 $(e^{-rt}P)$ に等しくなるように許可証を購入あるいは売却することが明らかである。

次に、$y_j(t)$ が端点解の場合に得られる必要条件の含意を確認しよう。端点解には(23)が等号で満たされる場合と(24)が等号で満たされる場合の二つがあ

る. 前者では, (31), (32)の相補条件より $\mu_j > 0$, $v_j = 0$ が導出され, (30)から不等式 $e^{-rt}P > -\lambda_j$ が得られる. この不等式は許可証価格の割引現在価値がバンキングされた排出量の限界価値よりも大きいことを表しており, 企業が市場で売却可能な最大数量の許可証を売却する状況を示していると考えられる. 後者では, (31), (32)の相補条件より $\mu_j = 0$, $v_j > 0$ が導出され, (30)から不等式 $e^{-rt}P < -\lambda_j$ が得られる. このとき, 排出量が正であるとすると, (29)より $e^{-rt}P < -e^{-rt}C_j'(e_j)$ が得られる. この不等式は許可証価格の割引現在価値が限界削減費用の割引現在価値よりも小さいことを表しており, 企業が市場で購入可能な最大数量の許可証を購入する状況を示していると考えられる.

以上で, 必要条件についての考察を終えるが, 4.3節での必要条件の考察と同じように, 動学的分析において企業の最適化が図られるためには割引の手続きによって異時点間の価値が比較可能となることが不可欠であるといえる.

最後に, 市場において取引される許可証の価格が考察される. ただし, 以下ではすべての企業に関して(23), (24)が等号なしの不等号で満たされていると仮定される. 排出許可証市場の均衡の存在は Rubin (1996) の定理1で証明される.[17] 本節の目的は動学的分析における割引率の役割を考察することであることから, ここでは均衡において満たされなければならない次の2つの条件が提示されるにとどめられる. 一つは, 任意の時点で許可証取引に関する市場均衡条件

$$\sum_{j=1}^{N} y_j^*(t) = 0 \tag{34}$$

である. もう一つは, 期末の許可証ストックに関する条件

$$P^*(T) \left[\sum_{j=1}^{N} Z_j^*(T) \right] = 0 \tag{35}$$

である. (35)が満たされなければならない理由は次のとおりである. 期末の許可証価格と許可証ストックの量が正であることは企業の費用最小化行動に矛盾する. したがって, 期末の許可証価格はゼロとなるか, 社会全体の許可証ストックの量がゼロにならなければならない. さて, $\gamma_j \equiv e^{-rt}P + \lambda_j = 0$ で定義

される価格パスに関して, $\dot{\gamma}_j = -re^{-rt}P + e^{-rt}\dot{P} + \dot{\lambda}_j = 0$ が満たされなればならない. ここで, ⑱を用いれば, 許可証の価格パスに関して次の結果を得る.

$$\frac{\dot{P}}{P} = \begin{cases} r & (Z_j > 0), \\ r - \dfrac{e^{rt}\phi_j}{P} & (\phi_j > 0). \end{cases} \qquad (36)$$

⑱, ㉚によってすべての企業の $\phi_j(t)$ が同じ値をとることに注意して㊱によって与えられる許可証価格の上昇率を考察しよう. バンキングに関する非負制約が効いていない場合 $(Z_j > 0)$ には, 許可証の価格上昇率は割引率と等しくなる. この場合, 許可証価格の割引現在価値は一定となる. また, 割引率が大きいほど, 許可証の価格ははやく上昇するといえる. この結果は, 枯渇性資源の価格上昇率は利子率と等しくなるというホテリングの法則 (Hotelling's rule) にほかならない. 一方, バンキングに関する非負制約が効いている場合 $(Z_j = 0)$ には, 許可証の価格上昇率は割引率よりも小さくなる. このとき, 許可証価格の割引現在価値は時間とともに減少する.

本節を終えるにあたり, 本節で分析された連続時間モデルと3節で分析された2期間の離散時間モデルとの関係について補足的な説明をしておこう. 本節では時間が連続的にとらえられたが, 3節では単純化のために時間が現在と将来の2期間に単純化してとらえられた. 数学的な分析という観点からは, 連続時間モデルが厳密な理論展開が容易だという利点を持つ.

5. 割引率の選択

この節では, 割引率の選択が費用便益分析の結果を左右することが説明される. なお, 3節では, 超長期の費用便益分析における負の割引率の役割が論じられたが, 本章の残りの部分では通常の費用便益分析における正の割引率の選択が論じられる.

異なる割引率を用いれば選択されるべきプロジェクトも変わってしまう可能性があることが例示される. 現在使用されていない土地の活用をめぐって地方

自治体がA, B 2つの案を検討しているとしよう.比較を容易にするために,どちらの活用法も0期に同じ初期費用がかかるとしよう.プロジェクトAは0期に5,000万円を支出してゴミの処分場を建設し,1期以降の毎期に地域のゴミを処分するというプロジェクトとする.この自治体はこれまで他の地域に有料でゴミの処理を委託していたとしよう.このプロジェクトの実施によって,この自治体は処分場の管理費を毎期支出するようになる反面,これまで他の地域に支払われていた処理料金を支払わなくてすむようになる.両者の差額に等しい節約分は年間1,000万円で一定であるとしよう.ここで,ゴミの処理料金や排出量は毎年一定であるとする.また,処分場の耐用年数は30年後であるとしよう.一方,プロジェクトBは0期に5,000万円をかけて植林して,30年後に生長した樹を売却する案である.30年後に木材を売却することから得られる収入は5億円であるとしよう.

2つの案に関して各期の純便益と2つの割引率で計算された純現在価値が表1に示される.純便益の発生の仕方が異なる2つのプロジェクトの優劣が割引率の選択によって左右されることを確かめよう.表では,低い割引率（2％）と高い割引率（5％）のそれぞれに関して純現在価値が計算されている.2％

表1　割引率の選択が分析に与える影響

	プロジェクトA ゴミ処分場建設	プロジェクトB 植林
0 期 の 純 便 益	−5000	−5000
1 期 の 純 便 益	1000	0
2 期 の 純 便 益	1000	0
…	…	…
29 期 の 純 便 益	1000	0
30 期 の 純 便 益	1000	50000
割引率が2％のときの純現在価値	17396	22604
割引率が5％のときの純現在価値	10372	6569

単位　万円

の割引率が用いられる場合にはBの方がAよりも純現在価値が大きいのでBが選択される．一般にいえば，低い割引率が用いられるとき，その純便益が主としてどの時期に発生するかには関係なく，総量として大きな純便益を持つプロジェクトが，有利になる傾向がある．というのは，割引率が低ければ低いほど，遠い将来の価値は近い将来の価値と同じようなウェイトで評価されるようになるからである．一方，5％の割引率が用いられる場合にはAの方がBよりも純現在価値が大きいのでAが選択される．高い割引率が用いられるとき，早い時期に相対的に大きな純便益が発生するプロジェクトが有利になる傾向がある．その理由として割引率が高ければ高いほど，遠い将来の価値は近い将来の価値よりも低いウェイトで評価されることが考えられる．このように，どのような大きさの割引率を用いるかによって，どのプロジェクトが望ましいのかは変わってしまう可能性があることに注意しなければならない．

　割引率と純現在価値の関係を視覚的に明らかにするために図2が作成され

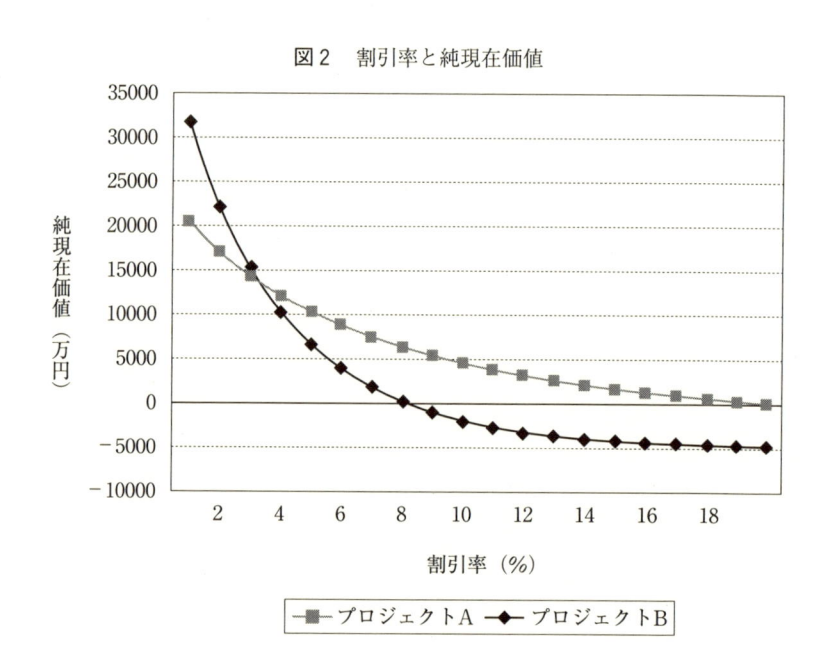

図2　割引率と純現在価値

る．図2では，横軸には割引率が，縦軸には純現在価値がとられる．2つの曲線は割引率が変化するに従って各プロジェクトの純現在価値がどのように変化するのかを示している．図において割引率が3.3%のところで2つのプロジェクトの純現在価値を表す曲線が交差していることからも明らかなように，3.3%よりも大きい割引率が用いられるならば，プロジェクトAが選択され，3.3%よりも小さい割引率が用いられるならば，プロジェクトBが選択されることになる．

次に，費用便益分析において純現在価値とならんでプロジェクトの評価に用いられる内部収益率（internal rate of return）を説明しよう．式の上では，内部収益率は所与の便益と費用の下で(1)の左辺がちょうどゼロとなる値のiであると定義される．図2では，内部収益率は純現在価値を表す曲線が水平軸と交差する点での割引率で与えられる．AとBのプロジェクトの内部収益率は19.9%，8.0%である．内部収益率はプロジェクトを実施した場合に各期に得られる平均的な収益率を意味する．内部収益率を基準にした基本的な判断に従えば，内部収益率が市場利子率よりも大きいならばそのプロジェクトは実施したほうが望ましい．なぜならば，市場利子率は資金の機会費用を反映している

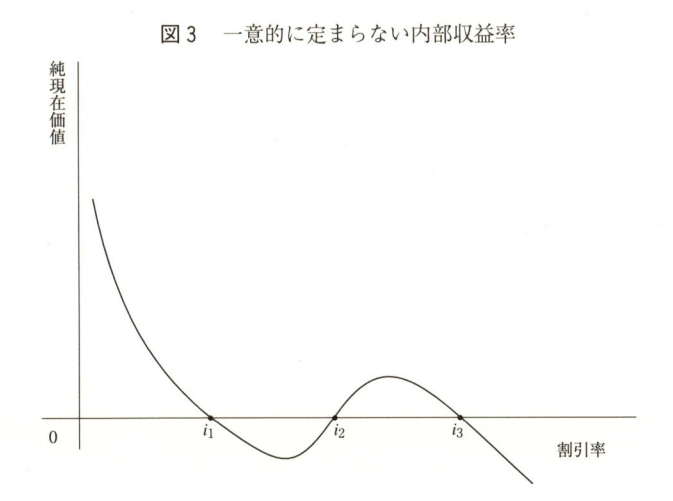

図3　一意的に定まらない内部収益率

ことから，もし内部収益率が市場利子率を下回るならば，そのプロジェクトを実施しないで資金を外部で運用したほうが有利だからである．

内部収益率は次のような問題点を有していることに注意しなければならない．第一に，内部収益率に基づき複数のプロジェクトからの選択結果は，純現在価値によるプロジェクトの選択と一致しない可能性があることである．上の例では，Aの方がBよりも内部収益率が高いにもかかわらず，市場利子率が2％であるなどの理由で2％が割引率に採用されているならば純現在価値はBの方がAよりも大きいことからBが選択されるべきである．第二に，内部収益率は金額ではなく百分比で表示されることから，内部収益率の大小によってプロジェクトの優劣を判断することはできないということである．上の2つの点から明らかなように，内部収益率は1つのプロジェクトを実施すべきか否かという判断を簡便に行う場合には有効であるが，複数の案件から排外的に1つを選択する場合には注意が必要であるといえる．第三に，プロジェクトによっては純現在価値がゼロとなる割引率が複数存在して，内部収益率は一意的に定まらない可能性があることである．図3に，純現在価値がゼロとなる割引率 i_1, i_2, i_3 が3つ存在する場合が描かれる．

6．費用便益分析の推計における実際的な諸問題

費用便益分析では割引率が不可欠の役割を演じるが，実際に分析を行う際に注意すべき点がいくつかあげられる．本節では，推計上の諸問題を解決する方法が説明される．

6.1 異なる期間のプロジェクトの比較

対象となる期間の長さが異なるプロジェクト間での比較や選択には注意が必要である．このことを確かめるために，次のような例を考えよう．[18] 2つの発電所のプロジェクトが検討されているとする．一つは耐久年数が60年間である水力発電所とし，もう一つは耐久年数が20年間であるコージェネレーション施

設である．5％の割引率の下で，各プロジェクトを実行した場合の純現在価値を計算すると，水力発電所が3,000億円であり，コージェネレーションが2,500億円であるとしよう．水力発電所の方がコージェネレーションよりも純現在価値が大きいので一見望ましいように思われるが，これは誤りである．なぜならば，期間が異なるプロジェクトの純現在価値を直接的に比較するのは正確ではないからである．異なる期間をもつプロジェクトを比較する方法は次の二つがある．

1つの方法は，短い期間のプロジェクトを繰り返すもう1つのプロジェクトを想定して，その場合の純現在価値を計算して長い期間のプロジェクトと比較する方法である．コージェネレーションの建設を20年ごとに3回繰り返すプロジェクトを考えよう．つまり，最初に建設されたコージェネレーションが20年後に寿命になったときに，もう一度コージェネレーションを建設する．それが40年後に寿命になったときに，さらにもう一度コージェネレーションを建設する．当然，このプロジェクトの期間は水力発電所のプロジェクトと同じ60年間である．このような短い期間の事業を繰り返すプロジェクトを想定してみることによって，期間の異なるプロジェクトの比較が可能となる．この60年間全体で発生する純現在価値 NPV は

$$NPV = 2500 + \frac{2500}{(1+0.05)^{20}} + \frac{2500}{(1+0.05)^{40}} = 3797$$

となる．60年間にコージェネレーションの建設を3回繰り返すプロジェクトの方が水力発電所を建設して60年間操業するプロジェクトよりも純現在価値が大きい．従って，コージェネレーションは水力発電所よりも望ましいことが分かる．

期間の異なるプロジェクトを比較するもう1つの方法は等価年間純便益法 (equivalent annual net benefit method) である．[19] この方法で用いられる等価年間純便益 E はプロジェクトの純現在価値 NPV を年額因子 (annual factor)

$$\delta_i^n = \frac{1-(1+i)^{-n}}{i} \tag{37}$$

で除した値

$$E = \frac{NPV}{\delta_i^n} \qquad (38)$$

として定義される．(37),(38)の定義から，プロジェクトの各期間においてEが外部から支払われた場合の純現在価値とプロジェクトを実行した場合の純現在価値は

$$NPV = \sum_{t=1}^{n} \frac{E}{(1+i)^t} \qquad (39)$$

で表されるように等しいことが明らかである．水力発電とコージェネレーションに関する等価年間純便益をそれぞれ E_1, E_2 とおいて具体的な値を求めると，

$$E_1 = \frac{3000}{18.9293} = 158.5,$$

$$E_2 = \frac{2500}{12.4622} = 200.6$$

となる．プロジェクトが終了した後もまた同じプロジェクトが繰り返されると仮定しよう．そうすると，水力発電所のプロジェクトは158.5億円が毎期支払われることと無差別である．また，コージェネレーションのプロジェクトは200.6億円が毎期支払われることと無差別である．このことはコージェネレーションが水力発電所よりも望ましいことを示している．

このように，異なる期間をもつプロジェクトを比較する上で，この2つの方法は同じ結論に到達する．また，上の例ではコージェネレーションは水力発電所と比較して次のような利点を持っている．将来には技術が進歩していると考えられることから，コージェネレーションは20年後にプロジェクトが終了した後，次の発電設備を建設するときに現在よりもすぐれた技術を利用することができる．技術進歩によってコストが下がるならば，このことは純便益が増加することを意味する．水力発電所は60年間操業されることから，その間の技術進歩を利用できない．従って，コージェネレーションのように技術進歩によるコスト削減の恩恵を受けることはできず，純現在価値が増えることもない．プロ

ジェクトの期間が短いほど，早い時点で更新時に技術進歩の成果を取り入れることができる．この意味において，期間の短いプロジェクトは期間の長いプロジェクトよりも有利であるといえる．

6.2 終点価値

一般に，プロジェクトは技術的または行政的には比較的短期間のうちに終了しても，便益と費用はプロジェクトの終了後も発生するかもしれない．例えば，道路はひとたび建設されれば，遠い将来にわたって道路利用による便益と道路保守のための費用を発生し続けるであろう．このような考え方に従えばプロジェクトの純現在価値は

表2　わが国の主な公共事業における計算対象期間と残存価値

事業名	費用便益の計算対象期間	残存価値
道路・街路事業	建設期間＋40年	
新幹線整備事業	建設期間＋30年および50年	○
都市・幹線鉄道事業	建設期間＋30年および50年	○
空港整備事業	建設期間＋50年	○
港湾整備事業	建設期間＋50年	○
市街地再開発事業	建設期間＋50年	
公営住宅事業	施設および住宅の供用開始から47年	
住宅地区改良事業	施設および住宅の供用開始から47年	
住宅市街地整備総合支援事業	施設および住宅の供用開始から47年	○
密集住宅市街地整備促進事業	施設および住宅の供用開始から47年	○

注）○は残存価値が便益として貨幣換算されていることを示す．
出所）「公共事業の評価」（国土交通省 http : //www.mlit.go.jp/tec/09 public.html）内の記述により筆者作成．

$$NPV = \sum_{t=0}^{\infty} \frac{NB_t}{(1+i)^t} \qquad (40)$$

と書かれるべきであろう．しかし，遠い将来まで各期の純便益を推計することは困難であろう．従って，長期間にわたるプロジェクトの費用便益分析では，近い将来の価値と遠い将来の価値が異なって扱われる．ある時期までは各期の純便益を現在価値に割り引くという計算がなされる一方で，それ以降の純便益に関しては終点価値（terminal value）としてまとめて計算される方法がとられる．$k+1$期以降の純便益の割引現在価値が終点価値$\tau(k)$によって一括して表示されるとき，プロジェクトの純現在価値は

$$NPV = \sum_{t=0}^{k} \frac{NB_t}{(1+i)^t} + \tau(k) \qquad (41)$$

と書かれる．表2はわが国の主な公共事業の費用便益分析において，各期ごとの純便益が考慮される期間を示したものである．

次に，$\tau(k)$を推計する代表的な方法をいくつか紹介しよう．

(1) 純便益の成長率に基づく終点価値の推計

市民がレクリエーションのために水辺を利用しやすくするために河川流域に公園を建設するプロジェクトを考えよう．一度，建設された公園は遠い将来に亘って人々に純便益を提供する．この地域の人口が増加していくならば，公園による純便益も毎期増加していくと考えられる．そこで，このような場合，$k+1$期以降の純便益が一定の率で成長すると想定して推計する方法がある．$k+1$期の純便益をNB_{k+1}とし，$k+1$期以降の純便益は毎期gの割合で無限に成長するとしよう．このとき，終点価値は

$$\tau(k) = \frac{1}{(1+i)^k} \frac{NB_{k+1}}{i-g} \qquad (42)$$

で与えられる．[20]

この方法は終点価値を推計する上で単純かつ有益なものである．ただし，この方法によって推計された終点価値の値は割引率や純便益の成長率の値によって大きく変わってくることに注意しなければならない．そこで，割引率や純便

益の成長率の値を変えたときに終点価値がどう変わるかを推計する感度分析を行うことが望ましい．

(2) 残存価値に基づく終点価値の推計

分析の対象期間が終了した後にプロジェクトの資産が有する価値を残存価値（salvage value）という．たとえば，地方自治体による博覧会のプロジェクトで会場の跡地が終了後に民間に売却される予定となっているとしよう．この場合，土地の売却によって得られる金額を現在価値に直した値が残存価値である．もっとも，港や空港などといった公共事業で建設される典型的な施設は市場で民間に売却されることを想定することは困難である．一般的には，国による公共事業の評価では，土地と施設のもつ価値を定められたマニュアルに従って推定したものが残存価値として用いられている．表2の残存価値の列は，わが国の公共事業の費用便益分析において残存価値が考慮されている事業を示している．

(3) 終点価値をゼロとおく方法

上の2つのやり方などによって終点価値を推計することができるが，簡単化のために終点価値をゼロとして扱う方法もある．これはある時期より後の便益や費用をゼロと置くことを意味する．たとえば，国土交通省の道路建設に関する「費用便益分析マニュアル（案）」では，道路の供用後40年間が費用便益分析の検討期間となり，それ以降の便益と費用は検討されない．その理由として，40年以降の便益や費用は現在価値に割り引くとかなり小さくなることがあげられている．[21]

6.3 インフレーションと割引率

通常，費用便益分析は長期に及ぶことから，推計期間内の物価変動が考慮されなければならない．費用，便益，利子率は物価変動を考慮しない名目値か物価変動を考慮した実質値のどちらかに統一されなければならない．名目値で評価されても，実質値で評価されても，実は分析結果は同じとなる．このことを確認しよう．

以下では，ハット（^）のついた記号は名目値を表し，ハット（^）のついていない記号は0期を基準年次とした実質値を表しているとしよう．たとえば，$\hat{B}_t$ は名目値で評価された t 期の便益を意味し，B_t は実質値で評価された t 期の便益を意味する．また，ここでは割引率には利子率が用いられているとする．インフレ率は毎期一定で m であるとしよう．このとき，各 t 期の名目値と実質値に関して，

$$\hat{B}_t = B_t(1+m)^t, \qquad (43)$$

$$\hat{C}_t = C_t(1+m)^t \qquad (44)$$

が成立する．名目値で評価された純現在価値は

$$NPV = \sum_{t=0}^{n} \frac{\hat{B}_t - \hat{C}_t}{(1+\hat{i})^t} \qquad (45)$$

で与えられる．名目利子率 $\hat{i}$ の下で運用された1円は1年後に $(1+\hat{i})$ 円となる．しかし，インフレによって物価が $(1+m)$ 倍になっているので購買力は $(1+\hat{i})/(1+m)$ 円となる．それゆえ，実質利子率と名目利子率に関して関係 $(1+i) = (1+\hat{i})/(1+m)$ が成立する．この関係式を変形すると，

$$1+\hat{i} = (1+i)(1+m) \qquad (46)$$

が得られる．(45)の右辺に(43)，(44)，(46)を代入すれば，

$$NPV = \sum_{t=0}^{n} \frac{B_t - C_t}{(1+i)^t} \qquad (47)$$

が成立する．これは実質値で評価された純現在価値にほかならない．以上で，便益と費用を名目値で評価しても実質値で評価しても結果は同じになることが確認された．

7. おわりに

費用便益分析における割引率に関しては，6節で述べられたような実際上の諸問題に対する解決手段が確立している．一方で，社会的割引率にどういう値を用いるべきであるかに関しては必ずしも合意は得られていない．そこで生じ

る問題は，どのような割引率が適用するかによって費用便益分析の結果は変わり得るということである．そのために，プロジェクトを実行すべきか否かを判断するときには，1つの割引率を用いた分析では不十分であり，異なった割引率を用いた分析結果を比較する感度分析が行われる必要があろう．割引率が大きければ大きいほど，近い将来の価値の方が遠い将来の価値よりも重く評価されることになる．従って，地球温暖化対策のように，プロジェクトの影響を受ける将来世代が社会にまだ存在していないような超長期の分析では，将来世代の厚生が軽視されることのないように注意しなければならない．3節では，そうした目的のために負の割引率の有効性が論じられた．

注

1) 4節では連続時間モデルを用いて割引率の役割が考察される．
2) 田中廣滋（2000）図2．
3) 資本市場が不完全な場合の割引率に対する理論的な分析は Stiglitz（1994）を参照．
4) 気候変動に関する政府間パネル（Intergovernmental Panel on Climate Change : IPCC）の報告書である Arrow ら（1996）では割引率に関する論点が網羅的に解説されている．また，Portney および Weyant 編（1999）には，Dasgupta ら（1999）をはじめとして，地球温暖化対策における割引の問題における主導的な研究者による論文が多数収められている．
5) $(1 \times 10^{12})/(1+0.05)^{200} \approx 5.782 \times 10^7$
6) 地球温暖化問題における負の割引率の役割についての説明は田中廣滋（2000）を参照．
7) 酸性雨プログラムについては EPA のサイト http://www.epa.gov/airmarkets/arp/ を参照．
8) EPA 自体が行った大気浄化法の下での大気汚染に関する費用便益分析として EPA（1997, 1999）がある．
9) Carlson ら（2000）は費用便益分析を用いて直接規制と排出権取引を比較している．
10) $S_j(t)$ は企業が満たすべき汚染物質の排出基準と解釈することも可能である．この場合，実排出量が $S_j(t)$ を上回った企業は実排出量と $S_j(t)$ の差を市場で購入しなければならない．また，実排出量が $S_j(t)$ を下回った企業は実排出量と $S_j(t)$ の差を市場で売却することができる．
11) 正確にいえば，実際の酸性雨プログラムでバンキングされるのは許可証で

あるが，本節では通時的な排出量を明示的に示すために，Rubin モデルと同様に余剰の排出量がバンキングされると表現することもある．

12) 各変数は時間の関数であるが，煩雑さを避けるために以下では省略されることがある．

13) 不等式の制約条件が課された最適制御理論については Kamien と Schwartz (1991), pp. 230-237 を参照．

14) ここでは純便益最大化ではなく費用最小化として問題が定式化されていることから Λ は負値で表示されているが，Λ の絶対値はバンキングされた排出量の潜在価格にほかならない．

15) ここで，$y_j(t)$ に関して，目的汎関数(19)が線形でかつ不等号制約(23), (24)が課されていることに注意しなければならない．この種の最適制御問題の解法については Kamien と Schwartz (1991) Section 12 を参照．

16) 注14と同様の理由により，λ_j の絶対値はバンキングされた排出量の潜在価格である．

17) Rubin (1996) の定理2では，排出許可証市場を利用したときの総費用は政府による直接的な最適管理の下での総費用を下回ること，すなわち $\sum_{j=1}^{N} J_j^* \leq J^{**}$ が証明される．

18) ここでの例は Boardman ら (2001), pp. 133-134 にもとづく．

19) equivalent annual net benefit method とそれに関する用語について確立された定訳は筆者の知る限りないようなので，ここでは本文のように訳した．

20) $k+1$ 期の価値でみた $k+1$ 期以降の純便益の割り引かれた総和を考えよう．$i > g$ が満たされるならば，この値は初項が $NB_{k+1}/(1+i)$，公比が $(1+g)/(1+i)$ の等比級数であるから $NB_{k+1}/(i-g)$ となる．これに k 期の価値を現在の価値に直すために $1/(1+i)^k$ を乗ずれば $\tau(k)$ が求められる．

21) ただし，用地費については，検討期間後の現在価値を費用から控除してもよいとされている．くわしくは国土交通省「費用便益分析マニュアル（案）」(http://www.mlit.go.jp/road/zaigen/hyoka/manuan.html) を参照．

参 考 文 献

Arrow, K. J., W. R. Cline, K. G. Maler, M. Munasinghe, R. Squitieri, and J. E. Stiglitz (1996), "Intertemporal Equity, Discouting, and Economic Efficiency." In Bruce, J. P., H. Lee, and E. F. Haites (eds.), *Climate Change 1995 : Economic and Social Dimensions of Climate Change*, Cambridge : Cambridge University Press, Ch. 4.（加藤峰夫，岩岡登喜子訳「異時点間の公平性，割引，及び経済的効率性」，IPCC 第3作業部会編『地球温暖化の経済・政策学：IPCC「気候変動に関する政府間パネル」第3作業部会報告』，中央法規出版，1997年，第4章）

Boardman, A. E., D. H. Greenberg, A. R. Vining, and D. L. Weimer (2001), *Cost Benefit Analysis,* Prentice Hall, Inc.

Carlson C., D. Burtraw, M. Cropper, and K. Palmer (2000), "Sulfur Dioxide Control by Electric Utilities : What Are the Gains from Trade?," Discussion Paper 98-44-REV, Resources for the Future.

Dasgupta, P., K. Mäler, and S. Barrett (1999), "Intergenerational Equity, Social Discount Rates,and Global Warming," in Portney and Weyant, eds. (1999), Chapter 7.

U. S. Environmental Protection Agency (1997), *The Benefits and Costs of the Clean Air Act 1970 to 1990,* EPA-410-R-97-002.

U. S. Environmental Protection Agency (1999), *The Benefits and Costs of the Clean Air Act 1990 to 2010,* EPA-410-R-99-001.

本間　聡 (2002)「費用便益分析における割引率の役割」,『地球環境レポート』6号, 64-72頁.

Kamien, M. I. and N. L. Schwartz (1991), *Dynamic Optimization : The Calculus of Variations and Optimal Control in Economics and Management,* Second Edition, Elsevier, New York.

田中廣滋 (2000)「地球環境問題：理論と国際協力」,『地球環境レポート』, 3号, 52-60頁.

Portney, P. R. and J. P. Weyant, eds. (1999), *Discounting and International Equity,* Washington, D. C., Resources for the Future.

Rubin, J. D. (1996), "A Model of Intertemporal Emission Trading, Banking, and Borrowing," *Journal of Environmental Economics and Management,* 31, pp.269-286.

Stiglitz, J. E. (1994), "Discount Rates : the Rate of Discount for Benefit-Cost Analysis and the Theory of the Second Best," in Layard R.and S. Glaister (1994), *Cost-Benefit Analysis 2nd,* Cambridge University Press.

Weitzman, M. L. (2001), "Gamma Discounting," *American Economic Review,* 19 (1), pp.260-271.

付　記

本章は本間 (2002) をベースに加筆修正されたものであるが, 全面的な改訂となった. 4節の議論は, 守田明弘氏に負うところが大きい. ここに謝意を表する.

第 4 章

不確実性と温暖化交渉の行方

1. はじめに

　費用と便益の評価は，ある政策を実行することが望ましいかどうかを判断するために用いられる．その際，疫病，洪水，豊作，景気の動向，国際的な石油価格の変動といった，将来発生するかもしれない不確実な状態は，それらに多大な影響を与える．発生しうるすべての外界の状態が考慮されえないとしても，費用便益分析では起こりうる事象を特定化し，その影響が分析に組み込まれる必要がある．たとえば，農業のために灌漑施設を建設するプロジェクトから発生する費用と便益を評価するためには，当該農業地区の降水量を予測することが求められる．降水量が少ないならば，この施設から正の純便益がもたらされるのに対し，降水量が多いならば，純便益は 0 か負になる可能性も存在する．また，この例では降水量の多少だけでなく，施設を建設することによる環境への影響や，当該農業地域で生産される農産物の国際価格など，現実には多様な不確実性が存在し，それらは提案された政策から発生する費用と便益の測定に対して多大な影響を与えるであろう．しかも，将来発生するかもしれない不確実性を正確に予測することは非常に困難である．不確実性に対するアプローチがいくつか存在するが，ここでは，代表的な議論を取り上げよう．

本章では，まず不確実性の取り扱いに関連して，標準的な議論の対象となる3つの項目が2，3，4節において解説される．第一に，2節では，期待値について論じられる．期待値による分析は，発生するかもしれない将来の状態とその確率を特定化し，費用便益分析において不確実性を組み込む基本的な手段である．期待値は，発生の確率が割り当てられうるような特定の外界の状態（state of world）あるいは仮想的事象（contingency）の発生が，費用と便益の測定に与える影響を考慮する手法である．第二に，3節では，2節で議論される期待値を用いて，感度分析について論じられる．感度分析は，費用と便益の予測において重要な役割を果たすパラメーターに関する不確実性を取り扱う方法であり，政策を実施することが望ましいかどうかを伝える役割を果たす純便益の推計値の確かさを考察する方法である．第三に，不確実性を含むモデルの費用あるいは便益を分析している段階で，追加的な情報を得る機会に恵まれることがある．その分析に固有の不確実性を明示的にモデル化することによって，得られる情報が評価される可能性がある．特に，将来についての不確実性を減少させる情報が時間の経過とともに明らかになる場合，現在利用可能な選択肢から発生する純便益がこれらの情報に関して明らかになる．このような情報の価値は，準オプション価値と呼ばれ，4節で説明される．5節では，経済学的な観点から，排出権取引モデルに期待値分析の考え方を応用し，感度分析について解説される．

2．期待値分析

2.1 期待値分析の役割

期待値分析は，感度分析，準オプション価値の算出を行う上で基本となる分析方法である．以下で，不確実性をリスクの問題として費用便益分析に組み込む標準的な手続きであるこの分析方法について説明される．狭義の意味では，不確実性は事象の発生確率が明記されずに，主観的な確率が用いられる状況を指し，これに対してリスクは事象の生起確率が客観的に知られる状況を意味す

るとして区別がなされる．しかし，分析の対象や分析者の立場によって応用される手法が異なり，また，両者を明確に区別することが可能ではないケースも存在するため，本章では，不確実性とリスクは，同義の用語として用いられる．発生しうると考えられる分析対象となる事象は仮想的事象と呼ばれ，網羅的かつ相互に排他的な仮想的事象の集合を特定化することによって，将来についての不確実性は費用便益分析に組み込まれる．仮想的事象は，関連のある確率の集合のうち，ただ1つのみが実際に発生するような外界の状態として考えられる．たとえば，将来，石油価格が高騰したときのために石油を備蓄する政策に関する費用と便益を評価するとしよう．このとき，仮想的事象は次のように考えられる．「石油価格が高騰することはありえない（このため，政策は，結果として純額での損失を発生させる）」，「高騰する（このため，政策は，結果として純額で利益を生み出す）」という次の2つの仮想的事象が存在する．

次に，特定化された各々の仮想的事象に対して発生の確率を割り当てることによって，期待純便益が算出されうる．その方法を説明しよう．仮想的事象の集合が網羅的かつ相互に排他的であるため，割り当てられる確率は各々非負であり，かつ合計が1でなければならない．例として，3つの仮想的事象 X_1, X_2, X_3 が存在するとき，それぞれに対応する確率 p_1, p_2, p_3 が，$p_1+p_2+p_3=1$ を満たすように割り当てられる．一般に，n 個の仮想的事象について，B_i と C_i をそれぞれ仮想的事象 i のもとでの便益と費用とし，p_i を事象 i が発生する確率とすると，期待純便益 $E[NB]$ は次の公式で表わされる．

$$E[NB]=p_1(B_1-C_1)+\cdots+p_n(B_n-C_n). \qquad (1)$$

一般的に，期待値分析では自然に対するゲーム（game against nature）を用いた定式化が採用される．自然に対するゲームでは，自然というプレイヤーが存在すると考えられ，疫病や洪水の発生，豊作，天候，景気などのような他のプレイヤーの意思とは独立な要素が導入される．自然のもつ手番（move）は偶然手番とよばれ，それに対して，自然以外のプレイヤーがもつ手番は人的手番とよばれる．自然というプレイヤーが選択する偶然手番では，ランダムかつ非戦略的にある外界の状態が選択されると仮定される．ランダムに外界の状態

図1　決定樹形図

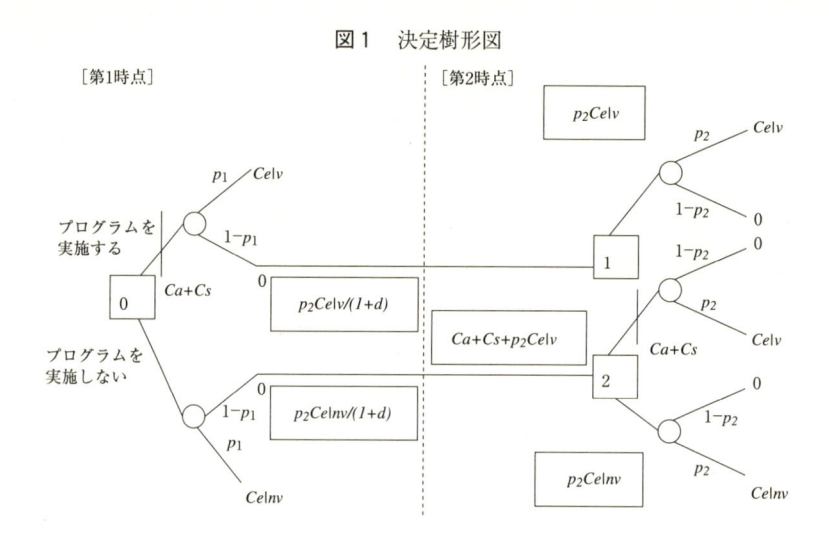

[第1時点]　　　　　　　　[第2時点]

（図：決定樹形図。第1時点でプログラムを実施する／実施しないの分岐があり、それぞれ確率 p_1, $1-p_1$ で $Celv$, $Celnv$ の枝に分かれる。第2時点では節点1, 2から確率 p_2, $1-p_2$ で分岐し、利得は $Celv$, 0, $Celnv$ など。第1時点のコストは $Ca+Cs$、第2時点の利得は $p_2Celv/(1+d)$, $p_2Celnv/(1+d)$, $Ca+Cs+p_2Celv$, $Ca+Cs$ などが示される。）

を選択することは，外界の状態の実現が仮定される確率に従うことを意味し，選択が非戦略的であるとは，分析者によって選択される行動に反応して自然が外界の状態の確率を変化させないことを意味する．

　リスクの発生が単一時点における仮想的事象の発生のみに依存する場合には，標準形の自然に対するゲームが用いられる．これに対し，仮想的事象の発生確率が以前に発生した事象に依存するような場合，意思決定分析（decision analysis）のフレームワークが必要となる．意思決定分析の一般的なアプローチは，逐次的，あるいは展開形の自然に対するゲームとして考えられる．ここで，図1の決定樹形図（decision tree）を用いて，意思決定分析の例を考察しよう．

2.2　決定樹形図を用いた分析の例

　ある地域の住民に対して，特定の伝染病に対する予防接種を実施するプログラムの費用便益分析を考察しよう．ここでの伝染病は，罹患の拡散を止めるのに十分な免疫効果が発揮される前に，今後2時点に渡って人々に感染すると仮定される．図1ではこの予防接種プログラムについての費用便益分析について

の決定樹形図が表わされ，第1時点において予防接種プログラムを実施することが望ましいかどうかが検討される．この図は，0，1，2で表わされる意思決定の結果と，○で表わされる仮想的事象のランダムな選択にしたがって，左から右へと読まれる．図1で用いられる変数は，次のように表わされる．

- C_a+C_s　プログラムの実施費用
- C_{elv}　予防接種プログラムが実施されたという条件の下で発生する伝染病からの費用
- C_{elnv}　予防接種プログラムが実施されない条件の下で発生する伝染病からの費用
- p_1　第1時点に伝染病が発生する確率
- p_2　第2時点に伝染病が発生する確率
- d　割引率

C_a+C_s で表わされるプログラムの実施費用は，プログラムが実施される場合に直接的に実施に必要とされる経費 C_a と，予防接種それ自体から伝染病に感染するような，予防接種を受けた人々が被る副作用からの費用 C_s から構成される．ここでの副作用とは予防接種のワクチン自体から伝染病に感染してしまうことを意味し，その治療のために発生する費用が C_s であると仮定される．図1において枝と交差する垂直な実線は，料金所としての役割を果たし，プログラムの実施費用 C_a+C_s が負担される．

第1時点およびに第2時点において伝染病が発生する確率はそれぞれ p_1，p_2 と表わされる．伝染病が発生した場合において，予防接種プログラムが実施されているならば C_{elv} の費用が生じ，実施されていないならば C_{elnv} の費用が生じる．これらの費用について，$C_{elv}<C_{elnv}$ であると仮定される．

第1時点においてプログラムを実施する場合（上方の枝）について

第1時点において予防接種プログラムを実施する意思決定に続く上方の枝について検討すると，まず，プログラムの実施費用 C_a+C_s が負担される．○で表わされる節が次に現れる．「p_1 の確率で伝染病が発生して人々に感染し，そ

の結果として費用 C_{elv} が生じる」，あるいは「$1-p_1$の確率で伝染病が人々の間に感染せず，第1時点において費用が0である」のうち一方が起こりうる仮想的事象として考えられる．第1時点において伝染病が発生するとしても，人々は予防接種によって第2時点においても免疫を有するため，上方の枝はこの時点で終止する．伝染病が発生しないのであれば，その次の時点において発生する可能性が依然として存在するため，下方の枝は第2時点に続き，そこでは1と記される □ が第2時点の始まりを表わす．予防接種プログラムが第1時点においてすでに実施されているため，「p_2の確率で第2時点において伝染病が発生して費用 C_{elv} が生じる」，あるいは「$1-p_2$の確率で伝染病が発生せず，0の費用が生じる」のうち一方が発生する．

　第1時点においてプログラムを実施する選択肢についての期待費用を算出するために，これまで追ってきた枝を第2時点から第1時点へ逆向きに進んでみよう．第2時点の 1 における意思決定からの期待費用は，$p_2 C_{elv}+(1-p_2) 0 = p_2 C_{elv}$ と計算される．第1時点 0 での意思決定から発生する予防接種プログラムを実施することの期待費用は，プログラムの実施費用と，それに続く節から発生する期待費用との合計で表わされる．1 における期待費用が割引現在価値 $p_2 C_{elv}/(1+d)$ として用いられることに注意すれば，第1時点において予防接種プログラムを実施する期待費用の現在価値 $E[C_v]$ は，

$$E[C_v] = C_a + C_s + p_1 C_{elv} + \frac{(1-p_1)p_2 C_{elv}}{(1+d)} \tag{2}$$

と表わされる．

第1時点においてプログラムを実施しない場合（下方の枝）について

　第1時点におけるはじめの節 0 において，予防接種プログラムが実施されない選択肢の下方の枝を追うと，この意思決定は，プログラムの実施費用 C_a+C_s を生じさせない．人々が伝染病に感染し，費用 C_{elv} が生じる確率は p_1，伝染病が発生しないため，費用が0である確率は $1-p_1$ である．伝染病が第1時点において発生しないならば，第2時点において発生するかもしれないた

め，②と記される節へ枝が続き，意思決定がなされる．第2時点においてプログラムが実施される（ここで費用 C_a+C_s が発生する料金所と交差する）ならば，第2時点において伝染病が発生しない（確率 $1-p_2$）場合には費用は0，発生する（確率 p_2）場合には C_{elv} が負担される．

(2)の導出と同様に，第1時点において予防接種プログラムを実施しない場合の期待費用を，節②から第1時点へ逆向きに進むことによって検討しよう．節2において予防接種プログラムが実施されない意思決定に続く下方の機会の節では $p_2 C_{elnv}$，実施費用が追加される $p_2 C_{elv}$ の期待費用を持つ上方の機会の節では $C_a+C_s+p_2 C_{elv}$ となる．ここで，②において2つの起こりうる意思決定の期待費用を比較するため，$p_2 C_{elnv}$ と $C_a+C_s+p_2 C_{elv}$ について次のように仮定される．プログラムの費用が，予防接種からの期待費用の減少よりも大きい，すなわち

$$C_a+C_s > p_2(C_{elnv}-C_{elv})$$

という不等号が成立すると想定すれば，$p_2 C_{elnv} < C_a+C_s+p_2 C_{elv}$ であり，プログラムを実施しないことが実施することを支配する．したがって，②に続く上方の枝が消去され，第2時点の期待費用として $p_2 C_{elnv}$ が採用される．この値の割引現在価値 $C_{elnv}/(1+d)$ を用いることによって，第1時点において予防接種プログラムを実施しない場合の期待費用の現在価値 $E[C_{nv}]$ は次のように算出される．

$$E[C_{nv}] = p_1 C_{elnv} + \frac{(1-p_1)p_2 C_{elnv}}{(1+d)}. \tag{3}$$

予防接種プログラムの数値例

以上で導出された(2)と(3)について，次のような数値例を用いて，プログラムを第1時点において実施することが望ましいかどうかを考察しよう．

- $p_1=0.3$
- $p_2=0.15$（第2時点において伝染病が発生する確率は，第1時点において伝染病が発生する確率の1/2）

- $d = 0.05$
- $C_{elv} = 0.5\, C_{elnv}$ (予防接種プログラムを実施する場合の費用は，しない場合に要する費用の半分)
- $C_a = 0.1\, C_{elnv}$ (予防接種の実施経費は，伝染病の費用の10％)
- $C_s = 0.01\, C_{elnv}$ (副作用の費用は伝染病の費用の1％)

$C_{elnv} = 100$ とすれば，$C_{elv} = 50$，$C_a = 10$，$C_s = 1$ という値が用いられる．この数値が用いられる場合，(2)と(3)から，

$E[C_v] = 31$

$E[C_{nv}] = 40$

と算出される．したがって，$E[C_v] < E[C_{nv}]$ であるため，はじめの年に予防接種プログラムが実施されることが望ましいといえる．また，この予防接種プログラムの有する便益は，プログラムによって回避される費用として考えられ，

$E[C_{nv}] - E[C_v] = 9$

と算出される．

3. 感度分析

3.1 3つの分析方法について

前節で説明された期待値分析とその応用である自然に対するゲームのフレームワークにおいて，仮想的事象と発生確率が計測され，政策の費用と便益が評価される．期待純便益を算出するために用いられる仮定の値についての不確実性が存在する．前節の分析を例に用いれば，伝染病が発生する確率や割引率などのパラメーターに関する不確実性が存在し，これらの値の大小が期待純便益に影響を与える．通常は，未知の仮定の数値について，最も発生しやすいと考えられる推計値を用いることによって，不確実性が取り扱われる．このような推計値に基づく費用便益分析は，基本のケース (base case) を構成し，本節で解説される部分的感度分析や，最善あるいは最悪のケースにおける分析との

比較対象となる．

　感度分析は，仮定の変化に対して予測された純便益がどの程度感応的であるかを検討する方法である．合理的であると考えられる仮定の値がとりうる範囲と，期待純便益の値が考察されるとき，純便益の符号が変化しなければ，その分析は確かなものと考えられる．

　多くの分析においては，多数の未知数が存在し，それらの未知数がとりうる値をすべて組み合わせて調べ尽くすようなアプローチは実行不可能である．このため，感度分析が重要な役割を演じるが，感度分析への接近のうち本節では，部分的感度分析（partial sensitivity analysis），最悪と最善のケースの分析（worst-case and best-case analysis），モンテカルロ感度分析の3つの代表的なアプローチが説明される．

3.2 部分的感度分析について

　この分析は，ある1つの未知数について仮定される値を変化させ，他のすべての仮定の数値を不変としたとき，純便益がどのように変化するかを考察する方法であり，純便益がゼロであるような仮定の数値（損益分岐値）を発見するために用いられる．最も重要かつ不確実であると考えられる仮定の数値に対して適用されるのが適切である．

　図1における変数を構成するより詳細なパラメーターに対して，数値的仮定を割り当てることにより，これらの数値的仮定と期待純便益の間の関係が明らかとなる．たとえば，予防接種プログラムが実施されないという条件のもとで発生する費用 C_{elnv} は，(4)式のようなパラメーターに関して特定化される式から導出される．

$$C_{elnv} = i[rN(wt + m_h L) + (1-r)N(wt + m_l L)]. \tag{4}$$

i は予防接種が実施されないときの伝染病の感染率，r は伝染病を患うことについて高いリスクを持つ人口の割合，N は予防接種の対象となる地域の人口の総数，w はその地域における平均賃金率，t は伝染病に感染することによっに失われる平均労働時間，m_h と m_l はそれぞれ伝染病に感染することに

ついて高い,あるいは低いリスクを有する人の死亡率,そして L は生命の価値であると仮定される貨幣評価額を表す.変数 C_{elv}, C_a, C_s に関しても,地域の人口や,プログラムで用いられるワクチンの価格といった具体的なパラメーターに関して定式化される.これらを(2),(3)をベースにして求められた式に代入すれば,仮定されるパラメーターの値と期待純便益の間の関係が明らかになる.したがって,分析において重要な役割を果たすあるパラメーターを,他のパラメーターを一定としたままで変化させた場合,期待純便益がどのように変化するかということが考察される.このような手法によって,あるパラメーターにおける変化の,純便益に対する限界部分的効果(marginal partial effect)だけが考察されうる.5節では,部分的感度分析の応用例が論じられる.

3.3 最悪,最善のケースの分析について

最悪と最善のケースの分析は,任意の合理的な仮定の組み合わせが,純便益の符号を逆転させるかどうかを検討する方法である.

最も発生しやすいと考えられる数値を未知のパラメーターに割り当てる基本ケースの仮定により,最も代表的であるような純便益の推計値が算出される.これに対し,政策を評価する上で各々の仮定に対して最も不利な,あるいは最も有利であるような,仮定の値がとりうる範囲を考察することによって,より低い,あるいは推計の限界値が求められる.たとえば,(4)式におけるパラメーター t は伝染病に感染することから失われる労働時間を表し,基本のケースではこの値は24時間として計算される.失われる労働時間は最小で18時間,最大で30時間であると仮定され,基本ケースにおいては,その仮定の平均値が用いられる.ここで,失われる労働時間が最小のケースと最大のケースについて考察してみよう.伝染病のもたらす労働時間の損失は基本のケースほど大きいものではなく,最小値である18時間であると仮定されるならば,予防接種プログラムからの純便益は基本ケースよりも小さく評価されるだろう.逆に大きな労働時間の損失をもたらす,たとえば最大値である30時間であると仮定されるならば,プログラムからの純便益は基本のケースよりも大きくなる.最悪のケー

スの分析では，プログラムの純便益の評価に対し，各変数を構成するパラメーターに対して最も不利な仮定の値を適用することにより，正の期待純便益を算出する基本ケースとの比較に用いられる．逆に，最善のケースは，最も有利な仮定の値が用いられ，基本ケースにおいて負の期待純便益が算出された場合の比較に用いられる．

もし，ある分析の基本ケースの仮定の値から負の純便益が算出され，かつ最善のケースのような楽観的な分析でも期待純便益が負の値をとるならば，その政策は採用されるべきでないという確信が強められる．最善のケースにおいて正の期待純便益が算出されるならば，各パラメーターに対してより不利な仮定の値を適用し，やや楽観的でない仮定の組み合わせでも正の期待純便益が得られるかどうかということも検討しうる．

最悪のケースの分析は，各パラメーターについて，発生しうる最も不利な仮定を割り当てるため，このケースでは，悲観的な純便益の予測が立てられる．基本ケースの期待純便益の予測との比較において，楽観的な予測を算出するような官僚や利害集団のインセンティブを抑制するという観点では，最悪のケースの分析が有益である．

3.4 モンテカルロ感度分析について

部分的感度分析および極端なケースの分析には，2つの問題点が指摘される．第一に，仮定されるパラメーターの値について，すべての利用可能な情報が考慮に入れられていないことである．極端なケースが発生するには，多数の低い確率を持つ事象が結合的に発生することが要求される．したがって，基本ケースの仮定に近い値が極端な値よりも発生しやすいと確信されるとき，極端なケースは非常に起こりにくくなると考えられる．第二に，これらの分析方法においては，実現した純便益の統計的分布からの分散などの情報が直接的に明らかにならないことである．純便益の期待値の観点から2つの政策を区別することができないならば，より高い確率で期待値に近い純便益を生じさせると考えられるような，より小さな分散の値を有する分布の政策を推奨することが可

能である．モンテカルロ分析はこれらの問題点を克服する方法を提供するものであり，複雑な分析において仮定されるパラメーターに関する不確実性を非常に効果的に考慮に入れられる．

モンテカルロ分析は，数学的な技術のみではその特性が適切に決定されえないような統計的推定量を検討することにおいて重要な役割を果たしてきた．モンテカルロ法は，リスクの解析や確率評価の分野でコンピュータの能力が活用され，計算が容易になってきたことから，次第に用いられるようになってきている．本質的には，モンテカルロ法はパラメーターの分布標本を入力として繰り返しの試行を行い，それを比較するというものである．その手法は次のような3段階から構成される．

① すべての重要かつ不確実な数値仮定についての確率分布を特定化する．
② 各パラメーターに関する分布からランダムな抽出を行い，純便益を算出するための特定の値から構成される集合を得る．
③ ②の試行を何度も繰り返し，実現する純便益を多数算出する．この試行の平均から，純便益の期待値の推計値を得る．

試行がヒストグラムに追加されればされるほど，その結果としてのヒストグラムは，純便益の分布をよく代表する．このような推計方法は，試行の回数が無限に大きくなるにつれて，その度数が真の確率に収束するという大数の法則を利用したものである．

4．準オプション価値

将来において，意思決定に関連する情報が利用できるようになるならば，意思決定を延期することが望ましいかもしれない．このことは，ひとたびプロジェクトが開始され，「現状維持」に戻すことの費用が非常に大きいため，その意思決定が実質上不可逆的な場合にあてはまる．たとえば，絶滅が危惧される動植物を保護するために，それらが存在する地域を保護しなければ，それらが存在していれば得られたであろう便益を得ることはできなくなる．このよう

な地域を開発すれば，開発することからの便益が生ずる一方で，開発される前の状態に戻すことは不可能である．本節では，未開の森林を開発する，あるいはしないという不可逆的な意思決定問題について考察しよう．現在の世代にとっての費用と便益はかなり確実である一方，その未開の森林を失うことの，将来世代にとっての機会費用は不確実である．将来世代がどのように森林を評価するかということについての，現在の世代が直面する不確実性を減少させるような情報が時間の経過とともに入手可能になるならば，不可逆的な開発を遂行する意思決定を遅らせることが望ましくなるかもしれない．このような，不可逆的な意思決定を遅らせることによって得られる情報の期待値は，準オプション価値と呼ばれ，以下で2，3節で用いられた期待値分析を用いて検討される．

表1は，森林の利用に関する費用便益分析のパラメーターを表わす．確率 p で生じる「低価値」の仮想的事象の下では，将来世代の森林の評価が現在世代と同じであると想定される．$1-p$ で発生する「高価値」の仮想的事象の下では，将来世代は森林の保存に対して現在世代よりも非常に高い価値を付ける．開発することについて，完全に開発するか，あるいはこの森林の一部を残す限

表1 森林開発政策についての事前の費用と便益

	森林保存に対する仮想的事象	
	「低価値」	「高価値」
完全に開発	B_F	$-C_F$
限定された開発	B_L	$-C_L$
開発しない	0	0
発生確率	p	$1-p$

- 完全な開発の期待値 　　　$pB_F-(1-p)C_F$
- 限定された開発の期待値　$pB_L-(1-p)C_L$
- 開発しない場合の期待値　0

$pB_F-(1-p)C_F>pB_L-(1-p)C_L$ かつ $pB_F-(1-p)C_F>0$ ならば，完全に開発する選択肢を採用する．

定された開発か，まったく開発しないという3つの選択肢が存在する．ひとたびこの森林が完全に開発されると，もはや以前の状態に戻すことは不可能であり，その森林に固有の動植物などは失われる．限定された開発の選択肢については，開発の規模が完全な開発よりも小さく，一部はそのまま保護されるとしよう．将来の世代がこの森林に対して高価値の評価を付けるならば，完全に開発することから生じる費用C_Fの値はC_Lよりも大きい．将来の世代がこの森林を低価値と評価するならば，完全に開発することから得られる便益B_Fは限定された開発から得られる便益B_Lよりも大きくなると仮定される．

それぞれの仮想的事象のもとで生じる費用$-C_F$と$-C_L$，便益B_FとB_Lについて，$B_F>B_L>0$かつ$C_F>C_L>0$と仮定すると，完全に開発する場合には，限定して開発するよりも低価値の仮想的事象の下でより大きな純便益を生み出し，逆に，高価値の仮想的事象の下でより大きな純費用を生み出す．

時間の経過にともなって知識を増していく過程をラーニング（learning）と呼ぶとき，ラーニングが発生しない，すなわち将来時点において有益な情報が明らかにならないと仮定されるとき，各々の選択肢に関する期待値は表1に示される．このケースでは，単に最も大きな期待純便益が発生するように行動が選択されるだけである．これに対し，外生的および内生的なラーニングが発生する2つのケースについて考察しよう．まず，外生的なラーニングのケースでは，第1時点以降，確実に2つの仮想的事象のうちどちらが発生するかが明らかとなる．ラーニングが外生的であるということは，どんな行動が選択されても情報が明らかになるという意味においてである．このように，選択される行動に依存せずに第2時点のはじめに情報が明らかになる外生的なラーニングのケースに対し，森林を開発することそれ自体からしか情報が明らかにならないケースは，内生的なラーニングと呼ばれる．以下で，それぞれのケースについて考察してみよう．

外生的ラーニングについて

図2はこのケースを決定樹形図を用いて表わす．もし完全開発が選択される

図2　外生的なラーニング

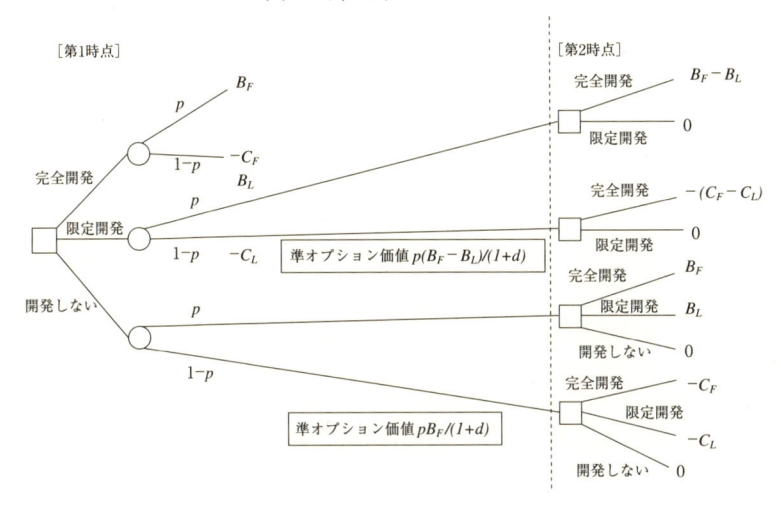

図3　内生的なラーニング

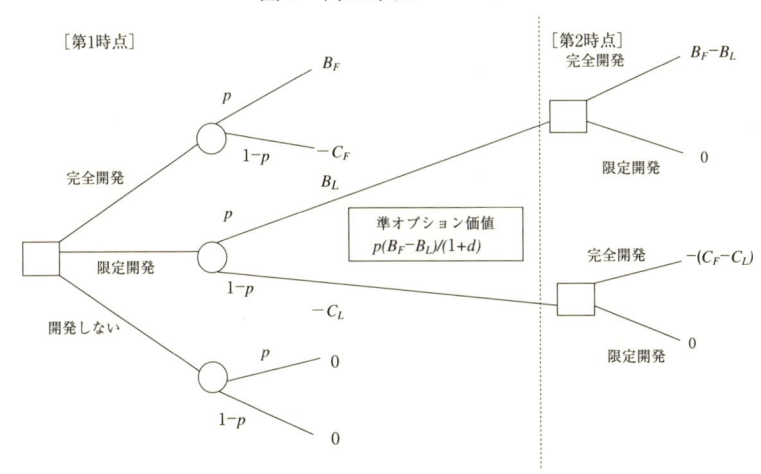

　ならば，これは不可逆的な意思決定であるため，ラーニングのないケースと同じ期待値が発生する．第1時点において限定開発か，あるいは開発なしが選択されるのであれば，どの仮想的事象が発生するのかを知った後で，第2時点においてなされるべき意思決定が残される．第1時点における限定開発および開

発なしの意思決定の期待値は，前節で説明された予防接種プログラムにおいて導入された逆向き推論法で考察することができる．

限定された開発について検討すると，低価値の仮想的事象が第2時点のはじめに明らかになれば，最適な意思決定は純便益 $B_F - B_L$ を得るために，開発を完了させることである．この額の現在価値は，割引率 d で割り引くことによって得られる．そして第1時点の純便益 B_L を加算し，低価値の仮想的事象が発生することを条件とした限定開発の純便益を得る．もし高価値の仮想的事象が第2時点のはじめに明らかになるならば，最適な意思決定は，さらなる開発を見合わせることであるため，高価値の仮想的事象が発生するという条件での純便益は，第1時点で実現した $-C_L$ だけからなる．これらの条件付純便益とそれらのそれぞれの確率を乗ずることによって，第1時点における限定開発の期待純便益は，$p[B_L + (B_F - B_L)/(1+d)] - (1-p)C_L$ と算出される．これは，表1において示されるラーニングのないケースにおける期待値と，限定開発の準オプション価値である $p(B_F - B_L)/(1+d)$ の値だけ異なる．

次に，第1時点において開発しないと意思決定された場合について考察しよう．低価値の仮想的事象が第2時点のはじめに明らかになるのであれば，最適な意思決定は完全開発であり，$B_F/(1+d)$ の現在価値を有する．第2時点のはじめに高価値の仮想的事象が明らかになれば，最適な意思決定は開発しないことであり，現在価値は0である．結果として，第1時点において開発しないことを選択することからの期待純便益は $pB_F/(1+d)$ であり，この値は開発しないという選択肢の準オプション価値に等しくなる．

内生的ラーニングについて

内生的ラーニングでは，完全開発，限定された開発の選択肢についての期待純便益は，外生的ラーニングのケースについてと同一である．しかし，開発しないという選択が行われた場合，将来において開発を行うべきかどうかという意思決定に関する新たな情報は明らかにならない．図3において，第1時点において開発しないという選択肢は第2時点に続かず，開発しないことの期待純

便益はゼロとなる.

　一般に,準オプション価値は外生的ラーニングのケースにおける開発しない選択肢について,かつ内生的ラーニングのケースにおける限定された開発について,大きな値をとる傾向がある.準オプション価値は,野生地域やすばらしい景観,動物の種など唯一の資産を保護するような政策に対する1つの便益のカテゴリーとみなされるよりも,意思決定問題において単一の時点しか扱われないような不適切な定式化から導出される期待純便益の計算への修正として扱われることが適切である.というのは,準オプション価値が数値化される場合,常に準オプション価値それ自体が厳密な意思決定問題の特定化を要求するため,そのような意思決定問題からの期待純便益の推計には,準オプション価値が組み込まれているからである.

5. 排出権取引における感度分析について

5.1 国際的な排出権市場について

　1997年に地球温暖化防止枠組条約第3回締約国会議において採択された京都議定書では,温室効果ガスの削減方法の一つとして排出権取引が認められた.排出権取引に関してこれまで多数の研究が行われてきているが,本節ではYohe (1998),田中 (1998) に基づき,感度分析の具体例を排出権取引に関して説明してみよう.

　炭素の排出量に関する国際的な排出権市場について図4が作成される.直線 B_1G は,先進国から発生した炭素排出量への需要曲線を表わす.先進国の炭素排出量に対する需要は左の垂直軸で評価され,排出量は原点 O_1 から,左から右へと計測される.炭素排出量の価格がゼロであるならば,先進国は図4における Q_{1max} で示される排出が選択される.また,図4における直線 B_2F は途上国(式の中では添え字2によって表わされる)から発生する炭素への需要曲線を表わすとしよう.途上国の炭素排出量は右の垂直軸において評価され,排出量は原点 O_2 から,右から左へと計測される.価格がゼロであるならば,

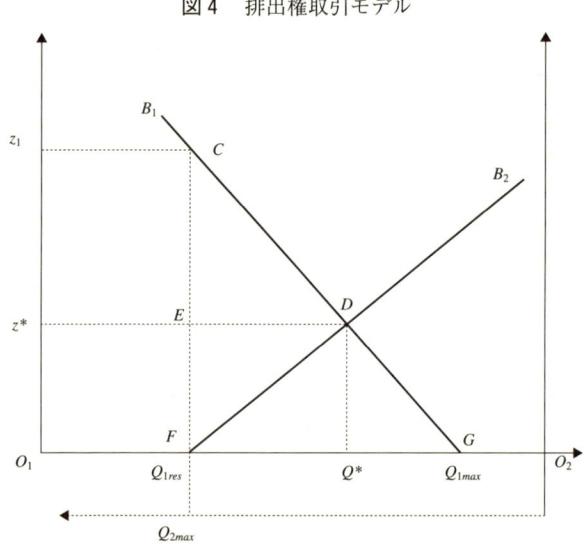

図4　排出権取引モデル

途上国は Q_{2max} の量を排出すると決定するであろう．両国ともに価格がゼロであるとき，2つの国からの総排出量は，$|Q_{1max}+Q_{2max}|$ と表わされる．

　ここで，京都議定書において温室効果ガスの削減目標が決定されたように，先進国からの排出量が規制される状況を論じてみよう．原点 O_1 と比較した原点 O_2 の位置から，先進国の排出量に対して，$|Q_{1max}-Q_{1res}|$ に等しい削減が求められるとしよう．このような規制が行われると，総排出量は O_1O_2 の距離に等しく，初期には，Q_{1res} の排出量が先進国に，Q_{2max} の排出量が途上国に割り当てられる．途上国における Q_{2max} の潜在価格は，この配分においてゼロに等しいが，先進国においては，潜在価格は z_1 である．z_1 とゼロとの差は，効率性が改善され，さらなる利得が得られる可能性が存在することを示す．潜在価格が均等化されるまで先進国から途上国へ炭素排出量の削減義務が移転されるならば，両国ともに利得を得ることが可能である．

　排出権取引の制度が導入された場合，この目的は達成されるであろう．直線 B_1G について，点 C よりも下方は，先進国についての許可量に対する需要曲線

を示す．同様に，直線 B_2F は，途上国が進んで売却したいと考えるであろう許可量のオファー曲線（供給曲線）を示す．市場は z^* において清算され，許可量の売却によって，途上国から先進国へ $|Q^*-Q_{1res}|$ 単位の排出量の移転がもたらされる．三角形 CDF で表わされる総余剰の面積は，効率性が改善されることから発生する利得を示す．図4においてその分配が提案される．先進国は三角形 CDE の面積 A_1 に等しい消費者余剰に相当する便益を，途上国は三角形 DEF に等しい生産者余剰に相当する面積 A_2 で表わされる便益を得ることが可能である．需要曲線の傾きが先進国と途上国に対してそれぞれ，$-b_1$，$-b_2$ で与えられ，先進国の排出量削減義務が e と示されるとき，簡単な計算により，総余剰の面積は

$$|A_1+A_2| = \frac{b_1^2 e^2}{2(b_1+b_2)}$$

に等しく，そのうち

$$A_2 = \frac{b_1^2 e^2}{2(b_1+b_2)^2}$$

が途上国に配分される．

5.2 先進国間の排出権市場

次に，先進国の間での排出権取引を考察してみよう．京都議定書では，温室効果ガスの削減目標を持つ国（附属書B締約国）の間に限って排出権取引が認められるが，炭素排出量の削減に関する限界費用が低い国であれば，上で論じられたように，排出権市場に参加して炭素排出量を売却することによって便益を得ることができるであろう．これ以降，排出量を購入する先進国は先進国1と表わされ，添え字1が用いられる．また，排出量を売却する先進国は先進国2と表わされ，添え字2が用いられる．

これらの先進国の両方が炭素排出量の規制を受けるケースについて，排出権市場に参加することによる費用と便益を考察してみよう．排出権を購入する国2が規制を受けるケースは図5において説明される．先進国1の炭素排出量に

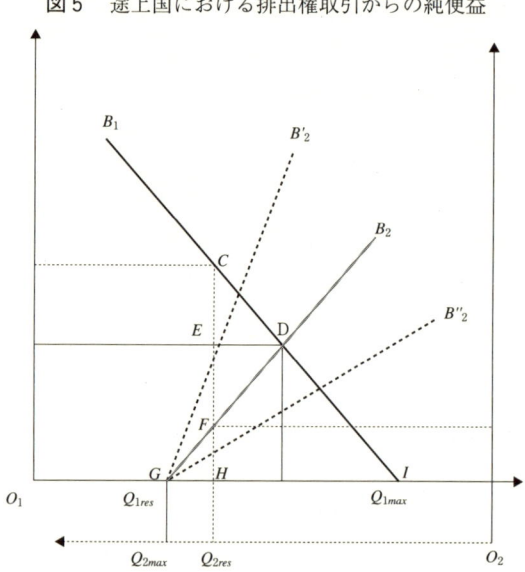

図5 途上国における排出権取引からの純便益

対する需要はB_1Iで示される。先進国1は図4の分析と同じように$|Q_{1max}-Q_{1res}|=e$の炭素排出量を削減することが求められる。排出権を売却する先進国2も$|Q_{2max}-Q_{2res}|=e_2$に等しい排出量を削減することが要求される。図5において三角形FGHの面積をA_cとおくと、A_cは先進国2が排出量削減の規制を課されることによって生じる費用を表わす。また、排出権取引から生じる便益A_2の大きさは図5において三角形DEFで表わされる。先進国2の純額での余剰の面積は排出権取引に参加することの純便益を表わす。この純便益の額A_2-A_cは、

$$|A_2-A_c|=\frac{b_1b_2(e+e_2)(b_1e-(b_1+2b_2)e_2)}{2(b_1+b_2)^2} \tag{5}$$

と表わされる。(5)の面積で示される純便益が基本のケース[1]であり、先進国2における炭素排出量への需要曲線B_2Gの傾きの値に不確実性が存在すると仮定しよう。傾きの値b_2に関して、hとlが不確実性を表わすパラメーターとして導入される。hとlはそれぞれ$h>1$、$l\leq1$であると仮定される。大きな

第4章 不確実性と温暖化交渉の行方 83

表2 排出権取引における仮想的事象と発生確率

	仮想的事象	
	環境技術の進歩が小さい	環境技術の進歩が大きいか，現状維持
実現する傾きの値	$-b_2 h,\ h>1$	$-b_2 l,\ l\leq 1$
発生確率	p	$1-p$

傾きの値 $b_2 h$ が実現する仮想的事象は p の確率で，小さな傾きの値 $b_2 l$ は $1-p$ の確率で発生する．

　傾きの値が $b_2 h$，$b_2 l$ である場合の例はそれぞれ，図5における直線 $B_2' G$ と $B_2'' G$ によって表わされる．ここで用いられる基本のケースと比較して，傾きの絶対値が大きな直線 $B_2' G$ が実現する場合，先進国2が獲得できる便益は小さく，費用は大きくなるため，図5において純便益の値は負となる可能性も存在することがわかる．このような仮想的事象の発生は次のように説明される．たとえば，燃料電池自動車のように，広く普及することが期待されているが，そのためには自動車のパワーユニットをはじめ，燃料となる水素を供給するためのインフラの整備などに関するさらなる技術開発が不可欠である．このような環境技術の開発が捗らないケースでは，供給の限界費用が上昇し，需要曲線が上方へ回転すると考えられる．これに対し，$B_2'' G$ が実現するケースでは，得られる便益は変化するが，費用は基本のケースに比べて小さく，結果として正の純便益を獲得する可能性が存在する．これらの仮想的事象とその発生確率は，表2にまとめられる．

　(5)と表2を用いると，先進国2に e_2 の炭素排出量に対する規制が行われる場合の，先進国2の排出権取引に参加することの期待純便益は，

$$E[NB] = p_1 \frac{b_1 b_2 h\, (e+e_2)\,(b_1 e - (b_1 + 2 b_2 h) e_2)}{2(b_1 + b_2 h)^2}$$

$$+ (1-p_1) \frac{b_1 b_2 l\, (e+e_2)\,(b_1 e - (b_1 + 2 b_2 l) e_2)}{2(b_1 + b_2 l)^2} \qquad (6)$$

と定式化される．分析の簡単化のため，$b_1 = b_2 = 1$ に規準化され，先進国につ

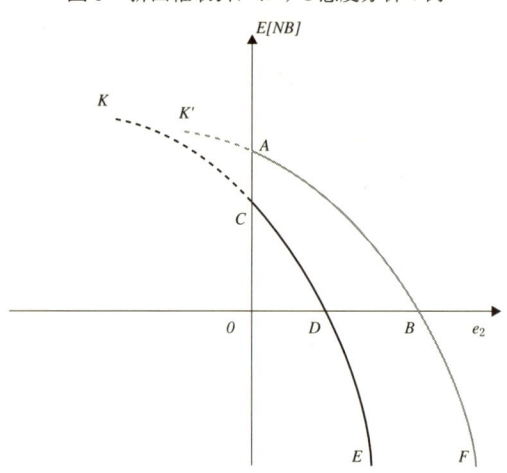

図6 排出権取引における感度分析の例

いての炭素排出量に対する需要を表わす直線 B_1I は不変であり，かつ先進国1の削減義務の数量 e は一定の値 $\bar{e}$ に固定されるとしよう．(5)は次のように表わされる．

$$E[NB] = p_1 \frac{h(\bar{e}+e_2)(\bar{e}-(1+2h)e_2)}{2(1+h)^2} + (1-p_1) \frac{l(\bar{e}+e_2)(\bar{e}-(1+2l)e_2)}{2(1+l)^2}. \quad (7)$$

傾き b_2 に関する不確実性について，大きな値をとる仮想的事象の発生確率が $p = \frac{4}{5}$ で $h = \frac{3}{2}$ の値をとり（基本ケースの1.5倍となる），小さな値をとる仮想的事象の発生確率が $1-p = \frac{1}{5}$ で，$l = \frac{1}{2}$ （基本ケースの半分の値をとる）という数値例を用いると，先進国2における期待純便益 $E[NB]$ の削減義務数量 e_2 に関する感度分析を表わす式が次のように導出される．

$$E[NB] = -\frac{482}{1125}\left(e_2 + \frac{349}{964}\bar{e}\right)^2 + \frac{133}{1125}\bar{e}^2 + \frac{482}{1125}\left(\frac{349}{964}\right)^2 \bar{e}^2. \quad (8)$$

(8)の関係は図6の曲線 KE で表わされる．図6において，$e_2 > 0$ であることから，第1象限における曲線 CE がとりうる期待純便益の値を示す．この感度分析によって，先進国2の削減義務の数量 e_2 が増加するにつれて，期待純便益が低下する関係にあることが示される．点 D は，期待純便益が0となるよ

うな損益分岐値の e_2 を示す．(8)および曲線 KE における損益分岐値は，$e_2 = \dfrac{133}{1125} \bar{e}^2$ と算出される．

また，h と l について曲線 KE と同じ値であるが，$p = \dfrac{1}{5}$ とした場合の $E[NB]$ と e_2 の関係は，次のように表わされる．

$$E[NB] = -\frac{308}{1125}\left(e_2 + \frac{181}{616}\bar{e}\right)^2 + \frac{127}{1125}\bar{e}^2 + \frac{308}{1125}\left(\frac{181}{616}\right)^2\bar{e}^2. \qquad (9)$$

図6において，(9)は曲線 $K'F$ で表わされる．このとき，傾きの値が大きな仮想的事象が発生する確率が低いならば，期待純便益の値も相対的に高くなることが示される．

排出権を売却する先進国2について，得られる純便益が大きいほど排出権取引に参加する誘因となるであろう．(8)および(9)の感度分析では，先進国2に対する炭素排出量の削減義務が大きいほど，期待純便益の値も小さくなっていくことが示された．先進国2の削減義務が大きい場合には，先進国2は排出権取引に参加しないため，先進国1も A_1 の面積で表わされる余剰を獲得できない可能性も存在する．排出量削減のための国際的な交渉において決定される排出削減の割当量が，排出権取引のメカニズムが成功するための鍵を握っている．[2] また，環境技術の開発に関する進歩が捗らないという仮想的事象が発生する確率が低く，むしろ技術開発の進展が見込まれるならば，先進国2に対して炭素排出量に関する規制が課されたとしても，排出権取引に参加することによって正の純便益を得ることができる可能性が大きくなるため，先進国2の排出権市場への参加が容易になるであろう．技術開発を促進する政策が，間接的に排出権市場の機能を拡充するという効果を持っている．

6．おわりに

費用便益分析において不確実性を取り扱う方法として，期待値分析を通じて起こりうる仮想的事象に関して平均をとり，純便益の最も発生しやすいと予測される期待純便益が算出される．パラメーターが仮定される値から離れる場合

に純便益がどう変化するかということは,感度分析を通じて検討される.部分的感度分析は鍵となる重要なパラメーターの変化に焦点を合わせる方法であり,最も一般的に用いられるアプローチである.最悪,最善の極端なケースの分析は,仮定の数値がとりうる範囲において,純便益の符号を逆転させるような仮定の組み合わせが存在するかどうかを検討する.モンテカルロ分析は,仮定されたパラメーターの値をランダムな変数として取り扱うことによって純便益の分布を推定しようと試みる方法である.政策のリスクに特に関心があり,かつ純便益の算出についての公式が単純な合計以外のパラメーターを含む場合に特に有益である.考察されている政策の便益と費用を推計しようと試みる分析者にとって利用可能な情報や技術によって実行される感度分析が制限されることも考えられるが,採用される仮定に対する感度のテストが実行されるべきである.

自然に対するゲームを含むような意思決定分析のフレームワークは,リスクのある環境における情報の価値を評価する基礎を提供する.それにより,便益の推計に関して独立したカテゴリーとしてみなされることもある準オプション価値の算出が可能となる.準オプション価値によって,将来の情報に依存して行動しうることの価値が考察される.

注

1) 基本のケースについては,本章の3節において解説される.
2) 排出権取引とクリーン開発メカニズムの関係については,田中 (1998) に詳細に論じられる.

参 考 文 献

Arrow, K. J. and Fisher, A. C.(1974), "Environmental Preservation, Uncertainty, and Irreversibility," *Quarterly Journal of Economics*, 88, 2, pp.321–319.

Boardman, A. E., Greenberg, D. H., Vining, A. R. and Weimer, D. L. (2001), *Cost Benefit Analysis*, Prentice Hall, Inc.

Conrad, J. M.(1980), "Quasi-Option Value and the Expected Value of Information," *Quarterly Journal of Economics*, 44, 4, pp.813–820.

D. M. Kamman and D. M. Hassenzahl (1999), *Should We Risk It*, Princeton University Press.（中田俊彦訳（2001）『リスク解析学入門―環境・健康・技術問題におけるリスク評価と実線―』，シュプリンガー・フェアラーク東京）

長谷川智之（2002）「費用便益分析における不確実性の取り扱いについて」，『地球環境レポート』，第5号，73-82頁.

樋口世喜夫（1999）「自動車メーカーの環境保全への取り組み（その1）」，『地球環境レポート』，第1号，63-72頁.

Merkhofer, M. W.(1987), *Decision Science and Social Risk Management : A Comparative Evaluation of Cost Benefit Analysis, Decision Analysis, and Other Formal Decision-Aiding Approaches*, Boston : D.Reidel Publishing Company.

中西準子（1995）『環境リスク論―技術論からみた政策提言―』，岩波書店.

岡　敏弘（1999）『環境政策論』，岩波書店.

田中廣滋（1998）「温室効果ガスの排出権に関する国際的な取引としてのクリーン開発メカニズムと排出権市場」，『国際公共経済研究』，第8号，14-21頁.

Yohe, G. W.(1998), "First Principle and the Economic Comparison of Regulatory Alternatives in Global Change," *Cost-Benefit Analysis of Climate Change : The Broader Perspective*, Birkhauser Verleg Basel/Switzerland.

付　記

本稿は，長谷川（2002）をもとに，加筆修正したものである．

第 5 章

ヘドニック価格法による公共投資の分析

1. はじめに

　地方自治体は膨大な財政資金を使って,さまざまな公共支出政策を実施してきたが,それによってつくりだされた公共サービスに地域住民のニーズが正確に反映されていないのが現状である.特に,公共投資政策によって形成された社会資本ストックに対しては,それにかけたコストに見合うパフォーマンスが発揮されていないことがしばしば指摘されている.さらに景気低迷に加え,経済金融構造の変化が続くなか,地方自治体の財政は急速に悪化し,累積した地方債残高は2001年末には160兆円に達している.このような状況から,財政破綻ともいえる状況に陥っている多くの自治体は,公共支出改革として行政改革や事務の見直しに取り組んでいる.そうした中で,より効果的かつ効率的な行政運営をはかるための方策の一つとして,公共サービスの民営化が検討されている.

　その一方で,NPOやボランティア団体等の民間団体が,公共サービスの新たな担い手として次第に登場してきている状況もある.しかし,公共サービスの民営化は,これまでも経済悪化と財政危機の克服方策として導入されてきたが,事業評価を伴わない運営は損失の膨大化を招き,結局は経営破綻に至って

いる．公共支出政策の改革として公共サービスの民営化が検討されるが，民営化は，地域住民の厚生に与える影響を考えると，財・サービスの性質によって異なるため，どのような種類のサービスを，どのような公共・民間の資源を活用するかについては，客観的な評価を行い，事業実施を決定することが重要である．

こうした状況における地方自治体がとるべき対策として，田中廣滋（1999）は，民間企業による公共財の供給を促すような政策を論じる．その内容は次のように要約される．

中央政府が基本的な公共財の供給に責任を有する一方で，地方政府は補助金を活用して，民間企業による公共財の供給を促して，地域経営を図ると仮定される．このとき，市場による公共財の私的供給によって住民の厚生が向上することが確かめられる．また，公共サービス供給の一部が民間部門にまかなわれることによって，政府部門の肥大化に歯止めをかけながら社会資本ストックを拡大でき，同時に，地域経済の活性化につながることが論じられる．

本章の目的は，田中（1999）で論じられる公共財の供給モデルに基づいて，今まで政府部門が実施してきた社会資本整備のうち，どのようなサービスの範囲が民間に開放されることが望ましいかを実証的な側面から示すことである．本章では，従来あまり分析されてこなかった，社会資本整備が家計の効用に与えるインパクトに着目し，日本の社会資本整備の効果を厚生の側面から検証する．この分野ではRosen（1979）の先駆的研究をはじめ，これらを拡張したRoback（1982），GyourkoとTracy（1989），Voith（1991），田中宏樹（2001）等の研究がある．[1]

これらの研究では，地域の生活環境の差によって住民が移動するとの仮定のもとに，天候，治安等の地域のアメニティがもたらす便益が計測され，生活環境に対する人々の厚生が地価や賃金で金銭評価される資産効果が推計される．一方，本章では資産効果に加えて，公共サービスの私的供給による市場効果も推計される．

本章の構成は以下のとおりである．まず2節では，地域のアメニティがもた

らす便益の計測手法であるヘドニック価格法を紹介する．そして3節では，社会資本整備の経済効果を検証するための理論モデルを構築する．4節では，理論モデルのもとに，社会資本整備の経済効果（資産効果，市場効果）を推定する．最後の5節では，分権社会における公共サービスの供給形態について検討する．

2. ヘドニック価格法の理論

ヘドニック価格法 (hedonic price method) は，市場で取引されている財・サービスをそれ自身がもつ特性に分解して，それぞれの特性がどのくらい財やサービス価格に影響を与えているかを分析する手法である．この方法は，キャピタリゼーション仮説に基づき，住宅市場や労働市場が代理市場として利用される．これは住宅市場における地価，住宅価格，あるいは労働市場における賃金が，各々の市場で決定される要素に環境特性を含んでいるという意味である．

ヘドニック価格法の理論は，Rosen (1974) によって理論的な基礎が確立され，その後 Roback (1982) により家計と労働市場を組み込んだ一般均衡モデルが開発された．[2] 以下では Rosen モデルと Roback モデルの概要を紹介しよう．

2.1 Rosen モデル

以下では住宅財を例にとり，説明する．消費者が住宅を購入するときに，住宅の広さや構造，近隣の公共施設の質や水準，周辺の環境，中心業務地区への近接性などを考慮するであろう．そこで，これらの特性が住宅価格に影響を与えているという仮説の下に，特性を価格に反映させるヘドニック価格関数が定式化される．このヘドニック価格関数によって，ある環境の特性を1単位変化したときの住宅価格の変化額が表明される．

完全競争市場において取引される住宅財は n 個の特性を保有し，その特性ベクトルが $z=(z_1, \cdots, z_n)$ であると想定される．住宅財の市場価格は特性ベ

クトルに対応して決定され，価格とこの特性ベクトルの関係は，市場価格関数 $p(z)$ によって，

$$p(z)=p(z_1, \cdots, z_n)$$

と書かれる．

Rosen (1974) は，このヘドニック価格関数を需要側と供給側の市場均衡価格の経路として示した．

ある特性 z_i による $p(z)$ の偏微分 ($\partial p/\partial z_i, i=1, \cdots, n$) は，特性 z_i が1単位変化したときの住宅価格の変化額であり，これが特性の評価額である．

ヘドニック価格法の分析において，市場価格データが用いられることから「ヘドニック価格法は市場価格関数を推定すること」と誤解されやすいが，本来は種々の特性を持つ市場財（住宅財）に対して最大限支払ってもよいと思う価格の関数（付け値関数）を推定する手法である．これを図解するために図1が作成される．

図1の曲線 EF は，所得が y，効用水準が u，嗜好が α_1 である消費者の住宅財の特性 z_i に対する付け値を表す付け値関数 $b(z_i; y, u, \alpha_1)$ である．図1では，z_i 以外の特性は一定として付け値関数が描かれる．また，曲線 AD は

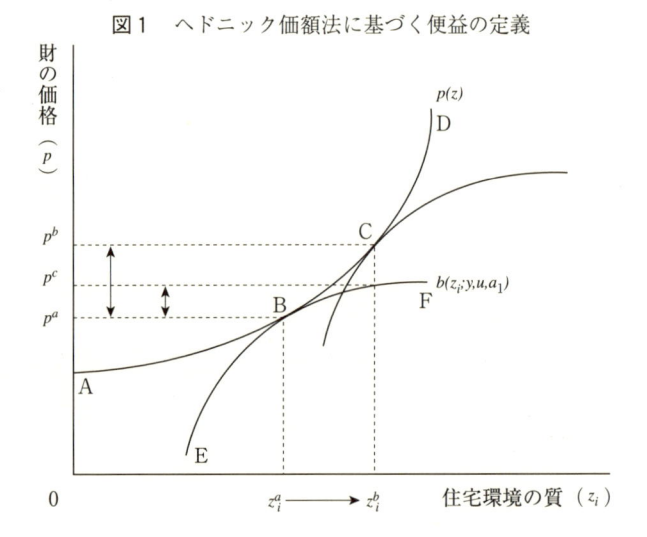

図1 ヘドニック価額法に基づく便益の定義

市場価格関数 $p(z)$ であり，付け値関数の上側の包絡線で定義される．ヘドニック価格法では付け値関数における価格変化が計測されるのであれば，住宅環境変化 $z_i^a \to z_i^b$ に対しては $p^a \to p^c$ という価格変化が表現される．この変化分 $p^c - p^a$ は，上述の付け値の意味より，住宅環境の改善に対する消費者の支払意思額であると解釈できる．

実際の計測において，市場価格関数が用いられるとき，価格変化は $p^a \to p^b$ となり，この変化分 $p^b - p^a$ が支払意思額の評価 $p^c - p^a$ よりも大きくなることが明らかである．これらの変化が等しくなるのは，すべての家計が同質であり，かつ同じ付け値関数を持つ場合に限られる．このとき市場価格関数と付け値関数は一致する．現実的には付け値関数を推定するためのデータ収集は困難であり，市場価格関数の推定で満足せざるをえない状況がほとんどであるので，ヘドニック価格法による評価が過大に表現されることに注意する必要がある．

2.2 Roback モデル

Rosen (1974) と同様の設定の下で，Roback は労働市場を組み込んだ一般均衡モデルを構築した．まず，住宅市場と労働市場において，住宅価格や賃金を決定する要因に特性ベクトルが含まれるとする．x は合成財で，合成財の価格は 1 に基準化されている．人々は，居住している土地において財の特性 z を所与とし，合成財 x と土地の量 l^c について，次の予算制約式の下で $U(x, l^c; z)$ で表される効用を最大化する行動をとる．

$$wl + I = x + l^c r. \tag{1}$$

ただし，w は賃金，r は地代，I は不労所得であり，労働の供給量 l は一定である．この意思決定問題から，間接効用関数 V が導かれる．特性の評価額は，評価したい特性による偏微分が，特性が 1 単位変化したときの住宅価格の変化額で示される．各個人の間接効用関数について，

$$V(w, r; z) = k \tag{2}$$

を満たす均衡状態では，賃金と地代はすべての個人あるいは住宅などの所有者に関して効用が等しいように調整されている．

(2)をある特性z_iについて全微分すると，

$$\frac{\partial V}{\partial r}\cdot\frac{dr}{dz_i}+\frac{\partial V}{\partial w}\cdot\frac{dw}{dz_i}+\frac{\partial V}{\partial z}=0$$

となる．この両式を$\frac{\partial V}{\partial w}$で割り，偏微分の略号$V_r$, V_wおよびV_zを用いれば

$$\frac{\partial V/\partial r}{\partial V/\partial w}\cdot\frac{dr}{dz_i}+\frac{dw}{dz_i}+\frac{\partial V/\partial z}{\partial V/\partial w}$$

$$=\frac{V_r}{V_w}\cdot\frac{dr}{dz_i}+\frac{dw}{dz_i}+\frac{V_z}{V_w}=0$$

が得られ，これを整理すれば，

$$\frac{V_z}{V_w}=-\frac{V_r}{V_w}\cdot\frac{dr}{dz_i}-\frac{dw}{dz_i}$$

が得られる．Royの恒等式より，$l^c=-\frac{V_r}{V_w}$を用いて次式が導出される．

$$\frac{V_z}{V_w}=l^c\frac{dr}{dz_i}-\frac{dw}{dz_i} \tag{3}$$

(3)式の左辺は特性z_iの貨幣による限界評価であるので，家計のz_iに対する評価額を示しているということができる．zが望まれる環境特性（望まれない環境特性）である場合には，(3)式の右辺は正（負）の符号となる．

実際に分析を行う際には，次の2つの地代方程式と賃金方程式，

$$r=r(z_1, \cdots, z_n)$$
$$w=w(z_1, \cdots, z_n)$$

を推計した後，(3)式に従って各環境特性zに対する評価額を求める．

以上のように，Rosenモデルは便益評価を推計するとき，土地の環境特性が不動産価格である地価や住宅価格に反映されているとして，地代方程式を回帰分析して，その特性の評価額を求める．その一方，Robackモデルは住宅環境の特性が不動産価格に反映されるだけではなく，勤務地の環境の違いが地域間の賃金格差を生じさせていると考え，賃金方程式も環境特性に回帰させ，同時に推定している．

この2つのモデルで，ヘドニック価格法は地価や賃金などの市場データとあ

る特性の情報を収集して，公共サービスの価値を推定する手法として知られている．

3．公共財の最適消費モデル

本節では田中廣滋（1999）モデルの基本的な枠組み（245～268頁再述）に従って展開する．いま，経済はiとjの2つの地域からなるものとし，各地域にはそれぞれの地方政府が存在する．この2つの地域の上位政府として中央政府を考える．また，各地域にはそれぞれ企業iとjが存在する．公共財は政府と民間部門によって供給されると仮定する．すべての国民にある一定水準の社会生活が保障されるように，政府は最低水準の公共財を供給しなければならない．その供給水準は各地域に関して一律の数量gによって示される．このgは中央政府が直接に供給する場合もあるが，多くの場合は，中央政府は地方政府に補助金を交付し，地方政府は中央政府によって定められた基準に従ってそのサービスを供給する．企業iとjが各地域iとjにおいて供給する公共財の数量はx_{ii}, x_{ij}, x_{ji}, x_{jj}で表示される．このような公共財の供給形態を図示したものが図2である．

企業iとjの公共財の総供給量はx^iとx^jで，したがって，次のような等式

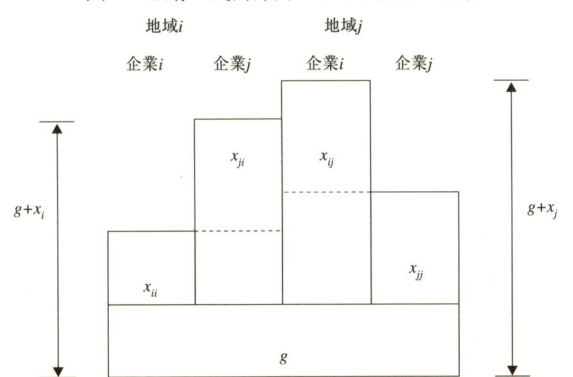

図2　政府と民間部門による公共財の供給

が成り立つ．

$$x^i = x_{ii} + x_{ij}$$
$$x^j = x_{ji} + x_{jj}$$
$$x_i = x_{ii} + x_{ji}$$
$$x_j = x_{ij} + x_{jj}$$

地域 i と j に存在する代表的な個人の公共財の需要量は $g+x_i$ と $g+x_j$ に等しくなる．たとえば，社会福祉事業，教育，医療施設等の場合，中央政府が供給の責任をもつのは限られた基本的な部分だけであり，それにどれだけ上乗せするかは各地方政府の判断に任されるとしよう．また，これに関連する新しい公共サービス（救急病院の運営サービス，在宅介護関連サービス）に関しては民間企業（社会福祉法人，医療法人含む）の新規参入は自由で，その価格は市場によって決定される．しかし，公共サービスの長期にわたる施設の維持・管理および運営を民間に任せることから価格以外のサービス内容など定性的評価も考慮にいれる．さらに，公共財は国民の生活を支える基本財であるので，供給の安定性の確保と水準の維持，向上をはかるために，各供給主体の効率化や競争を阻害しない範囲内で，社会的規制を評価しなければならない．このような社会的規制や評価は原則的に政府の監督機関が行うが，政府は調整の主体と同時に供給主体である．ところが，監視活動は市民セクターによっても行われており，政府の補助金が与えられている．したがって，監視活動にかかる経費は公共財の費用に含められるとしよう．

各家計 i は l_i 単位の労働と土地など固定的な財を y_i 単位だけ供給する．労働の賃金を1として，労働が基準財に設定されており，財の価格は実質化される．固定的な財の地価は p_1 で示される．インテリジェントオフィス開発によってその社会資本の整備が進むにつれて，その影響圏内の地価あるいは地代として現れる資産価値は上昇する．すなわち，固定財の価格 p_1 は公共財の供給量 $G_i = g + x_i$ または $G_j = g + x_j$ の増加関数 ϕ で示される．家計 i の課税前の所得 M_i は

$$M_i = l_i + p_1 y_i = l_i + \phi(g + x_i) y_i$$

となる．所得 M_i に対して一定の税率 t を課される．ここで用いられる課税は労働に対してだけでなく，一種の資産課税も併用される．また家計 i は完全競争市場から，価格 p_3 で数量 z_i だけを消費する．このとき，予算制約は次のように表される．

$$\{l_i + p_1(g+x_i)y_i\}(1-t) = p_2(x_i)x_i + p_3 z_i. \tag{4}$$

各消費者は(4)を制約条件として，効用関数

$$U_i(l_i, y_i, G_i, z_i) \tag{5}$$

を最大化する．

(4), (5)式より消費者の効用最大化問題が求められるので，私的供給される公共財の消費量 x_i が求められる．ここでは，公共財が民間部門によって，私的に供給されることから公共財に関する市場が成立する．公共財の民間市場の価格が p_2 で示され，単調減少な逆需要関数 ψ は

$$p_2 = \psi(x_i)$$

によって i 地域の需要量は表される．ただし，次の関係式

$$0 \leq G_i \leq g, \text{ あるいは，} x_i = 0 \text{ のとき，} \psi'(x_i) = 0, \psi''(x_i) = 0,$$
$$G > g, \text{ あるいは，} x_i > 0 \text{ のとき，} \psi'(x_i) < 0, \psi''(xi) > 0$$

が満たされる．大都市と非都市部の住民の生活様式は異なることから，地域に応じて住民の選好が相違すると想定される．予算制約における効用最大化が実現される最適な計画において，私的な消費財に関する地域 i における公共財の総供給量の限界代替率 -1 が乗じられた値に等しい予算制約線の勾配は

$$\frac{dz_i}{dG_i} = \frac{p_1'(G_i)y_i(1-t) - p_2'(x_i)x_i - p_2(x_i)}{p_3} \tag{6}$$

に等しくなる．ここで，関係式 $dp_2(x_i)/dG_i = p_2'(x_i)dx_i/dG_i = p_2'(x_i)$ が用いられる．$p_1'(G_i) > 0$ が成立し，また市場において供給されるときには $p_2'(x_i) < 0$ が満たされると想定される．前者を資産効果，後者を市場効果と呼ぶことにすると，この2つの効果がある場合とない場合では消費者の最適消費の内容がかなり変化するといえる．符合を含めていえば，(6)の分子における第1と第2項の和が正であり，第2項は負であり，この分子の符合は定まらない．も

ちろん，この2つの効果の和が価格 p_2 を上回れば，この分子の符合が正になり，予算制約線の勾配が正に定められる．このような予算制約線の形状に見られる状況は，次のような公共部門の拡大による均衡の経路を指し示す．公共財の供給が増加することによって，地域振興が実現して，労働の雇用機会の拡大と資産価値の上昇による所得の増加が実現される．しかしながら，不況によって公共事業は縮小傾向にあり，かつ地方分権による地域活性化も進んでいない．したがって，地域住民の所得の増加はそれほど大きくない．そこで，本稿の関心はこのような状況における公共部門の再構築を明確にすることであるから，予算制約線の勾配は正になる場合を考察の対象外とする．以下ではこの分子の符合が負であるとされる．資産効果と市場効果があれば，予算制約線の勾配の絶対値は小さくなる．この2つの効果は消費者の消費可能集合を拡大することに役立つことから，最適消費計画を改善させることができる．この結論は公共財の自発的供給の理論において有名な中立命題とは異なる内容を有しており，次の命題でまとめられる．

命題 公共財が供給されると，個人の所有する資産の価値が上昇し，消費者の厚生が高められる．また，市場における民間の供給主体による公共財の供給によって，政府による市場を経由しない直接的な供給より，地域住民の厚生は改善される．

この命題を図示したものが図3である．水平軸に公共財の総供給量，垂直軸に私的消費財の数量が測られる．資産効果と市場効果が生じない通常の予算制約線は直線 AG で，また資産効果だけを入れた予算制約線は曲線 ACF で，さらに，資産効果と市場効果の両者が考慮される予算制約曲線は曲線 ACE で表示される．両方の効果がないときの最適な消費は B で示され，そのときの効用水準が u_1 であるのに対して，両効果が生じるときの最適消費は点 D で表示され，効用水準は u_2 に等しくなる．この u_2 の値は u_1 の値より大きくなり，この2つの効果は消費者の厚生の改善に役立つといえる．

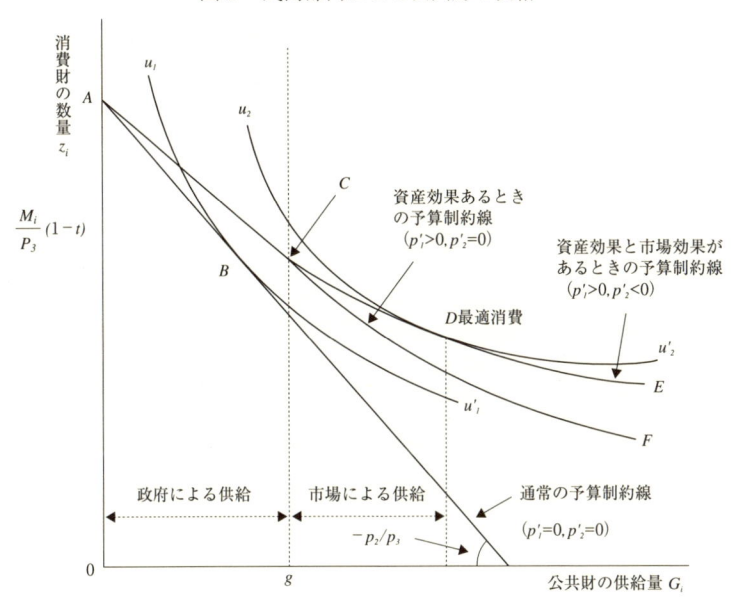

図3 民間部門による公共財の供給

[図：縦軸「消費財の数量 z_i」、横軸「公共財の供給量 G_i」のグラフ。点A ($\frac{M_i}{P_3}(1-t)$) から始まり、点B, C, D最適消費, E, Fを含む複数の予算制約線と無差別曲線 u_1, u_2, u'_1, u'_2。ラベル：「資産効果あるときの予算制約線 ($p'_1>0, p'_2=0$)」「資産効果と市場効果があるときの予算制約線 ($p'_1>0, p'_2<0$)」「通常の予算制約線 ($p'_1=0, p'_2=0$)」「政府による供給」「市場による供給」「$-p_2/p_3$」「g」]

ところで，予算制約線の形状を明確にするために，(6)を G で，もう一度微分すると，

$$\frac{d^2z_i}{dG_i^2} = \frac{p''_1(G_i)y_i(1-t) - p''_2(x_i)x_i - 2p'_2(x_i)}{p_3}$$

が得られる．右辺の分子の最初の2項の和は負であるのに対して，第3項は負であり，この分子の負値から負値を控除することとなり，その値は定まらない．ここでは，この2つの効果の影響が相対的に小さいと想定して，上式の符合が分子の第3項によって定められると仮定されている．

この命題と公共財の自発的な供給における中立命題の関係に言及してみよう．学術や芸術活動への助成など公共財の供給が資産効果をもたらさないタイプであったり，政府が市場における独占的な供給者として，一定の価格において民間企業の生産物を買い取り，消費者に公共財として給付する場合などにおいては，$p'_1(G_i)=0$ と $p'_2(x_i)=0$ が得られて，公共財の最適な消費量が確定

する.総量として公共財の数量は一定であるので,政府による直接的な公共の拡大あるいは縮小は民間部門における公共財の数量をその数量だけ,減少あるいは増加の調整をさせる.ここでの民間による公共財供給に関する議論は資産効果と価格効果を導入するという点において,公共財の自発的な供給に関する中立命題とは異なる視点からの分析であるということができる.

4. 実証分析

本節では3節で構築した公共財供給モデルに則し,公共サービス別の社会資本整備の経済効果を検証しよう.

3節のモデル分析から導かれた結果は,命題で示されているように,社会資本の整備が進むと,個人の所有する資産の価値が上昇する資産効果と,また,この社会資本の整備を政府が直接的に供給するより,民間部門によって私的に供給される方が地域住民の厚生を改善させる市場効果があるというものであった.

4.1 モデルの特定化

ここでは,社会資本整備の経済効果を分析するためのモデルが特定化される.GyourkoとTracy (1989) では,地域の平均税率や教育,医療などの公共サービスが分析モデルに加えられ,それらが地域の賃金や地価水準を決定する重要なファクターであることが示される.この実証分析で用いられる資産効果はこのようなモデルに基づく.また,公共財の民間市場の価格によって表される市場効果については,民間部門による公共財サービス供給の平均費用が用いられる.(6)式で示される資産効果,市場効果は(7)式,(8)式のような対数線形式で特定化される.[3]

$$\ln P_1 = \alpha_1 + \sum_{k=1}^{m} \alpha_2^k \ln G_{ik} + \mu_i + e_i, \tag{7}$$

$$\ln P_2^k = \beta_1^k + \beta_2^k \ln x_{ik} + \theta_{ik} + v_k, \tag{8}$$

$$(i = 1, \cdots, n, \ k = 1, \cdots, m).$$

ここで，$G_{ik}=g+x_{ik}$ が成立しており，p_1 は i 地域の地価，P_2^k は公共サービスの平均費用，G_{ik} は公共サービスの総供給量，x_{ik} は公共サービスの私的供給を示している．また，α_1，β_1^k は定数項，e_i，v_k は誤差項であり，$e_i \sim N(0, \sigma_e^2)$，$v_k \sim N(0, \sigma_v^2)$ であるとする．

さらに，α_2^k 及び β_2^k は，地価と公共サービス平均費用の推定より導かれる事業分野 k のパラメータであり，対数線形式を仮定していることから，公共サービスの総供給量の地価，公共サービスの私的供給に対する平均費用の弾力性を表している．3節の理論モデルより，α_2^k がプラスの符号を有する場合には，その公共サービスの供給は資産効果をもたらし，また，β_2^k がマイナスの符号を有する場合には，その公共サービスを供給することは市場効果を持つと考えられる．しかし，必ずしも符号は確定的ではない．

(7)式，(8)式の μ_i，θ_{ik} は，地域特性を表すダミー変数で，東京都を1，その他を0とする．推定期間は1999年とされ，対象地域は47都道府県である．

4.2 データ

(7)式，(8)式の推定にあたっては，以下のようなデータを用いた．まず，資産効果の推定のため用いたデータについて説明する．地価データは各都道府県が年1回実施している「都道府県地価調査」の，住宅地1m² 当たりの都道府県別土地平均価額である．地価は実際に地点間で価格のばらつきが大きいにもかかわらず実証分析では47都道府県の平均値のデータを用いる点は問題だが，47都道府県すべてについて入手可能なので，これらのデータを用いられる．一方，説明変数は，民間部門でも公共部門でも供給されているサービスが取り上げられる．具体的には，社会教育サービス，社会体育サービス，清掃サービス，社会福祉サービス，都市環境，都市開発，教育サービスである．推定に用いられた変数の定義が表1にまとめられている．これらの公共サービスは私的財と競合性が高く，その便益が個人に帰着する側面がかなり強い性質をもつ．

次に，市場効果の推定のために用いたデータを説明する．公共財の民間市場の価格は公共サービス供給の平均費用が用いられる．その理由として次の二つ

表1 変数説明

変数名	内容	出所
・社会教育サービス		社会教育調査報告書
公民館	公民館における学級開設状況（学級・講座数）	
図書館	図書冊数	
・社会体育サービス	施設の総数	社会教育調査報告書
・清掃サービス		公共施設状況調
し尿処理施設	処理能力（kℓ）	
ゴミ処理施設	焼却及び高速堆肥化処理率（％）	
・社会福祉サービス		
老人福祉	老人福祉施設定員数	社会福祉施設等調査報告
保育園	保育園数	社会福祉行政業務月報
医療	医師数	医師・歯科医師・薬剤師調査
・都市環境		
都市公園	総面積（ha）	公共施設状況調
公衆衛生	公衆衛生費	都道府県決算状況調
・都市開発		公共施設状況調
市街地再開発	面積（m²）	
地方道路	改良率（％）	
駐車場	駐車場費	家計調査年報
・教育サービス		
幼稚園	幼稚園数	学校基本調査報告書

があげられる．第一に，公共財の民間市場での価格のデータを特定化することは困難だからである．第二に，そのようなデータが得られたとしても，民間部門が公共サービスを供給する場合，ほとんどは政府部門から補助金を受け取って公共サービスを供給しているために，推計の際，補助金の影響が取り除かれなければならないためである．また，資産効果の推定では公共サービスの項目ごとのデータが変数として用いられるが，市場効果の推定において用いられるデータの大半は分野別のものである．両者の推定に関して，項目別データが用いられるべきであるが，市場効果の推計に関して必要とされる項目別データの入手が不可能であるために，その推計の大半において分野別のデータが用いられる．

　表2で記される変数は，提供されるサービスの項目から構成される各分野を表す．これらの分野は，総務省統計局発行の『サービス業基本調査報告』にし

表 2　変数説明

変数名	内容（平均費用）	出所
・社会教育サービス	経費総額／趣味種類別行動者数	余暇・レジャー総合統計年報
・社会体育サービス	経費総額／利用者数	サービス業基本調査報告書
・清掃サービス	経費総額／回数量（t）	廃棄物年鑑
・社会福祉サービス		
保育園	人件費／在園児数	保育年報
老人福祉	経費総額／65歳以上人口	介護サービス統計資料年報
・都市開発		
駐車場	経費総額／台数	自動車駐車場年報
・教育サービス		
幼稚園	人件費／在籍児童数	最新保育資料集

たがって，次の項目から構成される．

　社会教育サービスを構成するサービスの項目は，博物館，美術館，動物園，植物園，水族館，その他の社会教育である．社会体育サービスはスポーツ施設提供業から構成される．

　清掃サービスの分野を構成するのは，一般廃棄物処理業，産業廃棄物処理業，その他の廃棄物処理業である．一方，保育園，幼稚園の場合，経費総額のデータの代わりに年間人件費を用いた．その理由は保育園，幼稚園の総コストは人件費，保育材料費，光熱水費，食費になっており，そのうち人件費が85％程度を占めているためである．

4.3　推定結果

　(7)式，(8)式を回帰分析した推計結果が，表3，表4に示されている．表3においてプラスの係数を持つ公共サービスが資産効果を有すると考えられる．プラスの符号条件を満たしているのは駐車場，し尿処理施設，ゴミ処理施設，図書館，社会体育施設，医療，都市計画，公衆衛生である．

　これらは生活に関連する分野の社会資本で，生活に関連する社会資本が充実すれば資産価値が上昇し，地域住民の厚生が高まることが確かめられる．

　都市公園は生活に関連する重要な社会資本であるが，マイナスになってい

表3　推計結果

説明変数 α_2^k	被説明変数 地価	t 値
都市公園	−0.1163	(−0.3797)
幼稚園	−0.0751	(−0.6206)
保育園	−0.1966	(−1.2617)
駐車場	0.1548	(1.6441)
老人福祉	−0.5427*	(−3.1858)
し尿処理施設	0.0801	(0.6732)
ゴミ処理施設	0.8115**	(2.6704)
公民館	−0.0241	(−0.4125)
図書館	0.4598*	(3.1537)
社会体育施設	0.6092*	(4.0720)
医療	0.550*	(2.8327)
地方道路	−0.6934**	(−2.5816)
都市計画	0.0123	(1.4629)
公衆衛生	0.1189***	(1.8201)
東京ダミー	0.5572	(1.4961)
$\bar{R}^2$	0.898	
F 値	26.40*	

注）***，**，*，それぞれ10％，5％，1％，の水準で有意であることを示す．

る．このことは，昔からある既存の市街地には都市公園が少なく，郊外のニュータウンであるほど多いので，このような都市公園がもたらす資産効果がないためと推測される．したがって，パラメータがマイナスとなることは予想外のことではなく，むしろ実態に整合的であると解釈することができる．次に，パラメータの有意性について検討してみると，ゴミ処理施設，図書館，社会体育施設，医療のt値が高い．これにより，H_0：α_2^k（図書館，社会体育施設，医療）＝ 0，が両側1％の有意水準で棄却される．

一方，表4においてマイナスの係数を持つ公共サービスが市場効果を有すると考えられる．社会体育サービス，清掃サービス，保育園，幼稚園の係数がこの条件を満たしている．これらの変数のパラメータ有意性をみると，清掃サービスのみt値が高く，両側5％有意水準で棄却される．社会教育サービス，老人福祉サービス，駐車場のパラメータは有意であるが，プラスとなっている．これは，これらの社会資本が公共性の観点から行政の役割が重要であることを意味する．理由を検討してみよう．老人福祉サービスの場合，民間部門によるサービス供給は利用者にとってサービスの選択肢の増大と質および量の改善が

表4 推計結果

市場効果

説明変数 β_2^k	被説明変数 費用（平均費用）	t 値	R^2
社会教育サービス	0.647*	6.012	0.51
社会体育サービス	−0.299	−1.698	0.29
清掃サービス	−0.198**	−2.720	0.39
保育園	−0.064	−1.793	0.30
老人福祉サービス	0.427**	3.057	0.48
駐車場	0.352**	2.990	0.46
幼稚園	−0.024	−1.424	0.28

注）***，**，*，それぞれ10％，5％，1％，の水準で有意であることを示す．

図られるという利点から，民間部門による福祉サービス供給の合意はほぼ形成されているのが現状である．しかし，個人間の費用負担能力の格差が存在することは，民間による福祉サービスの供給における公平性の確保を困難にし，利用者に階層性をもたらすという問題があるので公共部門による供給も重要であろう．社会教育サービスが市場効果をもたらさないのは，博物館，美術館，図書館は純粋公共財に近い性質を有しているため，マーケットで供給しにくい側面があるからと考えられる．駐車場は私的財に近い性質をもっているが，駐車場の過少供給は道路の渋滞を引き起こすなどして都市に混雑費用を発生させるので，公共部門による供給が正当化されるであろう．

市場効果の推計結果から，社会体育サービス，清掃サービス，保育園，幼稚園のサービスは，民間部門によって供給されるほうがコスト面からみれば，効率的であることが確認される．

5．おわりに

以上の議論を踏まえて今後，地方自治体がどのような供給形態をとるかについて検討してみよう．従来，社会資本整備は，地方自治体が調達した税金や公

債収入，中央政府からの移転財源で賄われている．しかし，その社会資本が整備した後にも運営や維持費等のランニングコストが必要となる．こうしたライフサイクル・コストは一般的に地方自治体の毎年度の予算ではその都度賄われている．

　行政施設等の社会資本が効率的・効果的に活用されるならば，ライフサイクル・コストはそれほど巨大化しない．ところが，現実には社会資本の非効率性がコストの増大を引き起こしている上，社会資本のパフォーマンスそのものも低下しているため，地域活性化にも地方自治体の税収増加にもつながらないという問題が生じている．こうした状況を踏まえると，地方自治体の従来型社会資本整備のあり方を抜本的に改革する必要があるとされている．公共サービスの供給形態の見直しについては，民営化，PFI導入，エイジェンシー（独立行政法人）等の多くの議論がなされ，現在，各地方自治体行財政改革の一環として取り組んでいる．[4]

　そこで，本章では公共財の最適消費モデルを用いて，どのようなサービス範囲が民間に開放されるべきであり，地域活性化につながるかを検討してみた．推計結果から，生活に関連する社会資本が充実すれば資産価値が上昇し，地域住民の厚生が高まることが示された．そして，社会体育サービス，清掃サービス，保育園，幼稚園は効率面では民間が供給することが望ましいことが確かめられた．ところで，本章ではコスト面での効率性から民活の導入が望ましいかどうかが論じられたが，事業内容による一律的な民営化論は成り立たないことに注意されなければならない．公共サービスの供給が民営化されるべきか否かは，大都市圏か地域圏か等によっても異なり，あくまでも地域の実情を踏まえた自治体の政策の構想力と政策判断にかかっている．しかし，本章では，民活導入の議論は単なる歳出削減や債務繰り延べのためだけになされるのではなく，公共サービスの供給において効率化の余地があること，および地域住民の厚生の観点から，公共サービスの供給に関して住民の意思が反映されなければならないことが確かめられた．

　今後，地方分権が推進される状況においては，各地方自治体は地域住民が求

めるサービスの性格に適合した供給主体や供給方式をいかに選択し、組み合わせるかという問題に直面する．また、効率的なサービス提供という観点から、地域住民、民間企業、行政などそれぞれの公共的活動の特質や強みをどう活かすかという点が、今後、公共システム改革が推進される上で重要な課題である．最後に、本章の分析に残されている問題点を指摘しておきたい．

一つは、多重共線性の問題である．資産効果の実証分析では、公共サービス別の社会資本整備の経済効果を検証するために、非常に多くの説明変数を導入している．したがって、説明変数同士の相関による多重共線性の問題が発生し、推定されたパラメータが不安定になっている可能性がある．今回は行っていないが、説明変数間の相関の程度を偏自己相関係数により計測し、相関が強い変数をモデルから除いて、計測結果がどの程度変化するかをチェックすることが必要であろう．

もう一つは、実証分析におけるモデルの定式化と分析方法の問題である．推定を単純化するため、本稿では都道府県データを用いた全国モデルで推定しており、また、単年度のクロス・セクション・データを用いている．具体的な地域を取り出し、他県の影響を考慮しながら、プールデータをもとに分析を拡張する必要がある．

注

1) 田中宏樹 (2001) は Roback (1982) のモデルを拡張し、ヘドニック価格法をもとに、46都道府県のデータを用いて、事業分野別の公共投資の厚生効果について実証分析を行っている．

2) 日本では太田 (1984) 等によって紹介されており、さらに金本・中村・矢澤 (1989)、金本 (1992)、中村 (1992)、肥田野 (1997) によって都市環境の便益計測におけるヘドニック価格法の適用について理論的背景と実証分析の手続きが詳しく述べられている．

3) ヘドニック関数は、Rosen (1974) が示した財・サービスの有する諸特性の需要と供給が一致する市場均衡価格曲線として定義される．したがって、ヘドニック関数の関数形については、先験的な制約は存在しない．このため関数形の選択は、通常は種々の関数形と種々の属性の組み合わせを列挙し、パラメータ推定を通じて最良の関数形を選択する．地価関数の関数形と推定方

法については，肥田野（1997），93-94頁参照．
4) 宮脇（2001）では，地方自治体が住民に提供している行政サービスを整理し，PFI やエイジェンシー化が日本の地方自治体への適用可能性とその課題について検討している．

参考文献

Gyourko, J. and J. Tracy. (1989), "The Importance of Local Fiscal Conditions in Analyzing Local Labor Markets," *Journal of Political Economy*, 97, pp.1208–1231.

肥田野登（2001）『環境と社会資本の経済評価』，勁草書房．

金本義嗣・中村良平・矢澤則彦（1989）「ヘドニック・アプローチによる環境の価値の測定」『環境科学会誌』2，(4)，251-266頁．

高　斗甲（2002）「民間部門による公共サービス供給と地域活性化」『中央大学経済研究所年報』第32号(Ⅰ)．

宮脇　淳（2001）「自治体における PFI とエイジェンシー化への取り組み」，本間正明，斎藤愼編『地方財政改革』，有斐閣，207-235頁．

森　邦恵（2002）「環境アメニティ評価手法としてのヘドニックアプローチ」『経済學研究』第52巻第1号．

太田　誠（1980）『品質と価額』，創文社．

Rosen, S. (1974), "Hedonic Prices and Implicit Markets : Product Differentiation in Pure Competition," *Journal of Political Economy*, 82, (1), pp.34–55.

Rosen, S. (1979), "Wage–Based Indexes of Urban Quality of Life," in P. Mieszkowski and M. Straszheim (ed.) *Current Issue in Urban Economics*, Baltimore : Johns Hopkins University Press, pp.34–55.

Roback, J. (1982), "Wages, Rents, and Quality of Life," *Journal of Political Economy*, 90, (6), 1982, pp.1257–1278.

田中廣滋（1999）「公共財の民間部門による供給と地方分権の推進」『経済学論纂』第39巻第3・4合併号．

田中宏樹（2001）『公共資本形成の政策評価』，PHP 研究所．

Voith, R. (1991), "Capitalization of Local and Regional Attributes into Wages and Rents : Differences across Residential Commercial and mixed–use Communities," *Journal of Regional Science*, 31, pp.127–145.

付　記

本章は，高（2002）をもとに，加筆修正したものである．

第 6 章

CVM による環境の経済的評価

1. はじめに

　課税や罰金などの経済的手段では，環境の価値を貨幣単位で評価して市場メカニズムの中に取り込み，経済的インセンティブを用いた環境問題の解決方法が実施される．仮想評価法（以下 CVM とする；contingent valuation method）は，環境の経済的評価手法の一つである．NOAA ガイドライン[1]によると，CVM は，慎重に設計されたアンケートをもとに人々に対して直接的に環境の価値をたずね，金額で評価する手法であると定義される．いいかえると，ある財や政策に対する支払意思額（willingness to pay（WTP））や受取意思額（willingness to accept（WTA））が，サンプルとなる人々から直接聞き出した金額をもとにした統計的な処理によって算出されるが，CVM はその金額を関係者全体で集計することによって，調査の対象となった財や政策の価値を決める手法である．例えば，水源保留地，森林の再開発，ガチョウの狩猟，野外レクリエーションなどの市場の取引が正常に機能しない財は CVM によってその価値が測られる．CVM はまた，荒廃した原生林の保全や乱開発されたフクロウの生息地の保護，生命の救済のような，より複雑で抽象的な対象物の価値を測る方法として使われてきた．ある財に対する利用価値や利用可能性を CVM で測

ることに対する異論は比較的に少ないが，受動的利用価値[2]まで適用範囲を広げていくとその計測を巡って様々な論争が引き起こされることになる．その議論が深められる一方で，CVMを用いた分析手法は急速にしかも着実に進歩している．

　CVMの起源はアメリカにあり，1978年にナイアガラの滝近くのラブ・キャナル（Lave Canal）で起きた投棄有害物質による深刻な環境汚染を引き起こしたラブ・キャナル事件[3]をきっかけとして，1980年に制定されたスーパーファンド法[4]であるといわれている．同法は，有害汚染物質の排出者に浄化費用と損害賠償額の負担を義務づけ，その損害額を決める際には直接的利用価値[5]のみには限定しないことを明記した．内務省は1986年，同法の下で発生した環境汚染の損害額の評価に，CVMの使用を認めるルールを公開した．これに対して，産業界を中心に異議申し立てが起こり，1989年に裁判（オハイオ裁判）に発展した．裁判は，環境損害額の評価には，直接的利用価値だけでなく，オプション価値[6]や受動的利用価値を認める内容となった．この裁判では，CVMがスーパーファンド法の下で最良の評価手法であり，合法的であると認める判決が出た．さらに，同年に発生したエクソン社のバルディーズ号原油流出事故を背景として1990年，油濁法[7]（oil pollution act 1990（OPA））が改正され，この原油流出事故による損害額がCVMによって評価され，損害額は28億ドルであることが判明した．このCVMによる巨額の損害評価額に対して，産業界で危機感が高まったため，1992年にNOAAはCVMの正当性を検討するためにパネルを組織し，1993年にNOAAガイドラインを発表した．このガイドラインは，CVM

表1　CVMの歴史

年	
1978年	ラブキャナル事件
1980年	スーパーファンド法
1986年	内務省が仮想評価法の使用ルールを公開する
1989年	オハイオ裁判
	バルディーズ号原油流出事故
1990年	油濁法
1992年	NOAAパネル
1993年	NOAAガイドライン

表2　環境評価法の分類

環境評価	選好依存型評価法	顕示選好法 RPM ; revealed preference method	ヘドニック法 HPM ; Hedonic price method
			トラベルコスト法 TCM ; travel cost method
		表明選好法 SPM ; stated preference method	コンジョイント分析 CA ; conjoint analysis
			仮想評価法 CVM ; contingent valuation method
	選好独立型評価法	適用効果法	DRM ; dose-response method
		代替法	RCM ; replacement cost method

(出所) 鷲田豊明 (1999)『環境評価入門』勁草書房, 89頁, 図2.6より作成

を環境損害評価の議論を開始する出発点と位置づけ, その損害評価には受動的利用価値をも含むと結論づけた.

　CVMは, 環境評価の中で選好依存型評価法に分類され, その中でも表明選好法 (stated preference method (SPM)) に位置づけられる (表2参照). 選好依存型評価法は, 個人の選好に基づいて環境を評価する手法であり, 反対に個人の選好と独立した形で環境評価を行う手法は選好独立型評価法と呼ばれている. 選好依存型評価法の中でも表明選好法は, 環境に対する個人の選好から評価額を直接聞き出す手法であり, この手法には, CVMの他に, 環境が持っている様々な価値要因についての選好の差異まで評価可能な分析方法であるコンジョイント分析 (conjoint analysis (CA)) がある. 一方, 実際に個人が支出している貨幣額から把握する方法は顕示選好法 (revealed preference method (RPM)) と呼ばれ, 図書館や公園などのような公共財への交通移動にかかる費用をその環境価値として計算する方法であるトラベルコスト法 (travel cost method (TCM)) や, 住宅や土地の価格とその属性を観察して教育サービスや環境の質などの潜在価格を顕在化させる方法であるヘドニック価格法 (Hedonic price method (HPM)) などがある. また選好独立型評価法は, 環境変化によってもたらされる費用や便益を様々な価値要因をまとめて総価値として評価する方法である適用効果法 (dose-response method (DRM)) や, 評価

対象となる環境を別の財で置き換えた場合の費用をもとに環境価値を推定する方法である代替法（replacement cost method（RCM））などがある．環境評価の現在の潮流は，選好独立型評価法から選好依存型評価法へ，顕示選好法から表明選好法へと移行しているということがいえる．選好独立型評価法から選好依存型評価法への移行は，関係する個人の選好に依存しないで評価する手法から，より個人の選好を意識した評価への移行であり，顕示選好法から表明選好法への移行は，実際に市場で売買されている財やサービスの価格から間接的に価値を捉える手法から，直接個人の選好と評価を捉える手法に分析手法と政策的な要請が拡大していることを示している．

2．調査実施フロー

2.1 評価対象の明確化

CVMの調査実施フローを紹介しよう．CVMを行う上でまず始めに行わなければならないことは，評価する対象を定め，そのプロジェクトの対象に関する現在の状況を説明し，さらに実施した場合に予想される状態変化を明確にすることである．最初から状態変化を把握することが可能な場合は問題ないが，より複雑性を増している現代の環境問題の多くは，我々の予測の範囲を超える影響が出るケースがある．それは環境が持つ多様性および多機能性に起因している．例えばダム建設のケースを考えてみると，河川や野生動物の生態系への影響，希少な天然林の伐採，レクリエーション機能や景観への影響など，予測不可能な影響が出る可能性がある．CVMでは，プロジェクトを評価する上で，実施した場合の状態変化をできる限り具体的に回答者に示し，理解させることが必要である．プロジェクトを実施した場合の状態変化を把握するには，情報収集や事前調査，専門家へのヒアリングなどを実施することになる．さらに，その環境に何らかの利害関係のある人々を集めて討論（グループインタビュー）を行い，あらゆる角度から評価対象を見ることも必要である．

2.2 調査票の作成

評価対象の状態変化をある程度,明確化することができたら,次に行うのは回答者から評価額を聞き出すための調査票を作成することである.調査票の内容は,評価結果の信頼性を左右するほど重要なものであるため,慎重に作成する必要がある.調査票の作成のポイントとして,次の3点が挙げられる.第一に,調査票は評価対象である環境の状態変化を,回答者が正しく理解できるように作成することが大切である.回答者は変化前の状態,変化後の状態,さらにはその両方とも知らないケースが多いのである.第二に,回答者に対して支払意思額や受取意思額が発生する理由を,よりリアリティのあるシナリオを作り上げて説明することが必要である.リアリティのあるシナリオを作り上げる場合には,「控えめなデザイン(conservative design)」とするために,受取意思額で評価するようなシナリオにはせず,支払意思額を聞き出すシナリオにしなければならない.また質問者は,支払意思額が個人支出を意味していることを説明し,あるプロジェクトに対して,その支出を回避するための代替案を示し,どちらにしても実施するための資金が必要になることを想定させることが重要である.第三に,支払手段が明示されなければならない.基金であるのか課税であるのか,また1回限りなのかそれとも数年にわたるものなのかを明示する必要がある.

2.3 調査方法の決定
2.3.1 調査手段

調査手段には次の4つの方法が考えられる.面接調査,電話調査,郵便調査,インターネット調査である.この4つの調査手段の利点と欠点を解説しよう(表3参照).

(1) 面接調査の利点は,複雑に絡み合った情報をヴィジュアルな手段を介して質問内容を明確に回答者に説明できることである.欠点は,費用がかかること(高コスト)である.特に,サンプルが地理的に分散している場合などは,この問題が深刻になる.また,質問者の賛成(反対)の意見に回答者の判断が傾

表3　調査手段

	利　点	欠　点
(1)面接調査	ヴィジュアルな手段で説明できる	高コストである
		インタビュアーバイアスの恐れがある
(2)電話調査	低コストで実施できる	口頭のみの情報伝達には限界がある
	無作為調査ができる	インタビュアーバイアスの恐れがある
(3)郵便調査	インタビュアーバイアスがない	無回答が多く,回答率が低い
	ヴィジュアルな手段で説明できる	
(4)インターネット調査	低コストで実施できる(限界費用が非常に低い)	サンプルの抽出が困難である
	インタビュアーバイアスがない	インターネットユーザーしか対象にならない
	ヴィジュアルな手段で説明できる	

く恐れがあるというインタビュアーバイアスの危険性が高い．一般的にバイアスは，統計調査の結果誤差のうち一定の傾向を持った誤差のことをいう．例えば，納税者に対して所得額を問う場合，納税者は納税額をできるだけ低くするために，実際の所得額よりも少ない金額を表明する傾向があることなどがバイアスの一例である．ここでいうCVMにおけるバイアスは，実施側が意図していた対象の評価と，実際には支払うことのない回答者が表明する評価の違いのことである．インタビュアーバイアスを避けるためには，質問者の質問内容に対するマニュアルを作成し，どの回答者にも同一の対応をすることが必要である．

(2)　電話調査の利点は，低コストで実施できること，ランダムな数字の組み合わせによって無作為調査が可能であることなどである．欠点は，口頭でのコミュニケーションには提供できる情報に限界があることや，質問者の声のトーンによるインタビュアーバイアスが起こる危険性があることなどが挙げられる．

(3)　郵便調査の利点は，インタビュアーバイアスがないこと，ヴィジュアルな手段で説明できることなどである．欠点は，無回答が多く，回答率が低いことである．

(4)　インターネット調査の利点は，他の3つの調査方法と比較して最も低コストであること（限界費用が極めて低い），インタビュアーバイアスがないこ

と，ヴィジュアルな手段による説明ができることなどがある．欠点は，サンプルの抽出が困難であること，ある財や政策に対して関心がある人々全てが，必ずしもインターネットユーザーではないことなどが挙げられる．

2.3.2 質問方式

質問方式は，大別すると表4のような分類になる．

(1) 支払意思額自由回答方式 (open-ended willingness-to-pay method) は，財や政策に対する支払意思額の最高額を直接，回答者に表明させる方式である．例えば，質問者は回答者に対して，「野生動物の生息地保護に，どの程度の金額を支払う準備がありますか？」と質問をする．この質問に対して，回答者が自由に支払意思額を表明することができることは長所であるといえるが，以下のような欠点が指摘されている．第一に，回答者は特定の公共財に対して価格を付けることを日常的に行っていないため，回答者によって評価額に大きなバラツキが出たり，無回答が非常に多くなる傾向がある．第二に，戦略的回答バイアス[8]が発生するリスクがある．第三に，過度な説明によるインタビューアーバイアスが発生する恐れがあることである．

(2) 支払意思額の推計には，他の測定値からあまりにもかけ離れた付け値である外れ値や，評価の対象となるプロジェクトが実施されることに反対して故意に極めて高い(低い)付け値を表明する抵抗付け値などを排除する必要がある．

限定反復付け値方式 (close-ended iterative bidding method) は，財や政策に対する限定された金額を回答者に質問し，回答者が明確な回答をするまで金額を増加，あるいは減少していく方式である．例えば，質問者は回答者に対し

表4 質問方式の分類

質問方式		
非住民投票方式	(1) 支払意思額自由回答方式 open-ended willingness-to-pay method	
	(2) 限定反復付け値方式 close-ended iterative bidding method	
	(3) 仮想ランキング方式 contingent ranking method	
住民投票方式	(4) 二項選択法 dichotomous-choice method	
	(5) 二重二項選択法 double dichotomous-choice method	

て，「野生動物の生息地保護に対する保証として，平均的な納税者に対して1,000円の課税をします．あなたは進んで支払いますか？」と質問をする．この質問に対する回答者の回答が「はい」であれば，質問者はさらに課税額を上げて次のような質問をする．「それでは課税額を1,100円に上げた場合，あなたは進んで支払いますか？」このように質問者は質問を繰り返し，そして，回答者が明確な回答をするまで金額を上げていく．反対に，最初の質問に対する回答者の回答が「いいえ」であれば，同じ質問内容で課税額を900円に下げて質問をする．これも，回答者が明確な回答をするまで続けられる．この方式の利点はオークションに似ている点であり，回答者になじみがあり，かつ単純であることで，その欠点は始めに提示する付け値の範囲に回答が拘束される開始点バイアス発生の恐れがあることである．

(3) 仮想ランキング方式（contingent ranking method）は，財や政策に対して実施可能な政策と支払額の組み合わせにランク付けをする方式である．例えば，質問者は回答者に対して，「低い税負担で低い水質の水」と「高い税負担で高い水質の水」など，支払額に対する具体的な政策の組み合わせを提示し，回答者にランク付けをしてもらう．この方式の欠点は，複雑性の高い財や政策に対して，回答者が敏感に二者択一的なランク付けをすることができる組み合わせを作ることが非常に難しいことである．

(4) 二項選択法（dichotomous-choice method）は，財や政策を受け入れるための特別な価格を回答者に対して，進んで支払うか否かを問う方式である．例えば，質問者は回答者に対して，「開発により荒地になりそうな地域を閉鎖し，原生林として残すためには○○円の費用負担をして頂きます．あなたはこの政策に賛成ですか？　反対ですか？」と質問をする．質問者は回答者に対して，ある政策に対する賛否を問うのである．回答者は与えられた1つの価格について判断を下すだけでよく，この方式は住民投票に似ている点で，回答者になじみがあり，かつ単純である．図1は二項選択法ヒストグラムである．付け値の指定は水平軸に示されており，最も低い金額は0ドルから最も高い金額は100ドルの範囲であり，10ドル間隔である．垂直軸は回答者総数に対するyes

図1　二項選択法ヒストグラム

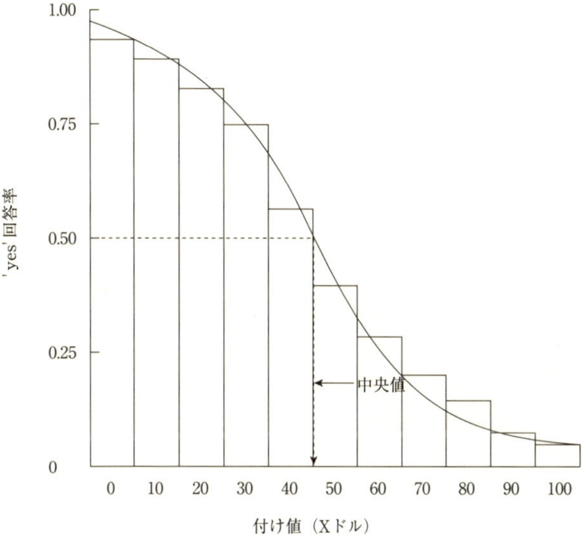

回答の割合を示している．この例によると，ほとんどの回答者がX＝0ドルであればその計画を受け入れることを表明している．回答者の約75％がその計画を受け入れるために提示した金額は30ドルである．その回答度数が進んで支払う回答者の数を計算するものと考えることができる．例えば，少なくとも30ドル支払うという回答は約75％であるという結果である．図1の曲線は，そのサンプル数をランダムに描き出した需要曲線を示しているが，この需要曲線はヒストグラムの近似を示している．この需要曲線と通常の市場需要曲線との相違点は，それぞれの価格において進んで購入したいという個々の財の量と，個人の進んで支払う価格が描かれる曲線である．通常の市場需要曲線の場合，図1の曲線から下のエリアは個々の支払意思額を計算したものである．各価格帯 k における yes 回答率が P_k，平均の yes 回答率が $\overline{p}$ で表記される．各価格帯の間隔が同一の v，その数が N＋1であるとする．平均 WTP が $\overline{pv}N$ で計算されるとすれば，(1) が成立する．

$$\text{平均 } WTP = v \sum_{k=0}^{N} P_k \tag{1}$$

図1において，v とは価格（ヒストグラムにおける個々の棒の幅）と $N+1$ は水平軸の価格帯の数（棒の本数）を表示する．いいかえると，その棒がカバーしているエリアに関する大まかな支払意思額は，単に棒の加重を合計し，その値を棒の幅と掛け合わせることで平均的なサンプルから計算される．アナリストはヒストグラムの付け値をそのまま受け入れてしまうことがある．本当に正確な支払意思額の計算式は，個人の特別な性格による特別な付け値を受け入れるであろうという確率的予測の統計的なモデルを計算することによって確立することができる．ロジスティック回帰であるそのモデルは，アナリストが付け値と受け入れる確率との間の関係を略図化する際に使われる．この曲線から下のエリアは，これら個々の支払意思額を意味するものと近似している．それは数式で計算することが可能である．その統計的なモデルもまた，そのサンプルの範囲内で受入確率曲線によってそれぞれのグループを計算することに役に立つ．それゆえに，それぞれのグループの受入確率曲線から下のエリアのように，それぞれのグループの平均値である支払意思額を計算することが可能である．

二項選択法は誘因両立的[9]（incentive compatible）であり，初期値や範囲に関するバイアスや，戦略的回答バイアスを回避できること，また実際の消費行動と類似しているために，回答者になじみ易い方式であるという利点がある．欠点は，yes 回答バイアスという自分の支払意思額よりも高い付け値で yes といってしまう傾向があることである．また，その他の欠点は支払意思額がサーベイデザイン（調査設計）に敏感過ぎるという点，サンプル数が多いという点などが挙げられる．次に，サンプル数の多さという欠点を補う方式として二重二項選択法を紹介しよう．

(5) 二重二項選択法（double dichotomous-choice method）は，二項選択法の最初の質問に対する次の問い掛けとして，最初の質問での提示額を変えて問う方式である．例えば，質問者は回答者に対して，「あなたは原生林を保護するために必要な課税額として500円であれば進んで支払うという回答をしまし

たが，課税額を1,000円に引き上げた場合でもやはり進んで支払いますか？」という質問をするのである．

2.3.3 サンプルデザイン

CVM調査を行うためのサンプル選定（サンプルデザイン）で注意すべき点は次の三つである．第一に，評価対象となるプロジェクトによって直接影響を受けているユーザーや，潜在的に影響を受ける可能性があるユーザーは含む．ここでいうユーザーとは質問の対象となる財を直接的に利用している人のことであるが，ネガティブな影響を受け過ぎている人は避けたほうがいい．第二に，質問者は回答者が自身のために支払意思額を表明することを問われているのか，または全世帯の代表として問われているのかどうかを回答者に理解させることが必要である．第三に，サンプルの地理上の範囲は影響を被るかもしれない人々を十分に包含できるように広くすべきである．KoppとSmith（1989）は以下の裁判で，鉱山開発によって引き起こされた自然資源のダメージを評価するためにCVMを実施した．彼らは，鉱山がある地方（イーグル地方）と州（コロラド州）の両方の居住者に対して調査を行った．原告側によると過去のダメージは5,000万ドルであり，将来的に予想されるダメージは1,500万ドルから4,500万ドルの間という結果であった．一方，被告側はその鉱山からの汚染によって直接的に影響を受けたと考えられるイーグル地方の小さなグループをサンプルとして調査した．サンプルとなった人々は，コロラド州の居住者がイーグル地方の鉱山のコストを支払っていないと思っている．両方の立場における個人的な価値は良く似ているが，過去と将来のダメージの合計に対する被告側の評価はおおよそ24万ドルであり，これは原告側の評価の1％にも満たない金額であった．

サンプリングの際に次の3つのカテゴリーの回答者は除外することが望ましい．第一に，財の価値を評価するための質問や，財に対して直接的に支払う手段（方法）に対する具体的な考え方を拒絶する回答者，第二にまじめに考えない回答者，第三にその調査について全く理解することができないとはっきり表明している回答者である．支払意思額自由回答方式では，この3つのタイプの

回答者は表明する価格がゼロであるか，または究極的に高い価格を表明するかどちらかの態度を示す傾向がある．このように究極的な価格を表明する回答者はアウトライナーと呼ばれている．ある特別な境界線を超えているもの，または回答者全体の中で特別な割合を超えているアウトライナーは，通常，CVMにおいては外れ値として除外して考える．

2.4 調査の実施

調査方法が決まったら，その次の段階は調査の実施である．CVM調査には多額の費用がかかるため失敗は許されない．そのため，本調査を実施する前に数回の予備調査が通常実施される．予備調査では，本調査の方法や調査票の正当性を確認するため，本調査で予定しているサンプル数よりも大幅に少ない数のサンプルで実際に調査が実施される．予備調査で問題がなければ，本調査を実施することが決定される．

2.5 環境価値の算出

本調査によって得られた個人評価額から評価対象の環境価値を算出するためには，人口の範囲，サンプルバイアスの調整，時間の考慮など3つのポイントがある．第一の人口の範囲は，聞き出した個人評価額を人口の範囲によって何倍にするかという問題である．影響する全ての人を包含する範囲で実施されなければならない．最近の潮流として，環境に対する直接的利用価値だけでなく，オプション利用価値や受動的利用価値までを環境価値として認められるようになってきているため，その対象範囲が大きく広がらざるを得ない．第二のサンプルバイアスの調整は，サンプルの平均所得や学歴，男女構成比などが原因で，何らかのバイアスが発生した場合の調整が必要であるということである．サンプルバイアスを防止するためには，サンプル数を十分に多くすることや，無作為標本という方法も有効である．第三の時間の考慮は，個人評価額を支払期間によって何倍にするかという問題を検討することである．

次に，環境価値の算出方法を解説しよう．個人の支払意思額の捉え方は，大

別すると平均値と中央値という2つの考え方がある．平均値とは，全回答者の支払意思額の平均であり，中央値は，ある金額を示したときのyes回答数とno回答数がちょうど等しくなる値である．それでは実際に，前述の図1の二項選択法ヒストグラムを用いて平均値の計算方法を説明する．前述のとおり，平均値は，ヒストグラムの棒の幅と，yes回答の回答率をそれぞれ掛け合わせた値を合計したものである．(1)に数値を代入すれば，次の計算式が得られる．

平均 WTP $= 0.95 \times 10 + 0.9 \times 10 + 0.85 \times 10 + 0.75 \times 10 + 0.6 \times 10 + 0.4 \times 10 +$
$0.3 \times 10 + 0.2 \times 10 + 0.15 \times 10 + 0.1 \times 10 + 0.05 \times 10 = 52.5$ ドル

次に中央値を求めるには確率的な分布関数が用いられる．図1の曲線は，付け値 y が提示されたとき，回答者がその値にyesと回答する推定確率を描く．ここでは，回答率が50％のときの付け値が中央値になる．分布曲線を求めるいくつかの分析手法があるが，ここではバルディーズ号原油流出事故の損害評価にも用いられた生存分析[10]という手法を紹介しよう．支払意思額 y のときのワイブル分布の累積分布関数は，

$$F(y) = 1 - exp(-y/\alpha)^\beta \tag{2}$$

で表される．ここで，α は位置パラメータの推定値，β はスケール・パラメータの推定値である．(2)を

$$1 - F(y) = exp(-y/\alpha)^\beta \tag{3}$$

と書き直して，指数関数 exp の逆関数が対数関数 ln であることと $F(y) = p$ が成立することに注意すれば，(3)は

$$(-y/\alpha)^\beta = \ln(1-p) \tag{4}$$

と変形される．2つのパラメータを用いた支払意思額の中央値は，(5)において，p を0.5にすることで求めることができる．

$$y_p = \alpha(-\ln(1-p))^{1/\beta}. \tag{5}$$

$$中央 WTP = \alpha(-\ln 0.5)^{1/\beta}. \tag{6}$$

支払意思額として，平均値と中央値のどちらを用いるべきかという点では，専門家の間で意見が分かれる．バルディーズ号原油流出事故の損害評価では，過大評価を避けるために中央値が採用された．

3. 網走湖保護における CVM の実施例

北海道開発局網走開発建設部が平成10年度から平成11年度にかけて実施した「網走湖の環境価値に関する CVM 調査結果」[11]をもとに CVM の実施フローと調査結果を紹介しよう.

3.1 調査概要

この調査の目的は，CVM を利用して住民に網走湖の環境を保全した場合の支払意思額をたずねることにより，網走湖の環境価値を把握することである．調査エリアは，網走川の流域市町村である網走市，女満別町，美幌町，津別町および網走湖から離れた札幌市の住民である．[12] 調査内容は，20年間にわたり網走湖の環境を現在と同程度に維持するために，20年間寄付金を集めるという仮定で，二重二項選択法を使用して各世帯に支払意思額をたずねるものである．[13] 網走川流域住民の網走湖の環境価値を測定するために，流域4市町，約32,000世帯を調査の母集団とし，この住民のうち調査対象者は住民基本台帳より無作為に抽出し，調査員が各家庭を訪問して面接調査を行った．札幌市の住民についても同様の方法で調査を行った．[14]

■網走湖の概要
海跡（過去は海だった）
汽水（海水がまじっている）
面　　積／32.3 km²
周　囲　長／42 km
最大水深／16.1 m
平均水深／6.1 m
体　　積／240×10⁶m³
全面結氷／する
湖沼型／富栄養
透明度／2.0 m

■位置／網走市の南西にあり、一級河川・網走川の下流部、河口から7.2 kmの位置にあります。
湖の東側を国道39号線とJR石北本線が走り湖水を眺めることができます。

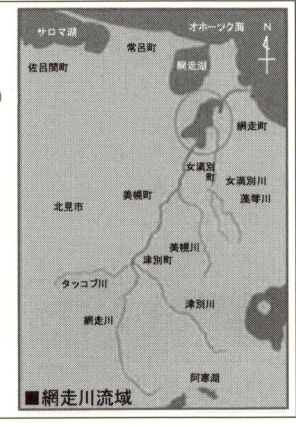

3.2 調査の実施

この調査における評価の対象は網走湖の環境価値であり，具体的な評価の対象に関する現況についての説明は以下の通りである．「網走湖は日本で16番目，北海道では7番目に大きな湖で，網走国定公園の中央部にあります．網走川によってオホーツク海と結ばれているため，干潮によって海水が流れ込み，淡水と海水が混じり合った汽水湖となっています．しかし汽水湖といっても，上部はわずかな塩分を含む淡水層，下部は高濃度の栄養分を含む塩水層という，強固な二層構造となっていることが網走湖の特徴ですが，これは世界的にも珍しい湖の形態で，湖水研究者にとっては大変貴重な存在であるといわれています．しかしながら，近年では網走湖の水質は環境基準を満たしていない状況が続いており，青潮やアオコの発生も見られるようになってきました．水質悪化や青潮，アオコ発生の主な原因としては，網走川流域の産業の発展や土地利用の変化などによって川の汚れが進んだこと，年間降雨量が減って川の流れる量が変化したこと，海から逆流する海水量が多くなったことなどが考えられます」．次に，住民から網走湖の環境価値を聞き出すため，環境保全事業が行われなかった場合のシナリオを説明する．「環境保全事業が実施されない場合，網走湖の環境は現在より悪化し，以下のような状況になります．第一に，湖の水質は現在よりも悪化するため，湖の景観が損なわれて，ボートなど湖水を利用した快適なレクリエーションが出来なくなります．第二に，青潮が強風のたびに大規模に発生し，魚介類の大量死が起こることになります．第三に，毎年夏になるとアオコが大規模に発生して，大量のヘドロとなって岸に打ち上げられ，網走市街を流れる網走川下流まで異臭が漂うようになります」．注記として，この環境保全事業が行われた場合，現状の環境レベルを維持することはできるが，それ以上には改善することはないという説明が加えられた．

3.3 調査結果

調査によって集められたデータから，ターンブル法により各提示額ごとの支払許諾率を推計し，最下限推定法により平均支払意思額が算出された．その結

果，流域4市町では今後20年間網走湖の環境を現状維持することに対する環境価値の1世帯の1年当りの平均支払意思額は5,301円，1世帯当りの20年間での支払意思額は74,920円であった（図2，表5参照）．一方，札幌市の1世帯の1年当りの平均支払意思額は3,282円，1世帯当りの20年間での支払意思額は46,380円であった．ちなみに，20年分の支払意思額を集計するときの年割引率に4.0％が採用されている．この関係は，次の2式で表される．

$$1 世帯当りの20年間の支払意思額 = \sum_{k=0}^{20} \{k 年度の支払意思額/1.04^{k-1}\}$$

地域住民の20年間の支払意思額
$$= 1 世帯当りの20年間の支払意思額 \times 地域の総世帯数^{15)}$$

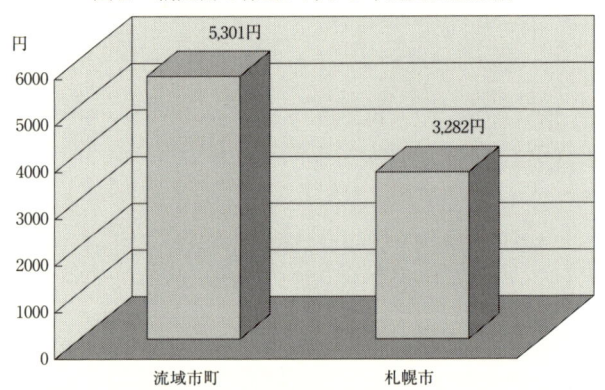

図2　網走湖の保全に対する年間支払意思額

（出所）北海道開発局網走開発建設部ホームページ；http://www.ab.hkd.mlit.go.jp/kasen/abasiriko/cvm/h 11. html より作成

表5　網走湖保護に関する調査結果

地域	1世帯当り1年間の支払意思額	1世帯当りの20年間の支払意思額	地域住民の20年間の支払意思額
流域市町	5,301円	74,920円	24億2,900万円
札幌市	3,282円	46,380円	369億7,400万円

（出所）北海道開発局網走開発建設部ホームページ；http:www.ab.hkd.mlit.go.jp/kasen/abasiriko/cvm/h 1.html より作成

4. CVMの問題点

　CVMに対する最も多い批判は，CVMが回答者の真の支払意思額より過大評価する可能性があることである．しかし，NOAAガイドラインは次のように主張している．CVMによる推定が過大評価の分だけ割り引かれて，控えめな支払意思額が用いられるのであれば，回答者によって表明された支払意思額と真の支払意思額の差異は，それほど大きくないであろう．この他にCVMは，様々な問題点を含んでいることが指摘されている．本節ではCVMに関する主要な問題点とその対策を紹介しよう．

4.1　リアリティの確保

　CVMによる評価の正確性について，科学的な根拠を述べることは非常に難しい．CVMの難しさは，いくつかの要因から生じている．第一に，CVMは他の調査方法から生じる状況よりも，より斬新でより複雑な質問を提起する．この方法は，仮説の設定に関連して問題を引き起こす．回答者が実際にその財を消費しない時に，仮説の設定は困難である．特に，受動的利用価値に対して，最も難しい状況が生じる．第二に，CVMは回答者に対して情報を伝える際の局外中立性の問題が懸念される．第三に，CVMにはある種の質問の仕方によっては判断バイアスを引き起こす恐れがある．CVMは他の方法よりもバイアスになる傾向があるため，財の余剰価値や過剰価値の傾向を示す質問についてはCVMの正当性と確実性を，順を追って質問を提示することを心掛けるようにする．第四に，CVMによって支払意思額についての質問をする場合，潜在的なバイアスが現れることは，戦略上の行動に関連している．

　CVMに関する主たるポイントは，質問者が行う質問の背景を回答者が本当に正確に理解できるかどうかである．回答者が与えられた質問からその財を正確に価値づけられるかどうかが問われる．公共財の多くの評価に関連している問題は，複雑で高度な推論を要する背景がある．CVMの質問は，多くの他の

タイプの質問と対比することができる．例えば，「あなたは次の選挙で誰に投票しますか？」という質問ならば，仮説に対する意図や質問の中の財が何であるかを正確に理解することができるが，将来的に生み出される財や政策の効果を理解することは，回答者にとっては困難なことである．なぜなら，回答者は実施されるプロジェクトの前と後のそのどちらについてもあまり良く知らないからである．回答者の態度（CVM調査で表現するような）は恐らく，プロジェクトが現実に実施されたときに初めて明確になる．回答者は理解していなかった財やプロジェクトについての質問に答えることになる．財やプロジェクトが多様な形態を持つ場合，質問者はできる限り全ての形態を回答者に説明しなければならない．もし，対象となる財やプロジェクトの性質が極端に異質でなければ，それが何を意味するのかを回答者は推測することができる．しかし，もし回答者が間違った推測をしたら，その時は質問者が誤って伝えるリスクがある．また，回答者が市場財の性質について価値づけることは困難である．例えばある回答者は，有名なレトロカーを高く価値するかもしれないが，その他の回答者にとって，それは単に交通手段の一つにすぎないのである．このレトロカーが高い評価を受ける根拠は，市場の背景の中ではまだなじみがなく，よく知られていない．CVMによる，回答者の財に対する直観は，提供される情報の質と量に関連しているといえる．具体的には，CVMが仮説を提供することそれ自体，バイアスを誘導するいくつかの証拠を示し，バイアスに関連する問題点を強調する．仮説によって引き起こされるバイアスは存在するのである．CVMは，環境影響を包含しているプロジェクトのように，財を明確化することが困難な状況において非常に役に立つと思われている．その反面，潜在的な自然に対するプロジェクトの影響を明確に述べることができないとき，これらによる影響が意味するものを，回答者に理解させることは困難である．この難問を解決するために，種々の工夫がなされている．例えば，質の基準を明示するとき，写真や地図，図表などのようなヴィジュアルな補助具は，しばしば理解する手助けとなる．質の基準を説明するためのヴィジュアルな補助具は，その状態の下にある質は何か？　質の程度が何を意味するのか？　という疑問の

両方を,回答者が理解する手助けとなる.次に質の基準の具体例を紹介しよう.

水質の基準は,いくつかの費用便益分析の回答者が毒素のレベルや固形の溶解,水の透明度,そしてその他の水質影響要素がどの程度なのかを理解する手助けになるものとして利用されてきた.Smith と Desvouges(1986)は,モノンガヘラ(Monongahela)河の水質改善のために費用便益分析を利用して,0から10の尺度で水質の基準の写真をもとに,次のような調査を行った.「一般的に,良い水質に水のレベルを合わせることはレクリエーション活動のためであり,それを主張しているのは野外活動または水辺の活動に参加する人々である.ここに,水質の様々なレベルを示す水質の基準の写真がある(質問者が回答者に水質の基準の写真を見せる).基準において,あなたは水質の様々なレベルを見ることができる.例えば,(質問者がそれぞれの基準のポイントを示しながら,次のA～Eのような説明を行う)水質レベルEは油や処理していない下水やその他のくずによって汚染されている.そこには植物や動物の生命は全く存在せず,さらには悪臭が漂っている.水質レベルDは舟遊びは可能であるが,釣りや泳ぐことなどはできない.水質レベルCはバス釣りのようなゲームフィッシングが可能である程度である.水質レベルBは人々が安全に泳ぐことができる程度に水がきれいである.水質レベルAはもし欲すれば,直接水を飲むことができるほどにきれいである.」この例では,質問者はモノンガヘラ河の水質改善プロジェクトに基準を使って回答者に評価させるのである.

4.2 局外中立性の問題

費用便益分析の1つの手法であるCVMは,論争の多い問題や複雑な論題を取り扱うことが多いため,局外中立性(neutrality)の確保が重要な問題である.局外中立性は,特に環境問題を中心とした裁判においてCVM調査の論点となる.局外中立性の問題は,しばしば非常に困難な問題を内包している.例えば,Hagen,Vincent と Welle(1992)らは,傷ついたフクロウの保存価値に関して,1,000世帯に郵便調査を実施した.有効回答は409世帯であった.この

調査における質問文は，次のような結論的な情報を含んでいた．「科学委員会の結論は，北部の傷ついたフクロウの絶滅を防ぐためには，いくつかの森林伐採を禁止すべきである．」さらには，「この研究に対して，他の科学者達もこの委員会の結論に同意している．森林の生態系の回復は，北部の傷ついたフクロウに幸福を与えるのである」という文章で締めくくられていた．これに対して，McKillop (1992) は，この調査は多くの関連ある事実を包含していないということで次のような問題点を指摘した．科学委員会は傷ついたフクロウの生息地である原生林のみに焦点を当て，他の多くの事実，例えば植林によって育っている森林の事実などを無視している．実際に回答者は，森林伐採が既に禁止されているという事実を聞かされていない．さらには，その土地は通常の手続きにより国立公園として認定され，保護されるかもしれないのである．このフクロウの問題では，正確性や局外中立性が確保されず，回答者に正確な情報が伝わっていないのである．彼はそれ以外の論点として，CVM調査によってサンプルとされる評価対象がより複雑であることを挙げている．局外中立性の問題が生じないようにすることは容易ではないが，それだけに避けることができない問題であり，裁判になってCVM調査の結果を説明するときには特に注意すべき問題である．実際に調査をするときには，予備調査を行うことである程度，局外中立性の問題を回避することができる．

4.3 バイアスによる測定の歪み

経済理論から考察すると，消費者は市場で財を購入するときには合理的な判断を行うといわれているが，CVMにおける回答者は合理的な判断をしない場合がある．CVMでの主たる行動は，決定ではなくて判断なので，回答者は直接的にはミスに気づく機会がない．特に回答者は，不確実性を含んでいる選択に対して，効用の最大化ではない行動をとる傾向がある．これらの行動は，市場機能がうまく働いている背景では消費者の非合理的な購入の結果として，決定バイアスとして表面化する．これらの消費者の決定ミスは，市場の失敗の典型のように考えられている．CVMにおけるこれらの行動は，決定バイアスよ

りもむしろ判断バイアスであるという捉え方が自然である．なぜなら回答者は，質問に関連している財を実際には購入しないからである．決定バイアスも判断バイアスも両方とも，原子力発電所の事故のような非常に発生する確率の低い出来事を取り扱う CVM 調査を行うときに現れてくる．回答者が，その低い確率の出来事をどのように見るのかを予想することは CVM 研究を行う上で重要なことである．判断バイアスは，期待効用仮説[16]によって予想することができ，複雑な情報を取り扱う時に人々が経験則や帰納的論法を簡約化する傾向があることからも理解できる．期待効用仮説の邪魔を説明するための概念の一つに Kahneman と Tversky（1979）のプロスペクト理論（prospect theory）がある．プロスペクト理論は特に CVM の問題に関連があり，人々が期待効用の最大化から外れる理由を次のように説明している．人々は本来の純厚生よりもむしろ参考となる意見から受ける獲得と損失の価値づけを行い，人は同じサイズの獲得と損失であっても，獲得リスクよりも損失リスクを大幅に嫌う傾向がある．これは，人はどうしても所有物に対する大きな愛着があることからも説明できる．これらの結果は，プロスペクト理論における価値機能という言葉で要約することができる．図3は，垂直軸で価値を測り水平軸では獲得と損失を測っている．この図において，次の3つの事柄を理解することができる．第一に，獲得と損失との交点を判断基準点としてスタートしていることである．第二に，人々は潜在的便益を期待してリスクを嫌う傾向があること（例えば，予想される価値が両方とも同じである二者択一の選択肢があった場合，不確実

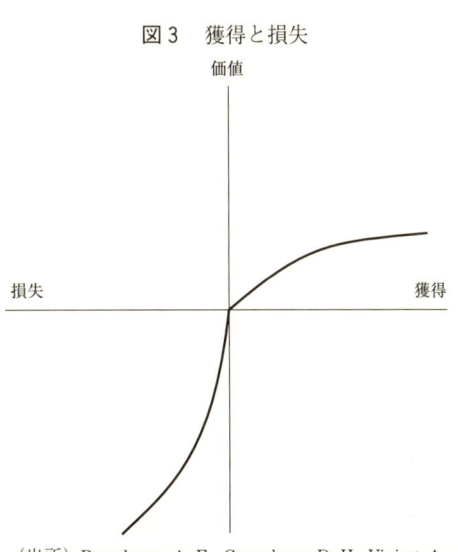

図3　獲得と損失

(出所) Boardman, A. E., Greenberg, D. H., Vining, A. R., Weimer, D. L. (2001), p 373. figure 14. 2 より作成

ではあるがより大きな便益が期待できる選択肢よりも,小さいが確実な便益が期待できる選択肢の方を好むこと).また人々は,潜在的損失を重視してリスクを無理やりにでも探し出そうとする傾向があること(例えば,予想される価値が両方とも同じである二者択一の選択肢があった場合,小さいが確実な損失が予想される選択肢よりも,不確実ではあるがより大きな損失が予想される選択肢の方を好むこと).第三に,損失は同じサイズの獲得と比べるとより大きく感じられることである.これは,判断基準点から獲得よりも損失の方がより曲線が急勾配であることからも理解できる.プロスペクト理論によって示されるバイアスは,いくつかの理由からCVMと関連がある.意識の固着(anchoring)を経て,判断基準点は常に現在なのである.自由回答方式による質問が開始点バイアスをうまく避けることができたとしても,支払手段やその他の影響によって間接的に意識の固着の存在がある.CVMの質問では時々,獲得かまたは損失かを含んでいるもっともらしい骨格が存在しているケースがある.経験的な研究から見ると,判断バイアスの問題は実際に,不履行バイアス,順序効果,包含効果,開始点バイアスなどと関連しており,CVMの結果に対して影響を及ぼしている.

4.3.1 不履行バイアス

マーケット研究においてよく言われることであるが,CVM調査の回答者は財に対する購入意思額を誇張する傾向がある.回答者は質問に対する支払意思額を表明するが,それはあくまで仮説の質問による仮想的な支払意思額の表明に過ぎず,現実に自らが保有する現金を支出するという意識がない.近年,この不履行バイアス(noncommitment bias)についてのテストが試みられている.テストの結果から,「仮説に対する支払意思額は,現実の経済的義務を反映する支払意思額よりも高くなる」ことがわかった.受動的利用価値を取り扱う場合は特に,不履行バイアスのテストが非常に難しくなる.不履行バイアスをテストする間接的な方法の一つは,回答者の収入と予算制約について,より注意深く考察することが必要である.KempとMaxwell(1993)は,トップダウン構成要素分解方式という方法を提案している.トップダウン構成要素分解

方式は，予算制約についての認識を明らかにすることによって，不履行バイアスを和らげる試みである．質問者は，回答者に対して最初にたずねた支払意思額の合計額を確認した後，彼らに相対的価値についての質問をする．例えば，石油流出事故を避けるための支払意思額についてたずねた後，彼らに環境保護に対する支払意思額の表明と，それとは別の問題である犯罪やホームレス，その他の社会問題の減少に対する支払意思額をたずねる．さらに質問者は回答者に対して，様々な種類の環境保護の価値についてたずねる．そして，次のレベルは回答者に原野地域の保護に関する様々な種類の環境破壊プロセスについてのそれぞれの価値を評価することをたずねる．このトップダウン構成要素分解プロセスについて，回答者は再び支払意思額をたずねられる．その結果，回答者が表明する支払意思額は，最初の自由回答方式による質問から得た支払意思額よりも数百倍小さい額となった．CVM の質問をする場合，回答者自身が直面している予算制約を踏まえて支払意思額を表明するように，的を射た質問をすることが重要である．例えば，回答者自身の収入がどの位なのかについて回答者に考えさせる質問をすることは，不履行バイアスを避ける手助けになるだろう．

4.3.2 順序効果

Tolley と Randall（1983）は，グランドキャニオンの視界向上についての回答者の主張が，問題提起の順序に大きな影響を受けることを見出した．他の研究者も順序効果（order effect）の重要性を主張している．例えば，数人の回答者に対してアシカの保護に対する価値をたずねた後，クジラについても同様にその価値をたずねる．一方では，クジラの保護に対する価値をたずねた後，アシカについても同様の質問をする．結果としてアシカの価値は，アシカの質問をクジラの質問の後にたずねたときより，クジラの質問の前にアシカの価値をたずねたときの方がより高くなった．これらの研究結果は，所得効果，代替効果またはその両方の結合効果という観点から説明することが可能である．所得効果による原理は次の通りである．財の連続の中で，最初の財に対して支払うための明確な支払意思額を表明したとしたら，その時，財の連続の中の2つ

目の財に対しての支出は少なくなる．しかしながら，支払意思額の急降下は相対的に小さいような所得効果によっては十分には説明できないという意見がある．アシカとクジラの例のようなものは代替効果と呼ばれ，費用便益分析の中でも重要なポイントであり，特にプロジェクトの効果収集で評価されている．例えば，もしシカゴの居住者がシカゴの空気清浄プロジェクトへの寄付に同意し，さらにグランドキャニオンの視界を保護するプロジェクトにも同意する場合，その時，グランドキャニオンプロジェクトの価値は減少するかもしれない．なぜなら，代替効果があるからである．しかし，見方を変えるとこの現象は，所得効果によるものでも代替効果によるものでもどちらでもなく，実際には，回答者がこれらの種類の質問を本当に理解することができないために，必然的に評価の誇張から生じる帰納的な判断であるともいえる．これは，所得効果と代替効果が順序効果のために，完全な説明内容を提供することができないことからも理由づけができるのかもしれない．

4.3.3 包含効果

一般的な経済学上の基礎原理による選好とは，個人の財に対する価値の程度のことである．ここでは，CVMにおける回答者の価値の程度について考えてみる．もし，提供される財の量が少し変化した場合，その価値の程度も同様に変化することが証明されれば，回答者の回答の正当性を確認することができる．しかし回答者は，比較する二値についての量の差異を認識するとき，財に対する量の大小をすぐには判断できないという研究結果がある．Desvousges (1993) を中心とする研究チームは，2,000羽の渡り鳥の価値と200,000羽の渡り鳥の価値を回答者にたずねる実験を行なった結果，その価値はほぼ同じであり，少量の油の流出と大量の油の流出についての価値も同様の結果となった．これは，包含効果（embedding effect）と呼ばれるもので，量が異なっている財に対する異なった評価が得られないことは，理論的には限界効用の傾きによって説明することができる．ほかに包括効果の例として，KahnemanとKnetsch (1992) の研究がある．彼らは，トロントの居住者にオンタリオ湖の魚を保護するための増税による支払意思額の表明のテストを行った．このテス

ト結果によると，オンタリオ湖の魚を保護するための支払意思額と，地方の小さなエリアの魚を保護するための支払意思額との差はほとんどなかったのである．次に，包括効果を示す同じような研究を紹介しよう．次の3つの異なった環境サービスの例を回答者に提示し，その例の間に横たわっている評価レベルを確認する．まず1つ目の例では，対象とする環境サービスを非常に大きな範囲とする（ここでいう環境サービスとは，「原野エリアの保護，野生動物の保護，公園の供給，災害に対する準備，大気汚染の調整，水質の確保，日常的な産業荒廃の処理など」である）．2つ目の例では，1つ目の例よりも対象とする環境サービスの範囲を狭くする（「災害に対する準備方法の改善，人々に対する救助訓練の実施と，その有効な準備」をすることに対する具体的な割合の明記などである）．そして，3つ目の例ではさらに対象とする環境サービスの範囲を狭くする（「救助手段の為に必要な人員の訓練と有効な準備の改善」などである）．それぞれの例に対する支払意思額をたずねた結果，3つの例の間の支払意思額の差違はそれほど大きくなかった．受動的利用価値を取り扱うとき，包含効果は恐らく最も厄介な問題であり，それは厚生経済学の最も核心的な部分であるといえる．経験的論拠からいうと，これらの回答者の行動は，実際の彼らの評価を表明していないと思われ，その代わりに「温情効果(warm glow)」という環境問題に対する広い倫理的満足を示しているといえる．

4.3.4 開始点バイアス

複雑な判断を求められた場合の回答者に共通してみられる態度は，最初に価値を表明した時に開始点バイアス(starting point bias)の問題が明らかになる．特に，限定反復付け値方式はこの開始点バイアスの問題が起こりがちである．なぜなら，この方式は回答者に対して最初に特別な「価格」を提示するからである．例えば，クリスチャンサンド(Kristiansand)湾の研究によって明らかになったことがある．質問者は回答者の支払意思額を聞き出すために，最初の質問を次のようなフレーズから始める．「ノルウェーのクリスチャンサンド湾を浄化するため，1986年から課税によってノルウェーの全ての納税者から費用を徴収することにします．もし，平均的な納税者に対する税負担額が200クロー

ナに決まった場合，あなたはその納税額を進んで負担しますか？」．CVM調査の質問者は，回答者に対して最初に200クローナの付け値を提示している．もし回答者がこの価格に対して支払いの意思を表明したら，質問者は付け値を200クローナから引き上げて再度，同じ質問をする．反対に，最初の付け値である200クローナに対して回答者がネガティブな意思表示を行った場合は，付け値を引き下げて再度，同じ質問をする．このようにして行われた限定反復付け値方式による質問で，次のようなことがわかった．200クローナから始めて2,000クローナまで進んだ付け値を行った場合，0クローナから始まり2,000クローナまで進んだときよりも，より様々な異なった評価（付け値）となったのである．それは，0クローナから200クローナまでの付け値が全く無かったとしてもである．これは開始点バイアスの1つの結果であり，この開始点バイアスを比較的防ぐことができるのは，二項選択法による質問形式であるといわれているが，しかし次のような意見もある．「二項選択法による回答は，開始点バイアスによる非常に強い影響を受ける．なぜなら，回答者は最初の提示額から要求されている貢献の総負担の価値を少なくすることがあるからである（例えば，必要とされている貢献の負担割合を想定してしまう）」．その上，二項選択法は開始点バイアスを前提条件としているという主張をサポートする経験的証拠がいくつかある．二項選択法による回答から計算した支払意思額は，財を供給するための総コストについての情報の供給や，自由回答方式の調査から計算した支払意思額よりも，受け取るグループのサイズによって影響を受けることが明らかなのである．

4.4 支払意思額と受取意思額の差異

経済理論に当てはめてみると，もし個人の行動が合理的であれば，もし市場が効率よく働いていれば，その時の状況はCVMの回答者が財を受け取るために表明する支払意思額と，比較し得る財の損失における受取意思額のどちらもほとんど差異が無いはずである．しかし現実的には，回答者が同じようなアイテムを手に入れるために進んで支払うことよりも，既に所有しているものを放

棄することに対する貨幣的な補償の方がより大きくなるという事実がある．実際に財と貨幣との交換を試みると，その背景と同じく，支払意思額の合計よりも受取意思額の方が4～5倍大きくなることがある．支払意思額と受取意思額との間にある差異は，「損失に対する反感に起因する」といういくつかの証拠がある．しかしながら，より多くの実験を積むことによって，支払意思額と受取意思額の間の差異が縮まり，最終的には受取意思額が減少することが経験的に見受けられる．他の経験的証拠によれば，支払意思額と受取意思額との間の差異はあくまで経験によって非市場財を何か不完全なものにでも代替することを提案している．CVM調査は典型的なワンショット行動であり，知識を与えるような機会を実現することができない．さらに，CVM調査は代替できない非市場財を含んでいることについて，次のような意見もある．回答者が表明した選好はあくまで選好であり，もし回答者が現実的に何かをあきらめることを要求されたときにはじめて，それが直接的に関連している正式な受取意思額であるといえる．経験からみるいくつかの事柄の影響と支払意思額の合計は，顕示選好から由来した評価は低くなり，通常の手続きとしては支払意思額の評価の方が使われる．このルールは，次のケースが当てはまる．受取意思額の質問は，支払意思額の質問よりもより事実に近い．例えば，あるプロジェクトが回答者に何らかの財をあきらめさせる場合は，受取意思額での質問が適切である．

4.5 戦略的回答に関する議論

支払意思額についてたずねられたとき，回答者は本当に正直に答えるだろうか？ たびたび議論されることであるが，CVM調査における回答者は戦略的な態度をとるインセンティブがある．それは，彼らの選好を正直に表明したときより，不正確に表明したときの方がより多くの望むべき結果を達成する場合には真の選好を不正確に述べるのである．それらは，CVM研究における戦略的態度と，公共財のただ乗り（フリーライド）との間に類推される．しかし，CVMにおける潜在的な戦略的態度は，公共経済学において一般的に特色付け

られているただ乗りよりも変化に富んでいる．

　Carson, Groves と Machina (1999) は，CVMを使って争われていた戦略的回答の本質についての研究をした．彼らは，回答者の回答が経済理論に矛盾していることをポイントに議論を始め，もし回答者が調査に関わることによって，いくつかの結果に重大な潜在的影響があると思っている場合は，回答が歪められてしまうために，自然な回答に基づいた経済理論から誤った予測が提供され，見当違いになってしまう．彼らはCVM調査で重要なデザインは，個々によって送られるシグナルをベースとした集合的な選択に関するルール作りの問題を取り扱うメカニズムデザイン理論であると述べている．個々の顕示選好に対するインセンティブを提供するメカニズムは誘因両立的と呼ばれている．

　メカニズムデザインの中心的な原理の一つは，選好の領域制限がないとき，二値以上のシグナルを含むメカニズムは常に誘因両立的ではないのである．二値のシグナルを使用しているメカニズムは常に誘因両立的ではなく，特別な状況における選択である．より複雑なシグナルはいつも，望んでいる結果を手に入れるために彼らの選好を誤って述べるインセンティブを含んでいる．端的な例として，自動的な社会的選択の結果である多数決のメカニズムを紹介しよう（表6参照）．社会的な投票結果の法則として，XとYの選挙ではXが勝利し，YとZの選挙ではYが勝利し，XとZの選挙ではZが勝利することとする．多数決のメカニズムとしては，1回目の投票ではYではなくXが勝利し，2回目の選択では1回目の勝者ではなくZが勝利する．この状況における投票者のシグナルは単なる二値ではなく，それぞれの投票機会において2つの構成要素からなる二値なのである．もし投票者が選好について真のシグナルを送った場合，1回目でYに勝つXと，2回目でXに勝つZがあり，社会的選択ではZが選出される．この結果は，投票者Aにとって望んでいたものではない．この場合，投票者Aは1回目で自らの

表6　多数決のメカニズム

個人 順位	投票者A	投票者B	投票者C
選好1位	X	Z	Y
選好2位	Y	X	Z
選好3位	Z	Y	X

選好を誤って述べるインセンティブを有している．つまり，最終的にXを勝たせるために1回目の投票ではあえてYに投票しYを勝たせ，2回目の投票では選好の真のシグナルを送ることでより望むべき結果が得られることになる．その投票者は1回目でまるで初めて新しい選択状況に直面しているかのように唯一，二値シグナルを送る．2回目では誤って述べるインセンティブは存在しない．この理論の潜在的重要性の一つは連続的な回答方式であり，それらは真の選好を誤って述べる戦略的回答には常に無防備である．選好を誤って述べることについて，支払意思額自由回答方式のケースで考えて見たとき，次の2つのタイプが考えられる．

　第一に，回答者が主張している支払意思額に頼らずに，彼らが支払うことができる金額を理解し，彼らが予想している額ではない真の支払意思額を理解し，そして主張している支払意思額の総計による財の見込みを予想する．回答者はその時，自らの支払意思額を誇張するインセンティブを有しており，予想している支払意思額よりも高く主張する．そのような誇張する可能性は，容易に予想できる．これらに対する1つの解決策として，回答者による願望的戦略の誇張である仮説は，あくまで仮説であることを理解させることである．例えば，回答者の財に対するコスト配分は，彼らが主張している支払意思額の楽観的な結果であることを認識させ，表明する支払意思額をできるだけ小さくすることである．しかしながら，彼らもまた供給見込みは支払意思額の総計よりもむしろ平均的なコスト供給以上か，または回答者が主張した支払意思額のかけらが供給見込みであると信じている．もしこれらの仮定の両方が可能なら，その時，予想しているコスト以上の真の支払意思額を有する戦略的回答者は，予想しているコストをやや上回るだけの支払意思額を主張するし，予想しているコストを上回る供給の可能性の増加はできるだけ最小のコスト配分を期待する．第二に，供給される見込みが非常に高いと思われる場合，回答者はその財が供給されることを望んでいないように，支払意思額を出来る限り少なく主張するインセンティブを有している．ほとんどの場合，財に対する望むべき到達点はゼロである．支払意思額自由回答方式での戦略的回答は多くの場合がゼロ

表7　二項選択法に当てはまる誘因の特性

財のタイプ	誘因の特性
強制的な支払いによる新しい公共財の提供	誘因両立的
自発的な支払いによる新しい公共財の提供	非誘因両立的
新しい私有財の紹介	非誘因両立的
２つの新しい公共財の選択	誘因両立的
既存物と代替私有財との間の選択	誘因両立的（但し，選択するための需要量についての情報は明らかではない）

（出所）Boardman, A. E., Greenberg, D. H., Vining, A. R., Weimer, D. L. (2001), p.379. table 14. 2 より作成

に到達し，回答者が許容する供給に対するコストは低く，支払意思額の合計はほとんどない．この戦略に基づく回答者の多くが，支払意思額の合計を過小評価するだろうことは大いに予想できる．Carson, Groves と Machina (1999) は，質問がたった１つの問題だけを取り扱っている場合，財に対する支払いを強制することは誘因両立的であると論じている．

　表7は，二項選択法で使われているいくつかの状況を，誘因の特性ということで要約している．強制的な支払いによる新しい公共財を提供することは誘因両立的であり，二項選択法は回答者の支払意思額を誘い出す方法として使われている．回答者は本来，真の選好について反対の意思表示をするインセンティブは持っていない．CVM は公共財についての支払意思額を評価できる唯一の方法であり，信頼できる方法である．回答者は，両方の財に対する明確な価値を持ち得てさえいれば，財についての価値を述べ誤るインセンティブはない．選択する状況の中で，寄付するか購入するかのどちらかという２つの問題を提供した場合，誘因両立性は自発的な支払いを無くしてしまう．寄付によって資金が成り立っている公共財の場合，財に対する明確な価値を持っている回答者は，その財が供給される機会が増えることを彼らの支払意思額を超える付け値であると受け止めるインセンティブがある．現実的には寄付によって創り出すことはできないからである．同様に，欲している新しい私有財を当てにしてい

る回答者は，支払意思額を超える付け値を，現に供給されている機会を増やすものであると受けとめるインセンティブを有している．なぜなら，もし彼らが欲していないものを決定したならば，購入することを止めることができるからである．二項選択法によるCVMは，この購入をあきらめることになり，私有財を新しく購入することが難しいという問題がある．私有財の存在と二者択一の選択を回答者にたずねる質問は，調査を受けている潜在的なユーザーについては誘因両立的である．しかしながら，質問に対する回答は私有財の選択を現実にどの程度要求しているかについての情報は現れない．例えば，日中しか使用できないが入場料が安い屋外プールと，夜間もライトアップして使用できるが入場料が高い屋外プールとの間の選択について居住者にたずねた町があるとする．回答者は，その選択に対する真の選好を述べ誤るインセンティブを有していないが，回答者は町に対して，居住者がその新しい施設をどの程度の頻度で使用するのかという疑問については表明していない．

　CVMの質問に対する戦略的回答について，誘因的な方法と本来その財が有している価値の両方を考慮することなしに支払意思額を計算することはバイアスがあり危険である．二項選択法は，課税によって資金が成り立っている新しい公共財の評価に当てはまり，他の強制的な支払いは戦略的回答バイアスを避けることでデザインできる．しかし，もし支払いが自発的なものであれば，バイアスはより上方へ向かう問題である．一般的に，支払意思額自由回答方式は戦略的回答バイアスの問題があり，もし支払いが強制されているのならば支払意思額の合計は非常に小さいところに達し，もし支払いが自発的なものであれば非常に高いレベルに到達する．

4.6　測定の正確性の確保

　いくつかのやり方で，CVMの支払意思額の正確性をテストすることが可能である．最初の方法は，他の一般化されている間接的な方法によってCVMの価値を比べることである．CVMの利用価値は，トラベルコスト研究から起因している方法と概略は同じである．それらもまた，ヘドニック価格法から起因

しているよく知られている価格から理由づけられている．それらはつまり，市場価格の代替である．MagatとViscusi (1992) は，リスクの減少に対する回答者の支払意思額が，標準的な経済理論や判断バイアスのような問題と矛盾がないかどうかをテストした．一般的には，それらはバイアスに対する強い影響は見受けられないといわれている．彼らが財に対する質問の中で市場を形作り，シミュレーションすることによって現実と関連づけたとき，CVMにおける回答者の主張と，彼らの実際の態度との間には，共通しているより適切な関係がある．結果として，CVMにおける支払意思額自由回答方式と二項選択法は，現実の市場処理と似ていて，これらは過大評価の傾向がある．これらの経験から考察すると，現実の市場においての作用は比較的正確であり，市場をシミュレーションするのに役に立つ．例えばそれは，財を買う行動が唯一の機会である．付け加えると，その回答は利用価値が財から明確に起因しているという状況をその実験では明らかにしている．

　BishopとHeberlein (1990) は，これらの線に沿って多くの実験を試みた．その典型的な例を紹介しよう．ウィスコンシンの野生動物地域は定期的にハンティングのために開放されている．ハンターには，これらのハンティングに参加するための特別な許可証を発行する．実験的に，くじ引きの勝者に許可証を無料配布することにした．1984年のくじ引きでは多くの数の申込みがあった．くじ引きの結果，150枚の許可証が発行された．ここでまず，受取意思額の測定をするために，許可証を入手したハンターの半分に対してその研究について説明するレターを差し出して，書かれている金額に対して，自らの許可証を手離す用意があるかを質問した．そのチェックの種類は，無作為に18ドル～518ドルの範囲であり，二項選択法で質問をした．残りの半分のハンターもまた，最初の半分と同じような範囲が書かれた仮説の支払額を提供しているよく似たレターを受け取った．彼らに対して，そのレターに書いている仮説的な金額で許可証を喜んであきらめるか否かたずねた．支払意思額を測定するために，くじ引きで外れた150人の関係者を無作為に選んだ．その内の75人には，もしそのレターに書いている金額を支払えばハンティングの許可証が利用できる主旨

を説明するレターを差し出した．その総額は，以前に述べたような同じ範囲がカバーされている．その他の75人には，仮説的な同じ質問をたずねた．これは，購入行為を通して彼らの顕示選好を引き出す機会を与えるというよりもむしろ，CVM の質問をたずねることを目的としている．支払意思額を見ると，CVM での価値(35ドル)は，顕示選好の価値(31ドル)よりもわずかばかり高いという結果になった．この差異は，統計上の重大な相違という訳ではない．これらの結果は，不履行バイアスがこの状況での最も中心的な問題という訳ではないことを示している．しかし，受取意思額の価値は支払意思額の価値よりもかなり高くなった．CVM での受取意思額による価値(420ドル)は実際に確認した現金(153ドル)による顕示選好よりもかなり高いのである．

5．おわりに

Cummings, Brookshire と Schulze (1986) らは，CVM による調査を成功させるポイントとして，次の5つを提案している．第一に，質問者は回答者に対して，対象としている財の真の価値をよく理解させ，よく知らせるべきである．第二に，質問者は回答者に対して，財に対する評価だけではなくそこに至る選択手順も経験させるべきである．第三に，評価するプロジェクトについては，出来る限り不確かな事項がないようにする．これら3つのポイントは，仮説を減らす工夫をすることによって克服することができる．例えばそれは，より洗練された評価手順を用いることによって，より現実的でより具体的な代替策を提示することによって，そして便益の程度が理解できる用語や数値を使用することによって克服することができる．第四に，控えめなデザインとするために受取意思額よりもむしろ支払意思額を使うべきである．第五に，意識の固着や開始点バイアスを避ける試みをするべきであることなどを提案している．また，CVM は利用価値を過大評価する傾向があるといわれているが，確かに CVM の受動的利用価値に対する正確さには疑念を抱かざるを得ず，この問題は本論文の中で頻繁に取り上げた判断バイアスや仮説の問題が軸となってい

る．受動的利用価値に対する正確性の確保については議論の的になるが，潜在的な実用性は今後も大きくなりそうである．そのほか，今後のCVMの議論の主たるテーマは，受動的利用価値のエリアに関するコンセンサスや局外中立性の確保，戦略的回答などのようなバイアスの取扱いなどである．特に，バイアスの取扱いに関する具体的な方向性を示すことや，CVM調査から得られた評価に対する明確な判断基準を確立することが必要不可欠であろう．

注

1) NOAAガイドラインは，1992年にアメリカ商務省国家海洋大気管理局（National Oceanic and Administration (NOAA)）が，環境損害評価にCVMが適用可能かどうかを検討するパネルを組織し，そのパネルによって1993年CVMの信頼性を認めた報告書のことである．
2) 受動的利用価値には遺贈価値（bequest value）と存在価値（existence value）があり，遺贈価値とは自分の世代で利用することはないが，子孫などの将来世代に自然環境を残すことで得られる価値のことで，存在価値とは実際に利用することはないが，その環境が存在し続けることを選好することに価値付けることである．
3) 1950年頃からニューヨークのラブ・キャナル運河にフッカー化学社が産業廃棄物を投棄し続け，その後投棄は中止され埋立地となった．しかしその後，その土地から化学物質が漏えいし，流産や遺伝子異常を含む深刻な健康障害が頻発して社会問題に発展した．
4) スーパーファンド法は，正式名称を包括的環境対処補償責任法（Comprehensive Environmental Response, Compensation and Liability (CERCLA)）といい，ラブ・キャナル事件の巨額な環境汚染復旧費をきっかけとして有害廃棄物の投棄に対する責任を追及し，浄化を進めることを目的として制定された法律である．
5) 直接的利用価値とは，自然そのものが有する資源としての価値のことで，例えば，森林における木材を自然資源から直接取り出して利用する価値などのことである．
6) オプション価値とは，現在はその環境を直接的には利用していないが，将来に自分自身のために利用可能な選択肢（権利）として残しておく価値のことである．
7) 油濁法は，1989年のエクソン社のバルディーズ号原油流出事故をきっかけとして1990年8月に制定された．同法では1トン当り1,200ドル，あるいは3,000トン以上のタンカーには1,000万ドル，それ以下のタンカーには200万ドルの賠償責任を設定し，アメリカが管理する海域を航行するタンカーは，こ

の賠償金を支払可能であることを示すことが義務付けられている.
8) 戦略的回答バイアスとは,例えば回答者が税負担などを軽くするために,意識的に低い所得額を表明するように戦略的な意思が働いている回答のことである.
9) 誘因両立的とは,価格機構などのような資源配分機構のもとで,均衡において どの経済主体も自己の持つ私的情報を正しく表明する誘因を持つとき, この資源配分機構は誘因両立的であるという.財に対する真の選好を顕示することが,その人の利害に合致するような状態などのこと.
10) 生存分析とは,何らかの集団の一部が確率的に時間の経過とともに死亡していく,あるいは壊れていく状況を捉える理論である.
11) 調査に関する詳細については北海道開発局網走開発建設部ホームページを参照.http://www.ab.hkd.mlit.go.jp/kasen/abasiriko/cvm/h 11.html
12) 実際の調査では流域以外の地域として札幌市の他に北見市が調査対象となっていたが,結果として支払意思額に大きな差異が見られなかったため本文では省略した.
13) 実際の調査では環境保全版の他に環境改善版の調査も行っているが,結果として支払意思額に大きな差異が見られなかったため本文では省略した.
14) 実際の調査では札幌市について面接調査のほかに郵便調査も実施したが,結果として支払意思額に大きな差異が見られなかったため本文では省略した.
15) 総世帯数のデータとして,流域4市町は32,428世帯(平成10年度網走市/女満別町/美幌町/津別町統計),札幌市は797,087世帯(平成11年度札幌市統計)である.
16) 期待効用仮説とは,不確実な状態における個人の選好について矛盾のない仮定を設定し,この仮定から所得や富などの効用が測定可能であることを証明し,リスクを含む合理的な資産選択行動をその効用の期待値の最大化行動として捉える仮説のことである.

参 考 文 献

Boardman, A. E., Greenberg, D. H., Vining, A. R., Weimer, D. L.(2001), *Cost Benefit Analysis*, Prentice Hall.

Kopp, R. J., Smith, V. K.(1989), "Benefit Estimation Goes to Court : The Case of Natural Resource Damage Assessments," *Journal of Policy Analysis and Management*, 8, no.4, pp.593-612.

Carson, R. T., Groves, T., Machina, M. J.(1999), "Incentive and Informational Properties of Preference Questions," *European Association of Resource and Environmental Economists*.

Bishop, R. C., Heberlein, T. A.(1990), "The Contingent Valuation Method," *Economic Valuation of Natural Resources : Issue, Theory, and Application*, pp.81-104.

Cummings, R. G., Brookshire, D. S., Schulze, W. D.(1986), *Valuing Environmental Goods : An Assessment of the Contingent Valuation Method*, Rowman & Allanheld.

Desvousges, W. H., Johnson, F. R., Dunford, R. W., Hudson, S. P., Wilson, K.N. (1993), "Measuring Natural Resources Damages with Contingent Valuation : Tests of Validity and Reliability," *Contingent Valuation : A Critical Assessment*, pp.91-159.

Hagen, D. A., Vincent, J. W., Well, P. G.(1992), "The Benefit of Preserving Old-Growth Forest and the Northern Spotted Owl," *Contemporary Policy Issue*, 10, no.2, pp.13-16.

北海道開発局網走開発建設部 (2000)『網走湖の環境価値に関する CVM 調査結果について』, http://www.ab.hkd.mlit.go.jp/kasen/abasiriko/cvm/h 11.html

Kahneman, D., Knetsch, J. L.(1992), "Valuing Public Goods : The Purchase of Moral Satisfaction," *Journal of Environmental Economics and Management*, 22, no.1, pp.57-70.

Kahneman, D., Tversky, A.(1979), "Prospect Theory," *Econometrica*, 47, no.2, pp.263-292.

栗山浩一 (1997)『公共事業と環境の価値』CVM ガイドブック, 築地書館.

Kemp, M. A., Maxwell, C.(1993), "Exploring a Budget Context for Contingent Valuation Estimates," *Contingent Valuation : A Critical Assessment*, pp.217-265.

McKillop, W.(1992), "Use of Contingent Valuation in Northern Spotted Owls Studies : A Critique," *Journal of Forestry*, 90, no.8, pp.36-37.

Mitchell, R. C., Carson, R. T.(1989), *Using Surveys to Value Public Goods ; The Contingent Valuation Method, Resources for the Future*（環境経済評価研究会訳『CVM による環境質の経済評価―非市場財の価値計測―』山海堂, 2001年）

Smith, V. K., Desousges, W. H.(1986), *Measuring Water Quality Benefit*, Kluwer Nijhoff Publishing.

Tolley, G., Randall, A.(1983), "Establishing and Valuing the Effects of Improved Visibility in the Eastern United States," *Report to the U. S. EPA*.

鷲田豊明 (1999)『環境評価入門』, 勁草書房.

第 7 章

環境保全活動の潜在価格

1. はじめに

　1970年の公害国会において14の公害関連法案が成立し，公害防止規制が強化された．それらの法案の一つである公害防止事業費事業者負担法は，企業の生産活動が環境に負荷を与えることからその負荷を抑えるための活動を要請するものだった．そのため企業は環境負荷を抑える際にかかる費用を考慮しなければならなくなった．公害関連法の施行により公害規制が強化されたことで，多くの企業は，公害防止，環境保全活動に取組み始めたが，当時の企業の公害防止，環境保全活動は一般的に行政による規制強化によるもので自発的な活動ではなく，消極的でまた社会的責任を果たすための活動として取組まれてきた．しかし，公害関連法の施行後，1970年代には政府系金融機関の低利融資の活用が可能なこともあり，企業の公害防止投資が活発になり，省エネに対する技術や自動車の排ガスに対する技術等が他の先進諸国より改善され，特に日本の製造業は外国企業より優れた技術を有することになる．このことから1970年代以降の企業の公害防止活動の一部が，公害防止技術の改善，企業の技術力の向上につながり，日本の企業（特に製造業）は国際的な市場において優位な立場に立てるようになったと言えよう．[1] 最近では，企業の環境保全の取組みは，汚

染主体の立場から社会的責任を果たすべきものとして捉えるだけではなく，収益を確保するための1つの戦略として捉えられ始めてきた．従来なら，公害防止・環境保全活動は企業の成長には大きな負担であるとみなされていたが，企業の発展に大きく貢献する可能性があると指摘されている．例えば，『環境白書（平成12年版）』においても，環境関連産業の市場規模（1997年）は24兆7000億円で，その雇用規模は69万5000人であったとする推計結果が紹介されている．環境関連産業に関する市場が大規模になったことは，多大な利益を得られる可能性を秘めているため，経営者にとって無視できないものであろう．言い換えれば，環境対策に費用を投入することは，環境悪化を防ぐだけでなく，企業が提供する商品に対し新たな付加価値を生み出す可能性があり，企業のイメージ，収益も向上する余地があることから，環境保全と利益追求が同じ次元で経営者に認識され始めている．さらに，環境に考慮した生産工程の開発が，省エネルギー・廃棄物の削減を実現し，生産効率を上げる可能性があるとみなされている．このように企業が環境対策を新たなビジネスとして捉えるなら，企業は環境に関する活動がどれだけ自社の収益に貢献しているか，またどれだけの環境負荷を与えたことで収益を得たのかを把握する指標を確立する必要があるであろう．実際，企業は「環境経営指標」，「環境効率」等の指標を開発して，企業経営における環境保全活動の評価を試み，環境報告書，環境会計の中でそれを情報公開している．こうした取組みが行われている中で問題になっていることは，企業の環境保全活動の際にかかる費用と環境保全活動により生み出された収益または効果を貨幣表示で把握するのが困難なことである．例えば，企業が廃棄物削減を実現させたり，有害物質の排出量を削減させたなどの効果を金額で示すことは単純にできないことが挙げられる．こうした効果の評価が困難なのは，以下の理由があるからであろう．これまで「環境」（きれいな空気や水など）というものは，市場において取引されている財・サービスのように価格があるわけでもなく，市場において取引されるものとして考えられていなかったからだ．したがって，企業の環境保全の取組みがどれだけ収益に貢献したか，どれだけ環境改善に貢献したかを測る方法を確立するためには，

企業が惹き起こした自然環境の悪化に対する貨幣評価，企業の環境対策による自然環境の改善に対する貨幣評価は必要になる．

さらに行政の環境政策の評価についても同様のことが言えるであろう．すなわち，行政による環境対策の費用とその効果が計測された上で行政の環境対策を評価することは企業の環境保全の評価と同様，困難である．しかしながら，行政の環境保全のために投入された税金がどれだけ有効に活用され，住民の生活にどれだけの効果を及ぼしたのかという内容の公表を求める市民団体の活動が盛んな状況では，行政が実施した環境保全対策の評価も期待される．[2]

貨幣単位で評価が困難な環境保全活動を貨幣単位で表示可能にするためのアプローチとしては費用便益分析において利用される潜在価格（shadow price）という概念の活用が有効である．[3] 本章では，潜在価格の概念を用いて企業の環境保全活動の評価を定式化する．貨幣単位での評価が困難である環境対策が理論的な基盤を備えた上で貨幣表示されることになれば，企業，行政（政策当局）の環境対策の効果を把握することが容易になる．企業や政策当局の環境保全対策の効果を容易に把握することができれば，従来の環境保全活動より一層効率的な環境対策を見出すことができ，そのことが社会全体の環境保全を促進させる原動力となると思われる．

本章は次のように構成される．2節では，企業の環境保全活動を評価する環境潜在価格に関するこれまでの理論的な研究と実際に企業が環境保全活動を評価するためにいかなる指標・尺度を開発しているかを紹介する．3節では，環境潜在価格を定式化するための経済モデルを提示する．そこでは，環境技術水準が環境の潜在価格の要因に含まれるような定式化が明示される．4節では，環境技術水準の変化が潜在価格に及ぼす影響が分析される．さらに環境規制の変化が環境潜在価格に影響を及ぼすことが明らかにされる．4節で確認されることは次の2点である．環境保全に関する技術が改善されるとき，環境潜在価格は高くなる場合には，企業の環境保全活動が積極的になる可能性がある．もう1点は，規制当局が環境規制を強化すれば，企業は規制の強化に応じて，生産要素の投入量を減らし，排出水準を抑え，環境潜在価格は大きくなることが

確認される.

2. 環境潜在価格の理論と企業の取組み

近年,企業は環境保全活動を汚染主体の立場から社会的責任を果たすべきものとして捉えるのではなく,収益を確保するための1つの戦略として捉えてきている.環境活動が企業の利潤につながるならば,企業は自らの環境保全活動を評価しなければならず,その際,何を指標にして環境活動における収益を把握するかが重要になる.企業の環境保全活動を評価する指標として,環境省の環境会計ガイドライン,各企業の環境会計・環境報告書で公表されている「環境経営指標」,「環境効率」等が存在する.しかしながら,業種・企業ごとで独自の指標を作成しているため,完全に統一された尺度がない.そのため環境活動における費用対効果の指標となる環境指標,または環境経営評価を判断するための有効な指標の開発・研究が求められる.そこで本節では,はじめに企業の環境保全活動の評価に関する先行研究が,次に企業の実際の取組みが整理される.

田中(1999)とその改訂である本書の14章は,企業が環境に配慮した経営を行うために支払うことになる対価を環境経営の潜在価格として定式化を行った.この潜在価格が環境経営の指標として計算されるときに,次の論点が提示された.第一に,環境経営の潜在価格を構成する要素である限界破壊度から限界汚染除去を引いた純限界破壊度の程度と生産物に関する需要の価格弾力性,限界生産性に応じて潜在価格の値が異なる点である.このことから各産業または各企業ごとに環境対策が進んでいる産業(企業),進んでいない産業(企業)に分類される可能性が指摘された.また,田中(2000)では,企業の環境対策に関する貢献,取組みを評価する指標として,企業の環境保全支出に対する収益率が環境収益率と呼ばれ,その定式化が行われた.そこでの主張は,この環境収益率が高ければ,企業は環境改善に関し積極的に取組む可能性があることである.そして環境収益率の決定には,企業の要因だけでなく,規制当局の政

策手段も含めた複数の要因がかかわってくると考えられるので,このような要因を明らかにする必要性が主張された.このような環境潜在価格,環境収益率を用いることにより業種,産業ごとに環境対策の取組みの度合いが異なる可能性があることを指摘したのが伊東 (2001) である.伊東は,企業のISO取得率を環境対策の度合いを測るための指標として用い,環境対策に関する支出を企業の宣伝広告費,環境対策の効果を企業の経常利益として置き換えて実証分析を行った.分析の結果,製造業,最終消費財関連,世界的な規模で活動している業種は環境の潜在価格が高くなることが明らかにされた.

次に,企業の環境指標開発の取組みに目を向けてみよう.企業における環境費用の効果分析の先駆けとなった鶴田 (1999) は,環境活動に投入した費用と効果を把握するツールとしての環境会計を用いて,ソニーの環境会計を紹介している.ソニーの環境会計では,環境保全に投入した費用を「環境コスト」として金銭に一元化して捉えている.環境コストに対する「環境効果」は,金銭に一元化することが困難であることより,環境パフォーマンスの改善(環境負荷の低減),環境リスクの回避,環境活動によって節約できるコストに分類される.そして今後,環境会計が有効なツールとして確立するために,費用対効果の測定という視点から「環境効率」の定式化の必要性が提唱されている.ソニーの環境報告書において,この環境効率の定式化は,次のような形で定義されている.

$$環境効率 = \frac{売上高}{環境負荷}$$

(この式の分母にある「環境負荷」は温室効果ガス指標 ($t-CO_2$),資源投入指標 (t),資源排出指標 (t),水指標 (m^3),化学物質指標 (t) から構成)

この環境効率は,1単位あたりのCO_2の排出,資源投入,資源排出でどれだけの売り上げがあるかを示している.環境効率が改善されることはこの値が大きくなることであり,環境効率の改善は次のように言い換えられる.環境効率の値の上昇は,以前の生産体制より少ない環境負荷で多くの売り上げを実現できたことを意味し,環境効率の改善はソニー内での生産体制が環境保全と調和

しつつあることが窺える．環境効率という指標・尺度を活用して，ソニーは製品の付加価値を高めながら，環境負荷を大きく低減するように努めている．

吉田 (2000) は，宝酒造における環境保全活動と宝酒造が採用している環境会計を紹介している．そこでは，企業の環境活動は社会的責任を果たすために行われるものではなく，環境活動が企業の収益，企業の価値を高める可能性があることが指摘され，経営戦略としての環境保全活動の取組みが紹介される．こうした宝酒造の取組みを評価する指標として，または，環境保全で投入された費用に対し，どれだけ環境負荷が減ったかを示す指標として「緑字決算」という指標が導入されている．他企業の環境保全活動を評価する指標・尺度としては，電気製品事業の企業が中心に取り上げられるが，NECの「環境経営指標」,[4] リコーの「エコレシオ」,「EI（エコ・インプルーブメント）値」,「環境収益率」,[5] 三菱電機の「ファクターX」[6] 等があり，各企業で環境保全活動と収益を関係付ける指標・尺度が活発に開発されている．こうした企業が環境保全活動を評価するための指標・尺度を開発しているなかで，次のような共通点が明らかになる．多くの企業が環境保全活動を評価する「環境指標」の類は，ソニーの「環境効率」の式のように売上高を環境負荷で割って示されている．これは，環境に1単位当たりの負荷を与えたことでどれだけ売り上げにつながっているかを把握する必要があることを各企業が共通して認識しているといえる．異なっている点は，企業・産業ごとに環境負荷になる要因が同一でない可能性がある点である．

これまで環境保全活動の評価に関する先行研究と企業の取組みについて概観してきたが，本章では次のような点に注目して，環境潜在価格の議論が展開される．田中 (1999) でも指摘されているように，将来の環境技術に関する不確実性の存在は，企業が環境対策に踏み切れない要因の一つであろう．そのため本章では，環境技術水準が環境の潜在価格の要因に含まれるような定式化と環境技術水準の変化が潜在価格に及ぼす影響が分析される．さらに，現在の大半の企業は規制当局がさだめている環境規制のもとで生産活動を行い，環境対策を講じていることから，企業の環境潜在価格は規制水準の影響もまた受けるこ

とにもなるであろう．この点にも注目するため，規制当局が環境規制を強化した場合，企業の環境潜在価格に及ぼす影響が分析される．

3．企業の環境保全活動の定式化

本節では，企業が環境保全に取組む際に負担すべき対価の計算が検討される.[7] 企業が経済活動を行う際，環境問題の原因となる物質（二酸化炭素，二酸化硫黄，廃棄物等）を排出している状況が以下のように定式化される．企業は生産要素を x 単位用いて生産物を y 単位生産する．また生産活動の際に副産物として排出され，環境問題の原因になる物質の排出水準を企業は e 単位と想定して生産に臨むならば，企業の生産関数は，

$$y = sf(x, e), \quad 1 \leq s, \tag{2}$$

と表される.[8] s は企業の生産技術の水準を表すパラメーターで，排出抑制に関する技術水準もこのパラメーターに含まれているものとする．企業の生産技術が改善された後には同じ生産水準がより少ない投入と排出水準で実現される．したがって企業の技術水準に関するパラメーター s の値が大きくなれば，それだけ企業の技術水準が高まることになる．また，この生産関数 f は連続微分可能な関数で，1階偏導関数，2階偏導関数はそれぞれ $f_x > 0$，$f_e > 0$，$f_{xx} < 0$ と仮定する．次に排出水準に関する制約について説明しよう．企業は予め排出水準 e を設定して生産を行うが，今日の行政機関の環境政策において，自然環境，人体に与える影響が考慮されていることから，規制当局は企業の排出水準に対し e^r を排出規制基準として設定している．したがって，排出水準に関する制約条件は，

$$e^r = e, \tag{3}$$

と定式化される.[9] これらの企業の生産関数，排出水準に関する制約条件の定式化から，企業の環境問題を考慮した行動が次の Lagrange 関数を用いて表記される．

$$L(x, e, \mu) = psf(x, e) - wx + \mu(e^r - e). \tag{4}$$

μ は Lagrange 乗数, p は生産物の価格, w は投入物資源の価格とする. (3)式を最大化するための必要条件は以下のように与えられる.

$$\frac{\partial L}{\partial x} = psf_x(x, e) - w = 0, \tag{5}$$

$$\frac{\partial L}{\partial e} = psf_e(x, e) - \mu = 0, \tag{6}$$

$$\frac{\partial L}{\partial \mu} = e^r - e = 0. \tag{7}$$

これらの式を用いて, 企業が環境保全を行うために必要な負担額, 規制水準 e^r のときに企業が遵守するために必要な負担額を表す潜在価格 μ が,

$$\mu = psf_e(x, e), \tag{8}$$

と表され, 企業の環境に配慮した潜在価格は以下のように理解される. 仮に排出水準の制約条件が1単位緩和されたとき, その際企業が得ることができる収益の増加額が潜在価格である. または排出水準の制約条件を遵守するために企業が負担しなければならない費用であり, 環境改善のために企業が受け入れることになる対価である. この環境に配慮した潜在価格が高くなることは, 企業が環境改善のために犠牲にしても仕方がないと考えている利潤の減少額が大きいことを示すことから, 企業における環境改善への取組みが進んでいることを意味している. 本章における環境に配慮した潜在価格 μ は田中 (1999) で定義される環境経営の潜在価格の概念と対比して説明される. 14章の説明のとおり, 環境経営の潜在価格の構成要因は田中では, 企業の経済活動が与える限界環境破壊度と企業の環境保全活動による限界汚染除去度の差である純限界破壊度, 限界生産性, 生産物需要の価格弾力性から構成されている. 一方, 本章では, 環境保全に関する潜在価格の構成要素は, 企業の環境保全技術水準, 限界生産性から構成される. ここでは, 企業の技術水準のパラメーターを明示的に取り入れることにより, 環境保全に関する技術力が環境配慮の潜在価格に影響を与えることが注目される. 企業の環境に配慮した技術水準を潜在価格の要因に取り込むことにより, 企業がどの程度環境保全活動に取組めばよいかの指標

が提示できる可能性がある．

4．環境保全技術の向上と環境規制強化による影響

次に，外生変数である企業の技術水準 s，規制当局が設定する排出水準 e^r が変化したとき，(4)式を最大にする変数 x^*, $e^*(=e^r)$, μ^* の変化について検討する．まずはじめに企業の環境保全技術が改善された場合が検討される．ただし，本章では企業は必ず規制水準を遵守しているものと仮定する．(5)から(7)式をそれぞれパラメーター s で偏微分すれば，以下の行列で示せる．

$$\begin{pmatrix} psf_{xx} & psf_{xe} & 0 \\ psf_{ex} & psf_{ee} & -1 \\ 0 & -1 & 0 \end{pmatrix} \begin{pmatrix} \frac{\partial x^*}{\partial s} \\ \frac{\partial e^*}{\partial s} \\ \frac{\partial \mu^*}{\partial s} \end{pmatrix} = \begin{pmatrix} -pf_x \\ -pf_e \\ 0 \end{pmatrix}. \qquad (9)$$

(9)式の左辺の係数行列の行列式を H とおき（$H = -psf_{xx}$ は関数 f の仮定より正），Cramer の公式を適用すると，

$$\frac{\partial x^*}{\partial s} = \frac{1}{H} \begin{vmatrix} -pf_x & psf_{xe} & 0 \\ -pf_e & psf_{ee} & -1 \\ 0 & -1 & 0 \end{vmatrix},$$

と示せる．さらに余因数展開すると，

$$\frac{\partial x^*}{\partial s} = \frac{1}{H} pf_x > 0, \qquad (10)$$

となる．(10)式の符号が正であることから，企業の技術水準 s が向上したとき，生産要素の投入量が増加することが確認されるが，(10)式からは次のようなことが可能性として考えられる．企業の環境保全に関する技術が向上することは，その企業が環境保全における条件の一部をクリアした可能性がある．その制約（たとえば，規制や技術的な問題）の一部をクリアしたことにより生産水準を高く設定しやすくなるから，企業は生産要素を増やして増産を図る可能性を示唆する．もう1つの解釈としては，環境保全技術の改善が企業にとって環

境に関する新規市場におけるシェア拡大のきっかけを与える可能性があるということである．企業は環境保全技術の向上をきっかけにこれまで以上の生産要素を投入し，環境産業市場において優位な立場に立ちたいという誘因を持っている可能性がある．このようなケースにおける技術改善による生産要素の投入量増加は，生産物を増産するための投入量増加ではなく，環境保全に貢献するような分野に生産要素を投入する可能性があることを意味する．[10)]

次に(10)式を導いたのと同様に(9)式の $\partial e^*/\partial s$, $\partial \mu^*/\partial s$ を Cramer の公式を適用すると，それぞれ，

$$\frac{\partial e^*}{\partial s} = \frac{1}{H} \begin{vmatrix} psf_{xx} & -pf_x & 0 \\ psf_{ex} & -pf_e & -1 \\ 0 & -1 & 0 \end{vmatrix} = 0, \qquad (11)$$

$$\frac{\partial \mu^*}{\partial s} = \frac{1}{H} \begin{vmatrix} psf_{xx} & psf_{xe} & -pf_x \\ psf_{ex} & psf_{ee} & -pf_e \\ 0 & -1 & 0 \end{vmatrix} = \frac{-p^2 sf_{xx}f_e + p^2 sf_{ex}f_x}{H}, \qquad (12)$$

になる．(11)式は，企業の技術水準 s が向上したとき，生産活動の際に環境問題の原因になる物質の排出水準 e が増加しないことを意味する．企業の環境保全技術がよくなれば，排出水準が抑制されるという推論は常識的には受け入れやすい事柄であることから，(11)式から確認された内容は妥当性があると思われる．(12)式は，技術水準の改善が潜在価格にどのような効果を与えるかを示している．(12)式の右側の式の分母 H は生産関数 f の仮定より正であるが，分子 $-p^2 sf_{xx}f_e + p^2 sf_{ex}f_x$ は正，または負の可能性がある．$-p^2 sf_{xx}f_e + p^2 sf_{ex}f_x > 0$ なら，$\partial \mu^*/\partial s > 0$ となり，企業の技術水準上昇がその企業の環境保全に関する潜在価格 μ を高くすることになる．企業の環境保全に関する潜在価格が高くなることは，企業の環境保全に対する取組みが積極的になることを意味するため，企業の技術水準の向上は企業の環境保全活動にプラスの効果をもたらす可能性がある．逆に，$-p^2 sf_{xx}f_e + p^2 sf_{ex}f_x < 0$ なら，$\partial \mu^*/\partial s < 0$ となり，企業の技術水準の改善が潜在価格を低くすることになり，企業の環境保全活動にマイナスの効果をもたらす可能性がある．

次に，外生変数であるe^rを変化させたとき，(4)式を最大にする変数x^*, e^*, μ^*の変化について検討する．規制当局による排出に関する規制水準の変化が企業の生産要素の投入量，排出水準，環境保全に関する潜在価格に及ぼす効果が確認される．今度は，(5)式から(7)式をパラメーターe^rで偏微分することになり，行列で表示すると次式になる．

$$\begin{pmatrix} psf_{xx} & psf_{xe} & 0 \\ psf_{ex} & psf_{ee} & -1 \\ 0 & -1 & 0 \end{pmatrix} \begin{pmatrix} \frac{\partial x^*}{\partial e^r} \\ \frac{\partial e^*}{\partial e^r} \\ \frac{\partial \mu^*}{\partial e^r} \end{pmatrix} = \begin{pmatrix} 0 \\ 0 \\ -1 \end{pmatrix}. \qquad (13)$$

(13)式の左辺の係数行列の行列式をHとし，(13)式にCramerの公式を適用して，$\partial x^*/\partial e^r$, $\partial e^*/\partial e^r$, $\partial \mu^*/\partial e^r$をそれぞれ求めると，

$$\frac{\partial x^*}{\partial e^r} = \frac{1}{H} \begin{vmatrix} 0 & psf_{xe} & 0 \\ 0 & psf_{ee} & -1 \\ -1 & -1 & 0 \end{vmatrix} = \frac{psf_{xe}}{H} < 0, \qquad (14)$$

$$\frac{\partial e^*}{\partial e^r} = \frac{1}{H} \begin{vmatrix} psf_{xx} & 0 & 0 \\ psf_{ex} & 0 & -1 \\ 0 & -1 & 0 \end{vmatrix} = \frac{-psf_{xx}}{-psf_{xx}} = 1, \qquad (15)$$

$$\frac{\partial \mu^*}{\partial e^r} = \frac{1}{H} \begin{vmatrix} psf_{xx} & psf_{xe} & 0 \\ psf_{ex} & psf_{ee} & 0 \\ 0 & 0 & -1 \end{vmatrix} = \frac{p^2 s^2 (f_{xx}f_{ee} - f_{xe}f_{ex})}{H} \gtrless 0, \qquad (16)$$

になる．(14)式から式の含意を検討してみよう．(14)式が負になることから，規制当局による規制水準e^rの変化と生産要素xの変化は同じ方向に変化せず，正反対の方向に変化する．たとえば，規制当局が排出水準を厳しくした場合を考えてみよう．(14)式から企業は生産要素を増やすことになるが，そのようになる根拠として次の点が可能性としてあるであろう．環境規制の強化は，企業がその基準を遵守しないことを除けば，企業に対し規制基準をパスするための一層の努力を促せることになると考えられる．その努力が環境保全に向けての設備投資，人的資源の追加とみなせるなら，生産要素の増加の要因になるであ

ろう．このような推論が妥当であるのなら，規制強化が生産要素の増加を導く可能性がある．次に(15)式に注目してみよう．(15)式の値は１なので，環境規制が１単位強化されたとき，企業が排出できる水準も１単位減少する．変化の方向，程度は同じである．最後に(16)式に注目する．企業の生産関数が凹関数と仮定するなら，(16)式は負になるので，規制当局が規制水準を変化させたとき，企業の環境保全潜在価格 μ の変化は規制水準の変化とは逆の方向に変化することが分かる．規制当局が環境基準を強化するなら，企業の環境保全に関する潜在価格は大きくなるので，企業の環境に対する取組みが一層積極的になる可能性がある．しかしながら，あまりにも厳格な環境規制を規制当局が実施するのであれば，企業の環境保全に対する費用が急増することになり，極端な環境規制強化は企業経営を破綻させることになるであろう．それに，環境規制を強化し過ぎると，企業は規制水準を遵守しない可能性がある．有効な環境規制が実施されるためには，企業の環境保全に関する技術が向上したことを規制当局がある程度把握した上で，環境規制の改正を実施することが望まれる．

5．おわりに

　企業の環境保全の取組みが，コスト削減，生産効率の改善，企業に対する好印象等につながり最終的には収益の上昇になるという可能性があるなら，環境保全活動に関する費用対効果を貨幣単位で計測する手法が要請される．本章では，貨幣換算が困難な企業の環境保全活動の評価を環境潜在価格を活用して試みた．本章において得られた結論は次のように要約される．企業の環境保全活動の貨幣評価（環境保全活動に対する潜在価格）は，企業の環境保全に関する技術水準と限界生産性（生産要素を１単位追加したときにどれだけ生産物が生産されたかを表す）によって理論的に評価可能であることが明らかにされた．そして，企業の環境対策を実施する際の状況が変化したときに，環境保全活動に関する潜在価格と企業の行動がどのように変化するかが検討された．状況の変化の一つは，企業の環境保全に関する技術水準が変化したときの企業の生産

活動に与える影響と企業の環境潜在価格に与える影響である．もう一つは，規制当局が環境規制基準を強化した場合に，企業の生産活動と潜在価格に与える影響についてである．これら2つの状況の変化を考察することにより，以下のことが明らかにされた．企業の技術水準が向上すれば，環境を悪化させる物質の排出水準は増加せず，技術革新により環境の潜在価格が高くなる場合には，企業の環境保全活動が積極的になる可能性があることが確認された．このような結論から，企業が環境保全活動に積極的になる理由は，環境保全技術の改善が企業にとって環境に関する新規市場におけるシェア拡大のきっかけを与える可能性を示唆する．一方，規制当局が環境規制を強化すれば，企業は規制の強化に応じて，生産要素の投入量を減らし，排出水準を抑える可能性が確認された．

本章の議論を終えるに際して，以下の3つの問題が留意されるべきであろう．一つは技術革新が潜在価格に与える点である．本章で定式化された環境保全に関する潜在価格には技術革新の影響も要因とした．技術革新が生じるのは主に企業の研究・技術開発であるが，その開発には無視できない多大な資金が投入されているので，研究・技術開発費と技術水準の費用対効果も十分に配慮した上でなければ，環境保全に関する潜在価格は歪められる可能性がある．したがって，企業の投資活動に配慮した潜在価格の検討が重要な課題の一つである．

次に環境規制に関することである．企業の経済活動の制約条件の一つである環境規制水準は，企業が常に規制に従うなら，環境規制は効果的になる可能性があるが，企業が規制に従わなくても，多大なペナルティーが課されないような状況が十分に有りうる．このような場合は，企業が環境保全に大きな負担をする必要がなくなるため（もちろん，環境保全に取組んでいないことが企業のイメージ，収入を悪くすることも考えられる），環境保全に関する潜在価格は歪められるであろう．企業が規制に従っているか，従っていないかという状況を確実に把握することは困難であることから，不確実な要因が含まれている．こうした不確実な要因が環境保全の潜在価格の定式化において，いかなる形で

影響を及ぼすことになるかを検討することは重要な課題のひとつである．

　第三に，本章のモデルは技術が所与として外生的に与えられる．しかしながら，燃料電池，ダイオキシンを出さないごみの燃却施設など，環境技術の進歩には目を見はるものがある．この点からも内生化された環境技術のモデルが展開されることが望まれる．

注

1) 日本において，規制の強化が環境保全や技術革新の促進に貢献したことは，例えば，中西（1994）49-57頁，植田，岡，新澤編（1997）29-31頁，三橋（1998）55-62頁を参照．
2) 行政の政策評価における費用便益分析の意義と限界に関する理論的側面と現実的な側面については，岡（2002），大野，久野，柴田，長嶺（2000）を参照．
3) 潜在価格に関する詳細な解説は，DrèzeとStern（1987），LayardとGlaister編（1994）が有益である．
4) NECの環境情報サイト，http://www.nec.co.jp/eco/ja/を参照．
5) リコーの環境情報サイト，http://www.ricoh.co.jp/ecology/を参照．
6) 三菱電機の環境情報サイト，http://www.mitsubishielectric.co.jp/corporate/eco/index.html を参照．
7) 田中（2003）において，企業における環境経営の費用分析が紹介されている．
8) 例えば，化石燃料を使用する企業において，CO_2排出量と炭素燃焼量（化石燃料）の間には比例関係が存在するので，排出水準を生産要素とみなすことは可能であろう．ただこの場合，排出水準は対価を支払わない投入要素となる．本章における生産関数 f の定式化については Hoel（1997），p.203，Oates と Schwab（1988），p.336を参照．
9) e は固定されることになるが，本章では変数とみなすことにする．実際の企業の環境保全に対する取組みに注目すると，規制水準を下回る排出水準を実現している企業も一部存在する．例えば，長原（2002）では，キッコーマンの環境活動において，CO_2をバイオマス，コージェネレーションにより1990年の排出水準より8％削減する目標（京都議定書は1990年より6％削減）を掲げていることが述べられている．したがって，不等式制約条件での企業の最適化問題が検討される必要があろう．
10) もっとも生産技術の改善により生産の効率性，環境保全の効率性も改善することから，生産要素の節約になる点を無視することはできない．

参考文献

Boardman, A. E., Greenberg, D. H., Vining, A. R. and Weimer, D. L. (2001), *Cost-Benefit Analysis : Concept and Practice*, 2 ed, Prentice Hall.

道路投資の評価に関する指針検討委員会編 (1998)『道路投資の評価に関する指針 (案)』, 財団法人日本総合研究所.

Drèze, J. P. and Stern, N. H. (1987), "The Theory of Cost-Benefit Analysis", in Auerbach, A. J. and Feldstein, M. (1987), *Handbook of Public Economics*, vol. 2, Amsterdam, North-Holland, ch. 14, pp.909-989.

Layard, R. and Glaister, S., ed (1994), *Cost-Benefit Analysis Second Edition*, Cambridge University Press.

大野泰資, 久野 新, 柴田愛子, 長嶺純一 (2000)「政策評価における費用便益分析の利用について-兵庫県西宮北有料道路を例に-」, SRIC REPORT, Vol. 5, No. 4, 三和総合研究所.

Hoel, M. (1997), "Coordination of Envioronmental Policy for Transboundary Environmental Problems?", *Journal of Public Economics* 66, pp.199-224.

伊東弘人 (2001)「企業の環境戦略における収益率の分析—環境潜在価格の数値分析—」,『地球環境レポート』, 4 号, 123-161頁.

三橋規宏 (1998)『環境経済入門』(日経文庫), 日本経済新聞社.

中西準子 (1994)『水の環境戦略』(岩波新書), 岩波書店.

長原 歩 (2002)「キッコーマンにおける環境への取組み」,『地球環境レポート』, 7 号, 11-45頁.

Oates, W E. and Schwab, R M. (1988), "Economic Competition among Jurisdictions ; Efficiency Enhancing or Distortion Inducing?", *Journal of Public Economics* 35, pp.333-354.

岡 敏弘 (2002)「政策評価における費用便益分析の意義と限界」,『会計検査研究』, 第25号, 31-42頁.

田中廣滋 (1999)「循環型社会と環境経営の潜在価格」,『地球環境レポート』, 1 号, 10-16頁.

田中廣滋 (2000)「環境政策と企業の主体的な貢献」, 宇沢弘文・田中廣滋編,『地球環境政策』, 中央大学出版部, 153-168頁.

田中廣滋, 本間 聡, 高 斗甲, 長谷川智之, 本間 達 (2003)「環境会計と費用便益分析」,『地球環境レポート』8 号, 19-32頁.

鶴田健志 (1999)「ソニーにおける環境会計」,『地球環境レポート』, 1 号, 54-62頁.

植田和弘, 岡 敏弘, 新澤秀則編 (1997)『環境政策の経済学』, 日本評論社.

牛房義明 (2001)「環境保全技術と環境規制の環境潜在価格に及ぼす効果」,『地球環境レポート』, 5 号, 39-45頁.

吉田 陽 (2000)「企業にとっての環境活動の意義と価値」,『地球環境レポート』, 3 号, 9-14頁.

*本章は,「環境保全技術と環境規制の環境潜在価格に及ぼす効果」(『地球環境レポート』, 5号)の内容を一部加筆・修正したもので,また北九州市立大学平成14年度特別研究推進費の成果の一部である.なお,その基礎となる研究に対して田中廣滋教授(中央大学)から数多くの貴重なコメントを頂いた.

第 8 章

高速道路整備と費用効果分析

1. はじめに

　近年，欧米を中心に国や地方自治体の行政において行政評価，NPM（new public management）といった考え方が拡がっている．行政による事務事業の効率化はいまや時代の要請であり，「行政経営」の考え方が重視されるに至っている．これまで評価が困難とされてきた政府の行う政策，施策，事業等の活動に対して，事前段階のみならず，実施期間中および事後においても客観的な評価が行われ，その結果を次年度以降の行政施策に反映させる「Plan-Do-See」のサイクルの構築が一層重要度を増している．わが国においても，公共事業をはじめ，行政の様々な政策や施策，事業に対する評価が重要視されるようになってきており，今日，各省庁や多くの自治体で行政評価が導入されている．

　行政評価を行う際，各事業等の費用や便益・効果に関する検討は重要なステップである．実際，各種の施策や事業，とりわけ大規模な公共事業などの場合，費用や便益に関する評価はわが国でも名神高速道路や東海道新幹線の建設が進められた時代から実施されており，特に目新しいものではない．しかし，これまで国の行ってきた評価の中には，極度に歪めて処理されたと考えざるを得ない事例も少なくない．その結果，本州四国連絡橋や東京湾横断道路といっ

た巨額の負債を抱え，今後の収益見通しがきわめて難しいと思われる施設が建設されてきた．それでは，3本もの本四架橋は行き過ぎにしても，採算のとれない事業（政策あるいは施策）のすべてが不要であると言えるだろうか．公的部門の役割からすれば，採算性だけでなく公共性あるいは必要性といった観点からも事業の可否を考えなければならない．すなわち，特に公共性の強い事業に関しては，金銭的（貨幣的）に計測可能な費用・便益だけでなく，貨幣換算できない効果や影響についても十分に考慮し，事業の採択や継続の可否を決定すべきである．

　1980年代の行政改革の一環で87年4月に日本国有鉄道が分割民営化されてから，早くも16年が経過した．その間，「3島問題」などの経営問題もクローズアップされたが，少なくとも東日本，東海および西日本のJR各社については，経営・サービス面で大幅な改善が見られたと概ね高い評価を受けている．しかし，一方で赤字ローカル線の廃止による地域住民の痛手や第3セクター化による地方自治体の負担増加，地域間経済格差の拡大などの問題も生じている．「地域住民の足」がなくなることによる住民の痛手は明らかにマイナスの便益であり，広い意味で民営化の際の費用項目に組み込まれるべき性格のものである．そのような貨幣換算できない，もしくはすべきでない事柄についても行政においては十分に考慮する必要がある．最終的にどのような方策を選択するかに関しては高度に政治的な判断であるが，その際，直接的な便益のみならずより広範な効果や影響についても含めた上で社会の被る費用と対比することが，政策決定においてきわめて重要なプロセスと思われる．

　本章では，費用と効果を比較考量する費用効果分析の理論的な枠組みを示している．費用効果分析は，費用便益分析では扱うことが難しいとされる問題についても，有益なヒントをもたらすことが可能な手法である．次節で費用効果分析の考え方について述べ，第3節以降では，昨今の構造改革の流れの中で重要な位置付けとなっている道路整備問題，とりわけ高速道路整備のあり方について，費用と効果の観点をからめて整理，検討を試みる．

2. 費用効果分析の概念[1]

個人であれ,企業であれ,何らかの意思決定を行う際に,その行為による結果がどのようなものであるか,事前に(場合によっては瞬時に)判断している.行為を行うことによって生ずる費用と,期待される結果,すなわち便益(もしくは効果)を比較し,便益が費用を上回る場合に,行為を行うことが正当であると判断され,実行に移される.このような意思決定プロセスは,地域や国家といった政府レベル,さらには国際間の意思決定においてより一層の重要度をもつものと考えられる.これらの意思決定において重要な材料である費用と便益もしくは効果の比較検討は,費用便益分析(cost-benefit analysis),費用効果分析(cost-effectiveness analysis)と呼ばれる分析手法で,その概念は何世紀にもわたって普及してきた.しかし,費用便益分析や費用効果分析が広く一般的に用いられるようになったのは,20世紀初頭以降である.[2] とりわけ,第2次世界大戦後の米国において,大型兵器の開発の際に兵器システム分析(weapon systems analysis)が行われたが,その中心的な役割を果たしたのが「費用効果分析」である.[3]

費用効果分析という用語の使用法は様々である.米国の兵器システム分析とその後展開されたシステム分析(systems analysis)における費用効果分析は,費用と効果の比較分析である.これは,代替的政策などを,それぞれに必要とされる費用と効果にもとづいて比較評価しようとするものである.この場合の費用は金額ベースで測られるのが普通だが,効果については金額ベースで測られる場合と,金額以外の尺度で測られる場合がある.前者のように政策等の効果を貨幣ベースで測定しようとする費用便益分析に対して,後者,すなわち金額以外の尺度で効果を測定する分析手法を「費用有効度分析」と呼ぶ.通常,医療や経済学の分野においては,費用効果分析という用語を狭義でとらえ,費用有効度分析と同義でとらえている.[4] 費用効果分析は非金銭的な尺度によって政策等の効果を測るものの,本来,定性的な評価手法ではない.後述のよう

に，費用便益分析と同様に費用効果分析は各政策（施策）に対して一定の数値的な評価を行う定量的な手法である．上述の定義によれば，費用便益分析と費用効果分析の違いは効果を金額ベースで測るか否かということである．

山谷（1997）では，費用便益分析と費用効果分析の違いを次のように整理している．[5] 費用便益分析は能率，生産性，経済収益率，パフォーマンスなどの測定に用いられ，費用（インプット）に対してサービスの提供といったアウトプットがどのくらいかを見るが，費用効果分析は，サービス提供等によりその対象となる人びとや地域に対する効果の度合いを測定し，目標の達成にどの程度貢献したのか，その有効性を明らかにしようとするものである．図1における＝線部分の比較が費用便益分析であり，―線部分の比較，すなわちインプットとアウトカム（場合によってはインパクトまで）を比較するのが費用効果分析である．

なお，費用効果分析においては異なる単位によって政策の費用と便益（効果）が測定され，共通の数量概念を探し求める必要がない．各プロジェクトの費用が等しく，便益のみを比較すればよい場合や，各プロジェクトに期待される便益が一定であり，費用の大小比較を行えばよい場合には，費用効果分析を用いることでプロジェクト間の有効性の優劣を簡単につけることができる．

費用効果分析を行う際の全体の流れは，図2で示される．ある政策目的にそったプログラムが複数（図2のケースでは2つ）存在するとしよう．それぞれが対象集団（target population）に対して実施される際に直接・間接的な費

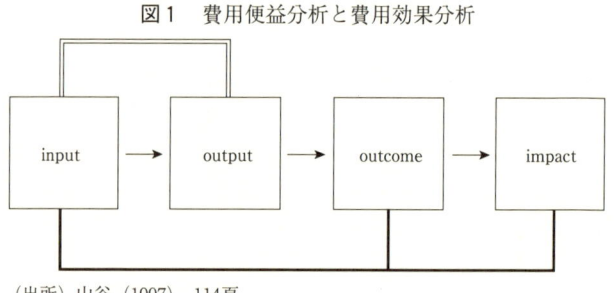

図1　費用便益分析と費用効果分析

input → output → outcome → impact

（出所）山谷（1997），114頁．

図2 費用効果分析の構造

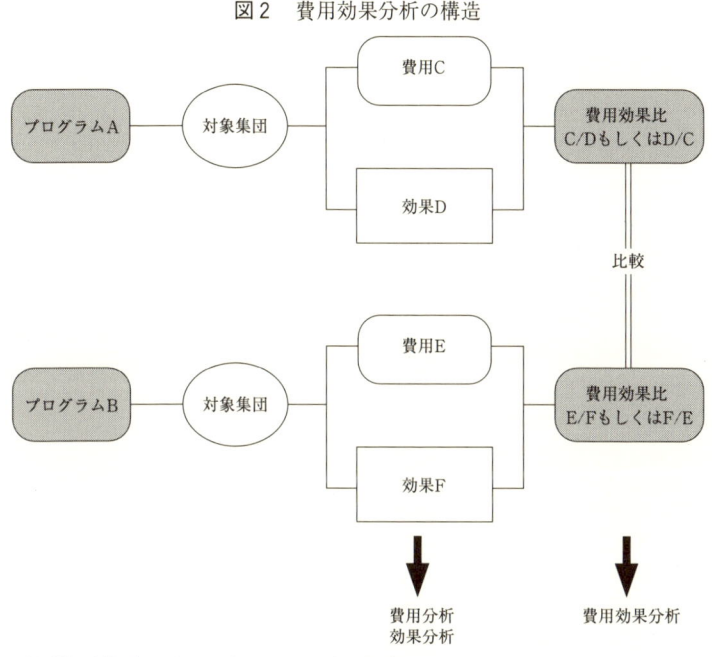

(出典) 武藤 (1998), 83頁, 図5−1を一部改訂.

用が発生する．したがって，プログラム実施の費用を明確にする必要がある．また，効果分析によって，プログラム実施による効果の有無，どのような効果が生じたかといったことを分析する．その上で，それぞれのプログラムの費用と効果（有効性）の比率，すなわち「費用効果比」(cost–effectiveness ratio) を計算し，プログラムの間での比較を行う．これにより，プログラム間の優劣の順位付けが行われる．

この費用と有効性に基づいたプログラム間の順位付けのために，2通りの計算方法が存在している．第1の方法は，成果（図1における outcome）の有効度1単位当たりの費用の観点から，費用−効果を測定する手法である．たとえば，保健医療プログラムの実施によって救われる生命1単位当たりの金額を算出するのが，この考え方である．任意のプログラムの実施における費用を C_i，プログラムの効果もしくは有効度（プログラムによって生じる便益）を E_i と

表すとすれば，ここでの費用効果比 CE_i は，

$$CE_i = C_i/E_i \tag{1}$$

である．(1)式は有効度1単位当りの平均費用を表している．(1)式の右辺は通常，分母・分子ともに正値をとるので，費用効果比はプラスとなる．この費用効果比を用いれば，有効度1単位当り費用（平均費用）が最も低いプログラムが最も費用効果的であると考えられる．各々の代替的なプログラムは最も費用効果的なものから順にランク付けされることになる．

第2の方法は，先ほどとは逆に，政策プログラムの単位費用当りの成果の有効性を算出しようというものである．この場合，プログラムの費用と効果についての指標である有効度・費用比率 EC_i は，

$$EC_i = E_i/C_i \tag{2}$$

という形で算出される．[6] (2)式は単位費用当りの平均有効度を表しており，最大の平均有効度をもつプログラムが最も費用効果的であると考えられる．(2)式も通常の場合は正値をとり，各々の代替プログラムは有効度・費用比率の大きさの順にランク付けされるべきだと考えられている．

いま取り上げた2つの方法の算出過程において，いずれの場合も資源の投入とそれによる産出の計算を含んでいる．したがって，これらの比率は技術的な効率性の指標と考えることができる．

以上で述べた2つの比率を用いることで，ある目的を達成するための複数の代替プログラムの間の比較が可能である．しかし，通常の政策・施策等を考えた場合，複数の代替案からの選択だけでなく，政策を変更すべきか否かを決定しなければならないケースも多々見られる．すなわち，現在行われているプログラムと新しいプログラムの間の比較が問題となる．このような場合にも費用効果比を用いて考察することができる．いま，現行のプログラムの費用を C_0，効果を E_0，新しいプログラムの費用を C_1，効果を E_1 と表すとしよう．新しいプログラムと現行プログラムの間で，費用および効果について，それぞれ増分を計算し，増分費用効果比（incremental cost-effectiveness ratio）を求めることができる．増分費用効果比 CE^I は，

$$CE^I = \frac{C_1 - C_0}{E_1 - E_0} \tag{3}$$

で表され，追加的な有効度1単位当りの平均増分費用を表している．このような二者択一的な比較法は，新旧プログラムの比較だけでなく，複数のプログラムの間でも当然行うことができる．なお，一方のプログラムの費用も効果ともに0という特殊なケース，すなわち代替案が「何もしない」という場合にのみ，CE_i と CE^I は一致することになる．[7]

また，保健医療分野などでは，現行のプログラム等を拡張すべきか否かという問題が提起されることがある．たとえば，癌などの病気は1人に対して行う検査の回数を増やすことにより発見数が増加すると思われるが，どこまで検査数を増やすべきか，といった問題を検討する場合が想定できる．(3)式では異なるプログラム間の費用と有効度の比較を行っていたが，今回のケースでは同じプログラムで提供されるサービスの回数が異なるだけである．したがって，このケースでは，プログラムの拡大による費用と効果の増分を比較することになる．n 単位のサービスに要する費用を $C(n)$ とし，そこから得られる効果を $E(n)$ とする．また，$(n-1)$ 単位のサービスに要する費用を $C(n-1)$ とし，そこから得られる効果を $E(n-1)$ とすると，この場合の増分の費用効果比 CE^n は，

$$CE^n = \frac{C(n) - C(n-1)}{E(n) - E(n-1)} \tag{4}$$

と表すことができる．[8]

費用効果分析は，(1)各々のプロジェクトの費用が等しく，効果（有効度）のみを比較すればよい場合や，(2)各々のプロジェクトに期待される効果（有効度）が一定であり，費用の大小比較を行えばよい場合に簡単にプロジェクトの順位付けを行うことができる．[9] これらの2つのケース以外にも，(3)各々のプロジェクトの費用も効果（有効度）も異なるケースについても費用効果分析を適用できることは言うまでもない．[10] しかしながら，費用効果分析はあくま

でもプロジェクト間の費用対効果のランク付けを行うだけであり，政策意思決定における絶対的な判断基準とはなりえないという点に注意する必要がある．

3．高速道路の費用と便益・効果

3.1 道路事業における費用便益比

　高速道路に関する費用および便益（または効果）は社会全体で見ると非常に多岐にわたっている．わが国は「国土の均衡ある発展」を掲げ，全国的な高規格幹線道路網の整備を段階的に進めてきたが，今日では，日本道路公団をはじめとする道路関係四公団の抱える多額の負債や今後の採算性についての懸念，財政危機などを背景に，高速道路の整備に歯止めをかけようという動きが顕著になっている．道路などの社会資本の整備を進めるにあたり，国土交通省では当該施設の需要予測を行い，費用や便益，社会的な効果等を比較検討の上，実施している．高速道路事業に関する費用および便益・効果についての検討に先立ち，以下において一般の道路事業の評価で用いられる費用や効果に関する分析について整理しておこう．

　現在，国土交通省における一般道路の新規事業採択にあたっては，事業の効果や必要性等を客観的に評価する「道路事業の客観的評価指標（案）」に基づき，投資効果の有無が事前に確認されている．[11)] その際，投資効果を示す指標として費用便益比（B/C）が用いられている．前節で見た費用効果分析（有効度・費用比率 EC_i）では費用と効果（有効度）の比較であったが，費用便益比においては費用と便益を比較し，便益が費用の1.5倍以上であることが事業採択の前提条件となっている．平成7年度より本格実施された予算重点化の取り組みを受け，平成13年度予算に計上された新規道路整備事業（新規着工準備箇所及び新規事業採択箇所）は221箇所，14年度は159箇所，15年度6箇所と新規採択箇所は，近年，減少傾向にあるものの，1箇所当りの事業費は大きくなっている．国土交通省ではそれらすべての事業について費用便益比を算出し，必要性や効果などの総合的な判断を進めている．[12)]

ただし，国土交通省の算出する費用便益比における費用は用地・工事費および維持管理費であり，事業実施前の調査費を含んでいない．また，便益は時間短縮便益（物流コストの低減を含む），走行費用減少便益，交通事故減少便益の3点のみである．したがって，現行の費用便益比の概念には，地域経済の活性化，環境や代替交通機関への影響等は考慮されない．これは，定量的に，容易に，ある程度の精度をもって予測しうるもののみを算入しているためである．しかし，道路事業を評価する場合には，広く社会全体に与える影響（効果）を考慮すべきであり，交通システムや資源・環境といった，より大きな枠組みの中で当該道路の果たすべき役割を位置付ける必要がある．とはいえ，費用や便益・効果をより一層厳密に分析しようと試みた場合，分析や評価に要する時間や費用が増大してしまい，かえって社会的厚生が減少する恐れもあり，どの程度まで考慮していくべきかは非常に難しい問題である．

なお，現在，国土交通省では道路事業評価手法検討委員会を設け，道路事業評価基準の見直しを進めている．

3.2 高速道路の費用および便益・効果

一般道路や都市高速道路の場合，整備を行うことによる便益や効果は一定の地域にとどまる．しかし，地域間を結ぶ高速道路の整備の場合，便益は特定地域を超えて拡がり，効果は社会全体にまで拡散されうる．以下では，高速道路の整備を進める「建設段階」と整備後の「供用段階」の二つに分けて，高速道路整備における費用と便益・効果について検討する．[13]

(1) 建設段階における費用および便益・効果（事業効果）

高速道路の建設においては長期間にわたって，様々な手続きや作業が実施される．建設段階における費用も多様であるが，主なものとして次の6点が考えられる．

① 整備・実施計画策定における調査・事務・審議に係る費用

高速道路の整備には，企画当初から実施計画策定に至るまでの計画段階にお

ける事務作業等が非常に多く，計画策定に要する時間およびコストも莫大なものとなる．わが国の高速道路整備は予定路線の中から国土開発幹線自動車道建設会議の審議を経て基本計画，整備計画が決定される．その間，技術調査，環境影響評価等が実施される．整備計画が決まると，日本道路公団による施行に必要な調査（地形，地質，気象，水利，経済，環境，文化財，関連公共事業，用地等に係る調査）が行われた後，日本道路公団に対して施行命令が出される．施行命令に基づき実施計画が固まり，整備を行う路線発表へと至る．

② 用地費・建設費および用地の測量，買収等に係る事務諸経費

わが国の場合，高速道路の建設にはキロメートル当り40億円程度の費用を要するが，内20億円は用地費となっている．諸外国に比べて地価が高く，地理的状況等も影響し，建設費総額は高水準となっている．しかし，入札における談合や受注企業からの「丸なげ」など，建設における種々の問題が生じる危険性を抱えている．建設費は必要以上に膨大しているものと見られており，改善の余地がある．

③ 金利負担

わが国のように高速道路の整備を借入れで行う場合，供用開始前の期間においても金利負担が生じうる．

④ 建設段階における環境負荷（環境変化）

地域間を連結する道路建設を進める以上，建設段階でも環境を破壊することになる．わが国は地形上，平野部が少なく，海岸線に沿ったかたちで高速道路を建設しないかぎり，大規模な森林伐採や地形を変形させる作業，トンネルを造るなどの作業を行わざるを得ない．また，平野部や沿岸部に道路を建設する場合でも，河川や海洋をはじめ自然環境への負荷は生じることになる．

⑤ 当該道路の周辺整備およびアクセス道路等の整備費用

高速道路が整備されたとしても，市街地から高速道路へのアクセス道路が整備されなければ，地元地域の住民にとっては付近に高規格道路施設が存在しているだけに過ぎない．地域経済の発展と住民の利便性の向上のためには，市街地と高速道路のインターチェンジを結ぶ一般道路の整備が不可欠であり，地元

自治体等の財政負担は増加することになる．また，信号機その他の道路関連施設の整備により，高速道路利用の際の安全性と利便性を補完することも地元自治体の重要な役割である．

⑥　民間部門における利用可能資源の減少

　高速道路整備に要する巨額の資金が長期間，固定され，建設等に要する諸資源も民間経済ではなく，公的に用いられる．利用可能な資源には限りがあるため，民間で利用可能な資源の減少をもたらすことになる．したがって，好況期においては民間部門の生産拡張等の妨げとなりかねない．ただし，高速道路の供用が開始されれば，少なくとも関連地域の生産力の向上に資するため，後世にまで及ぶ負担とは必ずしも言い切れない．

　また，道路は基本的に完成後に便益をもたらすものであるが，投資規模の巨大な高速道路建設の場合，その投資規模ゆえの便益・効果が期待できる．高速道路の整備を計画し，実際に着工，完成へと至るまでの建設段階における便益・効果の内，次の2点を指摘しておこう．

①　事業実施による国もしくは地域経済への影響

　通常の公共事業と同様，高速道路の建設にも多額の資金が動き，需要創出効果が見込まれる．一般道路事業，橋梁事業，港湾整備事業，河川事業，ダム建設等の公共事業と異なり，高速道路の整備は広範な地域にまたがって行われるため，事業規模からみて特定の地域経済のみならず国民経済全体にまでプラスの効果が波及することが見込まれる．また，高速道路へのアクセス道路の整備やインターチェンジ周辺地域の開発等も供用前から進められ，地域の生活・経済圏の拡大も望まれる．

②　郵便貯金等の運用

　平成12年度までは，日本道路公団の発行する政府引受債は資金運用部資金によって消化されていた．しかし，財政投融資改革の流れの中，郵便貯金，簡易保険等の自主運用が行われるようになった．昨今の景気低迷下では，比較的安全性が高く有利な運用先が少ない．道路公団等，財投機関の行う事業は，財投

機関債や財投債によって資金調達が進められるが，安全性が求められる郵貯等の資金運用先として引き続き重要である．

(2) 供用段階における費用および便益・効果（施設効果）

高速道路の供用が開始された後，本来的に期待されている様々な便益，効果が生じるのはもちろんだが，道路完成後にも当然，種々の費用が発生する．供用段階における主な費用としては，① 維持管理費用，② 事業運営費用，③ 借入金に対する金利負担，④ 利用者の走行費用，⑤ 環境面での問題，⑥ 代替交通機関への影響，⑦ 地域経済の不均等発展性などが考えられる．

① 維持管理費用

高速道路施設の利便性を十分発揮できるようにするため，道路の保全，交通事故復旧工事，雪氷対策作業などの維持管理，改良，防災対策等を常に行わなければならない．図3および表1で示すように，高速道路延長が7,000 kmを超える今日，高速道路維持改良費は年間3,000億円超の規模に達している．

② 事業運営費用

有料道路制度をとる以上，料金収受業務等の高速道路の営業に要する費用が

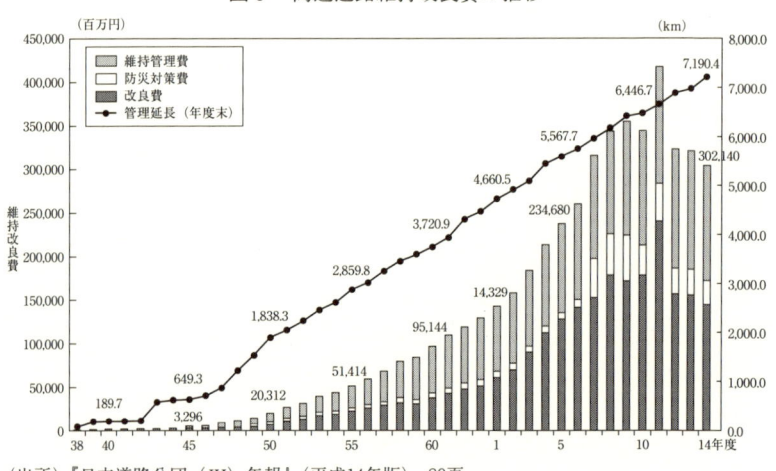

図3　高速道路維持改良費の推移

(出所)『日本道路公団（JH）年報』(平成14年版)，80頁．

第8章 高速道路整備と費用効果分析 173

表1 営業中高速道路の路線別収支状況（平成13年度）

(単位：億円)

高 速 道 路 全 体	開通延長 (km)	収入 A	費用B 管理費	費用B 金利	費用B 合計	収支率 B÷A ×100	資産総額C (道路価額)	償還準備金 D	営業中道路の 要償還額 C-D
	6,949	19,271	3,848	5,547	9,395	49	297,864	104,075	193,789

線 路 名 （ ）内は道路の通称	開通延長 (km)	収入 a	費用b 管理費	費用b 金利	費用b 合計	収支率 b÷a ×100	資産総額c (道路価額)【㎞当りコスト】	償還準備金 d	営業中道路の 要償還額 c-d
北海道縦貫自動車道 (道央道)	360	373	157	394	551	147	10,475【29】	−4,194	14,669
北海道横断自動車道 (札樽道・道東道)	131	112	50	112	162	145	3,662【28】	−439	4,101
東北縦貫自動車道	766	2,309	414	130	543	24	23,538【31】	18,700	4,838
弘前線 　（東北道・東京外環道）	698	2,267	393	59	451	20	21,408【31】	20,164	1,244
八戸線 ※1 　（八戸道）	68	42	21	71	92	218	2,130【31】	−1,464	3,595
東北横断自動車道	472	331	141	498	639	193	16,379【35】	−2,148	18,527
釜石秋田線 　（秋田道）	123	69	36	111	146	213	3,524【29】	−587	4,111
酒田線 　（山形道）	137	82	45	158	202	248	5,274【39】	−721	5,995
いわき新潟線 　（磐越道）	213	180	61	229	290	161	7,580【36】	−841	8,421
日本海沿岸東北自動車道 (日本海東北道)	2	—	—	—	—	—	118【49】	−3	122
関越自動車道	449	1,418	297	488	784	55	26,082【58】	2,361	23,721
新潟線 　（関越道）	246	1,032	197	226	422	41	13,992【57】	3,307	10,685
上越線 ※2 　（上信越道）	203	386	100	262	362	94	12,090【60】	−946	13,036
常磐自動車道 (常磐道・東京外環道)	213	827	123	207	331	40	12,099【57】	1,793	10,307
東関東自動車道 新東京国際空港線	113	661	98	71	169	26	7,453【66】	5,283	2,170
館山線 ※3 　（館山道）	35	116	21	70	91	79	3,383【97】	−94	3,477
水戸線 　（東関東道）	75	540	75	0	75	14	4,020【54】	5,346	−1,326
新東京国際空港線 　（新空港道）	4	6	2	0.4	3	45	50【13】	31	19
北関東自動車道 (北関東道)	55	51	28	75	103	201	3,723【68】	−74	3,797
中央自動車道	632	3,133	566	127	693	22	28,861【46】	38,380	−9,519
富士吉田線 　（中央道）	94	522	102	0	102	20	3,788【40】	6,413	−2,625
西宮線 ※4 　（中央道・名神）	462	2,390	421	0	421	18	19,789【43】	32,982	−13,194
長野線 ※5 　（長野道）	76	221	42	127	170	77	5,285【70】	−1,015	6,300
第一東海自動車道 (東名)	347	2,755	391	0	391	14	15,656【45】	45,740	−30,085
東海北陸自動車道 (東海北陸道)	145	137	74	273	347	254	8,841【61】	−1,210	10,051
第二東海自動車道 (伊勢湾岸道)	5	4	4	35	39	999	1,610【316】	−154	1,764
中部横断自動車道 (中部横断道)	7	—	—	—	—	—	463【68】	−0.1	463

(単位：億円)

線路名 （　）内は道路の通称	開通延長 (km)	収入 a	費用 b 管理費	費用 b 金利	費用 b 合計	収支率 b÷a ×100	資産総額 c （道路価額） 【キロ当りコスト】	償還準備金 d	営業中道路の 要償還額 c−d
北陸自動車道 （北陸道）	487	958	259	510	769	80	18,631 【38】	−6,663	25,294
近畿自動車道 関西国際空港線	386	1,633	291	301	592	36	24,488 【63】	10,262	14,226
伊勢線　※6 　（伊勢道）	69	143	30	32	63	44	2,032 【30】	488	1,545
名古屋大阪線 　（東名阪道・西名阪道・近畿道）	137	1,083	174	41	215	20	9,871 【72】	11,056	−1,185
名古屋神戸線 　（伊勢湾岸道）	13	4	3	13	15	413	3,185 【238】	−23	3,208
紀勢線 　（阪和道）	73	304	52	88	139	46	4,593 【63】	375	4,218
敦賀線 　（舞鶴道）	87	88	29	90	118	134	3,245 【37】	−1,261	4,506
関西国際空港線 　（関西空港道）	7	11	4	38	42	381	1,562 【237】	−373	1,935
中国縦貫自動車道 （中国道）	543	859	198	220	418	49	12,585 【23】	1,968	10,617
山陽自動車道 （山陽道）	445	1,340	232	681	912	68	28,612 【64】	−4,885	33,497
中国横断自動車道	192	138	57	187	244	177	5,942 【31】	−992	6,934
岡山米子線 　（岡山・米子道）	107	79	33	113	146	185	3,637 【34】	−589	4,226
尾道松江線 　（山陰道）	14	9	4	14	19	201	520 【37】	−10	530
広島浜田線 　（広島道・浜田道）	71	50	20	59	79	160	1,785 【25】	−392	2,177
四国縦貫自動車道 （松山道・徳島道）	222	237	69	337	406	171	11,143 【50】	−1,273	12,416
四国横断自動車道 （高松道・高知道）	155	200	60	260	320	161	8,292 【53】	−1,234	9,526
九州縦貫自動車道 関門自動車道	437	1,233	204	191	395	32	13,417 【31】	4,643	8,775
鹿児島線 　（九州道）	345	1,109	180	116	296	27	11,455 【33】	6,376	5,080
宮崎線　※7 　（宮崎道）	83	75	18	65	83	110	1,540 【19】	−1,719	3,259
関門自動車道 　（関門橋）	9	48	7	9	16	34	422 【45】	−14	436
九州横断自動車道 長崎大分線（長崎道・大分道）	246	438	93	322	415	95	10,530 【43】	−1,097	11,627
東九州自動車道 （東九州道）	81	13	10	50	60	460	3,086 【38】	−83	3,169
沖縄自動車道 （沖縄道）	57	112	31	77	108	97	2,178 【38】	−605	2,782

(注)　1　収入，管理費及び金利については，損益計算書中の各数値のうち，営業中高速道路に係るものを再整理しています。
　　　2　資産総額（道路価額）については，貸借対照表中の事業資産のうち，料金収入により返済するものを再整理しています。下段の
　　　　　【　】は，キロ当りコストです。
　　　3　路線の区分は，原則として「国土開発幹線自動車道建設法」（昭和32年法律第68号）第3条に規定する予定路線によっています。
　　　　　但し，※のついている路線については，以下のとおり整理しています。
　　　　　　※1：安代JCT〜八戸間を八戸線に区分。　　※2：藤岡〜更埴JCT〜上越JCT間を上越線に区分。
　　　　　　※3：千葉市〜木更津南間を館山線に区分。　※4：大月JCT〜小牧JCT，小牧〜西宮間を西宮線に区分。
　　　　　　※5：岡谷JCT〜更埴JCT間を長野線に区分。　※6：関JCT〜伊勢間を伊勢線に区分。
　　　　　　※7：えびの〜宮崎間を宮崎線に区分。
　　　4　日本海沿岸東北自動車道及び中部横断自動車道においては，開通が平成13年度途中で営業日数が1年に満たないため，収支率は
　　　　　記載していません。なお，
　　　　　　・日本海沿岸東北自動車道　　収入9百万円，費用344百万円（管理費108百万円＋金利235百万円）
　　　　　　・中部横断自動車道　　　　　収入1百万円，費用 12百万円（管理費 4百万円＋金利 7百万円）　となっています。
　　　5　平成13年度の数値は，会計処理の一部変更による影響額を含んでいます。
　　　6　端数処理の関係上，計が合わないことがあります。

（出所）『日本道路公団（JH）年報』（平成14年版），47頁。

③ 借入金に対する金利負担

供用開始後に借入金の償還が始まるが，償還期間が長く，その間，金利負担が生じ続ける．なお，日本道路公団によると，営業中の高速道路に係る金利負担は平成13年度には5,547億円にのぼっている（表1参照）.[14]

④ 利用者の走行費用

高速道路を用いたトリップでは，利用者が自動車を走行させる際にかかる直接的費用（燃料費，時間，自動車の減価償却）が発生する．利用時に支払う通行料金は利用者にとっては費用の一部であるが，高速道路事業全体で見た場合，借入元利金償還の原資であり，事業者側の収入にすぎない．

⑤ 環境面での問題

騒音や排気ガスによる大気汚染等の環境負荷が高速道路の供用段階で生じる．高速道路の整備に伴い，地域間トリップにおける自動車の利便性が向上すれば，自動車利用が増加する可能性がある．一般道路の交通量も増大し，地域・地区によっては新たな交通渋滞が生じるなど，さらに環境負荷が大きくなる恐れがある．エネルギー消費量も増大するため，資源・環境面での社会的な費用は相当なものと考えられる．

⑥ 代替交通機関等への影響

自動車の利便性の向上に伴い，鉄道，バスなどの公共交通から（自家用）自動車へのシフトが見込まれる．公共交通の収益性が低下し，路線廃止や運行数削減等が行われると，当該交通企業のみならず，自動車を利用できない「交通弱者」にとって不利益が生じることになる．

⑦ 地域経済の不均等発展性

特定地域にのみ高速道路が開通すれば，高速道路が存在しない地域の経済は相対的に競争条件が不利になる恐れがある．大都市等への所要時間や物流コスト等に高速道路の有無が大きく左右し，地域の産業振興をにらんだ企業誘致等にも影響を及ぼすことになる．資本や人口はより利便性の高い地域に集積し，利便性の低い地域では過疎化などの問題が生じかねない．特定地域における高

速道路の整備は，地域間の経済格差拡大に結びつく恐れがあり，慎重な対応が望まれる．なお，道路網に限ったことではないが，大都市と中小都市などのように連結される地域間に明らかな経済格差が存在する場合，交通網の整備による移動コストや時間距離の短縮は，大都市の商業圏をさらに拡大し，中小都市の産業（特に商業）にとってはマイナスとなる恐れがある．また，高速道路周辺地域が単なる通過都市化する可能性もある．[15]

　高速道路供用後に以上のような広い意味での費用が考えられるが，便益・効果としては次のようなものが挙げられる．
① 利用者便益の増大
　トリップにおける時間費用や走行費用（金銭的費用）の低減，運転の快適性の向上など，高速道路の直接的利用者にとっての便益の増大が見込まれる．所要時間の短縮により，行動範囲が拡大し，余暇における効用が高まる．また，市街地と空港等の施設を連結する高速道路の場合，当該施設の利用価値の増大に資するものと思われる．
② 間接的な利用者にとっての便益
　高速道路を直接的に利用しない場合にも，物流コスト低減による遠隔地生産物の価格低下や，輸送時間の短縮による宅配便等の利便性の向上などのメリットが生じるものと考えられる．
③ 非利用価値
　現時点で高速道路を利用しない場合でも，将来において当該道路を利用する可能性があり，将来時点における効用の増大に結びつきうる．ただし，これは将来時点で生じうる効果なので，費用対効果を考える際には費用と同様に割り引く必要がある．また，高速道路にも一般道路と同様にリダンダンシー機能が備わっているほか，防災・避難空間やドライブなどレジャーの対象としての道路空間の利用効果が考えられる．
④ 地域活性化と生活・経済圏の拡大
　社会資本としての高速道路には本来的に生産力拡大効果が備わっており，高

速道路の整備は地域産業の振興につながる．また，高速道路周辺における都市開発効果は供用後も続き，農地から宅地への転用（市街化）がさらに進むことが期待される．そのほか，高速道路供用による地域の地価高騰といった開発利益も生じることになる．

⑤　ネットワーク効果

別の路線との高速道路網の確立により，当該道路以外の路線の利便性も増加する．また，別の路線との間に代替性が見られる場合には，別の路線の混雑を緩和し，サービス水準を高める効果も期待できる．ネットワーク化が進むことにより，上記②および③で掲げた便益（効果）はさらに高まるものと思われる．

⑥　一般道路における効果

通常，高速道路には代替する既存の一般道路が存在するが，当該一般道路の混雑が激しい場合には，高速道路の供用開始が混雑の解消につながるほか，交通事故の減少等の効果も期待されている．

以上に掲げた便益や効果のほか，高速道路が整備され，地域間の時間的距離が縮まることで，文化交流等も進み，地域間の統合や広域化が促進されうる．また，住民意識にも様々な影響が生じるものと思われる．

建設段階および供用段階におけるすべての便益・効果と広い意味でとらえた総費用を比較考量し，効果が費用を上回ると判断される場合には，政策としての高速道路整備が正当化されうる．政策的な見地からすると，社会資本としての高速道路については，短期的，直接的な便益と費用の比較のみで事業の可否を決定すべきではない．

3.3　高速道路整備事業における採算性

鉄道や高速道路といった交通関連の社会資本整備を民間企業あるいは公企業といった企業体によって行う場合，直接的な利用者便益や地域住民に与える種々の便益等，社会的な総便益や総効果と整備等に係る総費用の比較も重要で

あるが，同時に事業者の採算性も極めて重要な課題と考えられる．社会的には，費用対効果の観点から実施すべき事業であっても，企業体によって事業運営を行う場合，不採算事業の実施・継続は困難である．事業の採算性はいかにして費用を抑制し，収入を増加させるかにかかっている．高速道路事業の場合，費用面では新規の建設費用や維持管理費，一般管理費等を経営の効率化によって抑制すべきであるが，多額の借入れによって新規事業を行う以上，金利負担も大きな費用となっている．したがって，費用抑制のためには資金調達面での努力も不可欠といえる．それに対して，現行の道路公団方式では建設・営業を行う路線を自主的に決定できないため，収入面では国・地方自治体からの補助や料金水準の設定に大きく依存する．以下では，採算性という観点から高速道路事業の料金設定について考察する．

　税金等を原資とする一般道路（一般有料道路を除く）と異なり，わが国の高速道路は供用開始後の利用者からの料金収入によって償還することを前提に，建設が進められてきた．道路法第25条では橋または渡船施設について料金を徴収しうると規定しており，その反対解釈により道路は本来，無料公開が原則とされている．しかし，第2次世界大戦後の荒廃した国土の復興・発展を図る上で，社会資本としての高速道路網の早急な整備の必要性は極めて高く，また絶対的な資金不足の中で，有料道路制度の活用は非常に有用な手法であった．それゆえ，道路整備特別措置法に基づく道路法の例外として，代替路が存在しており，生活に必須の道路とはみなされない場合に限り，有料道路制度の活用が認められた経緯がある．それでは，道路公団という公的主体によって供給されてきた高速道路に関して，どのような料金設定が望ましいだろうか．

　限界費用価格形成によって料金水準を設定すれば，経済的厚生は最大化される．しかし，高速道路事業のように投下資本の大きな費用逓減型産業で限界費用価格形成を行う場合には，事業主体に赤字が発生するため，政府が事業主体に対して補助金を与えなければ事業の継続は不可能となってしまう．有料道路制度による高速道路網の整備は，もともと財政難に起因しているので，巨額の補助金を必要とする料金水準の考え方は政策当局の側からすれば好ましくな

い．また，高速道路を利用する際の限界費用は非常に小さく，道路のメンテナンス費用（主に損傷分）等と料金収受業務における費用分程度である．利用における損傷自体，極めて小さいので，設定された料金の内，料金収受費用が大半を占めることにもなりかねないといった問題もある．[16] したがって，高速道路事業において限界費用価格形成にもとづく料金水準の決定は，現実にはきわめて難しい考え方と言えよう．

限界費用価格形成が現実に難しい場合のセカンド・ベストの考え方として，平均費用価格形成がある．限界費用価格形成に較べれば経済的厚生は小さくなるものの，資本費用を回収でき，公益事業におけるサービス提供に適した考え方と言える．

日本道路公団の建設および管理運営する高速道路では，通行料金設定にあたり，償還主義と公正妥当主義という2つの原則にしたがってきた．償還主義は平均費用価格形成の考え方に基づく考え方で，その含意は次式，

$$\sum_{t=1}^{T}\left\{P \cdot D_t(P) \cdot (1+r)^{T-t}\right\} = K(1+r)^T + \sum_{t=1}^{T}\left\{O_t(1+r)^{T-t}\right\} \quad (5)$$

P：料金（全期間一定）
D_t：t 年次の需要量（料金 P の関数）
K：高速道路の建設費用
O_t：t 年次の維持管理費
r：利子率
T：償還期間
t：年次（供用開始年次を $t=1$ とする）

で表される．すなわち，道路施設の減価償却と借入金の利子負担を道路サービスの利用量に応じて比例的に配賦するもので，そこには時間的内部補助の側面が見られる．[17]

なお，上述の2つの価格形成の考え方以外に，事業主体の収益面だけを考えるのであれば，事業主体の経営判断に委ねることも考えられる．その場合，独占企業としての事業主体が，自らの利潤最大化を図り独占価格を形成する恐れ

がある．そのような状況は公共性の強い高速道路事業にはそぐわないため，他の公益事業と同様に公正報酬率規制やプライス・キャップ制の導入等の経済的規制を行わざるを得ない．ただし，道路整備は現行制度上，国・地方の行政の責任において行われるべきものと考えられており，適正な利潤という考え方は成立し得ない．したがって，財政的な理由からやむを得ず有料道路制度を適用する場合でも，利潤も損失も生み出さない平均費用に基づく料金設定がとられている．[18]

4．道路公団改革と費用対効果

4.1 道路公団方式からの転換における費用と効果

　第2次世界大戦後の荒廃の中から，わが国は急速に社会資本整備を進めてきた．道路網についても欧米諸国に大幅な遅れをとっていたが，道路公団方式による有料道路制度の活用により，今日，主要都市間を結ぶ高速道路網がすでに完成し，地方都市と主要都市の連絡路を整備する段階に達している．わが国最初の高速道路である名神高速道路（栗東-尼崎，71 km）が開通してから40年足らずの間に，7,000 km を超える高速道路網を整備できたことは，有料道路制度の適用と，路線間の内部補助である料金プール制によるところが大きい．しかし，日本道路公団をはじめとする道路関係四公団の負債は40兆円規模にまで達しており，さらに今後は収益性（採算性）の低い道路建設を進めることになるため，公団経営の健全性と償還見通しが疑問視されるようになってきた．道路公団方式による高速道路建設はすでに限界に達しているとの見解が強まり，小泉政権の構造改革における特殊法人改革の柱として道路関係四公団の民営化が打ち出された．2002年12月には，民営化の具体的なあり方を議論してきた道路関係四公団民営化推進委員会（以下，民営化推進委員会と略す）による「意見書」が内閣総理大臣宛に提出された．「意見書」では，2005年4月1日に民営化された新組織を発足させ，同時に「民営化の目に見える成果として」平均1割の通行料金引下げを実施することが明記された．[19] 今回示された民営化

案は基本的には脱国有化（denationalization）であり，経営形態を民間企業に変えることを意味している．しかし，本来の民営化（privatization）という概念は，単に脱国有化だけでなく，外部依託等をも含んでおり，経済活動や公的サービス分野での政府介入を抑え，市場競争原理に委ねるための方策全般と理解されるべきものである．また，株式の所有実態にも注目が集まるが，民営化においては競争環境の確保が最も重要である．[20] 民営化推進委員会案は，民営化による経営の効率化・健全化を意図しており，また，最終的な新会社の全株式の売却を目指しているが，競争環境が整わない状況で，どこまで効率的な経営が行えるか疑問が残る．しかし，現行の道路公団方式では，事業主体たる道路公団側に経営の意思決定権が委ねられておらず，将来にわたる経営の健全性の維持は困難と思われる．したがって，民営化推進委員会案がそのまま適用されるか否かは別にして，高速道路経営の健全化が国民の強い関心事項となり，道路行政に対する意識付けが行えた点からも，今回の特殊法人改革を評価することができる．

次に，道路公団民営化について，費用と効果の面から考察しよう．今回のように既存の制度から新しい制度への切り替えを図る場合，道路公団方式を継続するケースと民営化したケースの費用対効果を比較することになる．すなわち，第2節の(3)式で示した増分費用効果比の比較に基づき，民営化が望ましいか判断されうる．

まず，今回の道路関係四公団の民営化で期待される効果については，民営化推進委員会「意見書」の基本方針の中に集約されている．基本方針では，

(1) 国民負担の最小化を基本原則とする早期の債務返済
(2) 自己責任原則の下での自主性の確保
(3) 経営の効率化，サービス水準の向上，通行料金引下げ，採算性の確保
(4) コスト縮減

が掲げられた．すなわち，今回の民営化では，社会全体に及ぶ便益（効果）として国民負担の縮小，直接的利用者レベルの便益（効果）としてサービス水準の向上および通行料金の引下げ，事業主体にとっての効果として建設および管

理コストの縮減が見込まれている．

　それに対し，民営化における費用は，民営化推進委員会や国会等における議論・審議，法制度の改正，保有・債務返済機構設立，組織の分割・統合等に伴う広い意味での諸費用，高速道路の永久有料化による将来における通行料金負担,[21] 新会社に移管されない赤字路線の維持管理費用，租税収入に基づく国・地方による高速道路の建設費用，建設が中止もしくは延期となる路線から得られたはずの便益・効果などが挙げられる．さらに，通行料金の引下げが社会的費用を増加させる可能性も指摘できる．

　ここで，料金引下げによる社会的費用の増加について，図4を用いて説明しよう．図中の私的限界費用は燃料消費や走行時間といった各利用者の直接負担する走行費用であり，走行費用に通行料金を加えたものが1トリップ当たりの（私的な）費用となる．社会的限界費用は，私的限界費用に排出ガス等による環境費用などの外部費用を加えた，自動車の利用における社会全体としての限界費用を表している．[22] 通行料金が何ら課されない場合，各利用者は，通常，自らの私的限界費用（P_2O）にもとづいて道路利用を決定し，交通量はOQ_2となる．いま，高速道路の通行料金がp^0であるとしよう．すなわち，当該道路の利用者は走行費用に通行料金を上乗せしたP_0Oだけ費用を負担することに

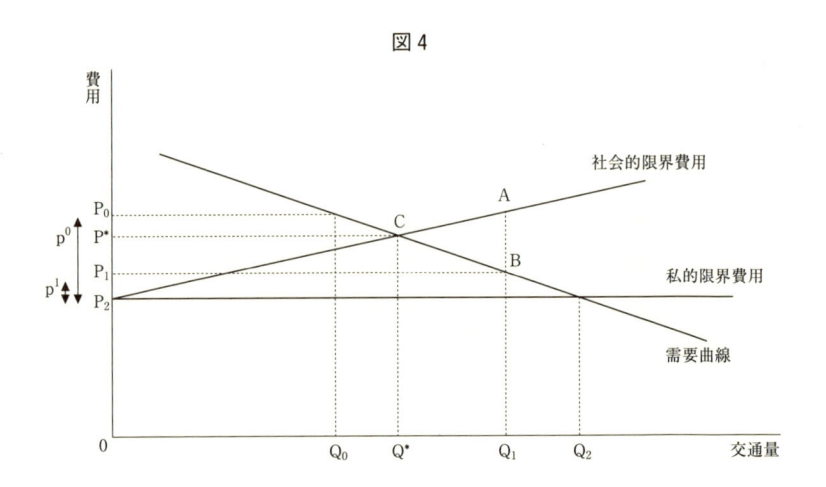

図4

なる．このときの交通量はOQ₀にすぎず，社会的な最適交通量OQ*を下回っている．ここで，通行料金がp¹まで引き下げられると，交通量はOQ₁まで拡大する．しかし，このとき社会全体で見ると，△ABCの厚生損失が生じることになる．すなわち，高速道路の通行料金の値下げにより利用者個人の費用負担を減少する（純便益は増大する）が，社会全体では損失が拡大することも考えられるのである．[23] また，鉄道等の公共交通の利用における費用を相対的に上昇させ，公共交通から自動車利用へのモーダルシフトが進み，公共交通の乗車率の低下，さらには公共交通機関の経営難といった問題を招くおそれがある．したがって，通行料金引下げに際しては，引下げの幅などにも十分な注意を要するであろう．

4.2 高速道路経営の効率化

道路関係四公団の民営化とその後の高速道路の建設に関し，民営化推進委員会の「意見書」提出後，議論がさらに活発化している．高速道路建設は地域経済への影響が大きく，巨大な利権がからむ問題である．高速道路事業について費用効果分析の適用を考えた場合，建設と管理の二つに分けて考えなければならない．建設について考えた場合，限られた予算で事業を行わなければならないので，第2節の(2)式で表される有効度・費用比率を用いて，一定の費用によって得られる便益および効果を比較する必要がある．

それに対して，すでに供用中の高速道路の維持管理を行う場合，期待される効果は一定であり，費用最小化分析によって経営効率をチェックすることが重要である．したがって，少なくとも高速道路の管理においては，民営化推進委員会案で示されたような地域独占会社に高速道路経営を永続的に委ねるのではなく，路線ごとに一定期間の経営権を設定し，当該期間中の事業運営を行う企業を入札で決定する制度にすべきである．契約に基づく民間参入を可能にし，競争による経営効率の向上を図ることこそ民営化を始めとする一連の行政改革において重要であると考えられる．

なお，建設の実施主体に関しては，BOT（Build, Operate & Transfer）方式

などによる民間参入も考えられるが，今後の高速道路整備は少なくとも短期的には採算性の乏しい路線が中心になることから，基本的には国・地方自治体といった政府部門が想定される．財政難のため，高速道路網の整備は，これまでよりも遥かに遅れることになるのは明らかである．限られた税財源の有効活用が一層求められるようになり，費用と効果の厳密な分析が重要となる．様々な政策，施策，事業等への国民もしくは地域住民の関心が高まらざるを得ない状況下で，行政のアカウンタビリティがこれまで以上に高まるのは言うまでもないことである．

5．おわりに

本章では，費用効果分析の理論的な枠組みを示し，高速道路の整備および管理運営に関して，費用と効果の観点から考察してきた．今後の高速道路政策を考える上で，費用と便益・効果の分析と比較に基づく判断は重要である．しかし，第2節で述べたように，費用効果分析自体は，あくまでも政策や施策，事業等の間の費用対効果のランク付けを行うだけであり，政策意思決定における絶対的な判断基準とはなりえない．したがって，高速道路政策を考える際，費用効果分析の結果は事実判断の基準として受け止め，さらに，真に必要度の高いものはいずれであるか，どの程度の水準まで整備すべきであるかといった価値判断の領域をも考慮しなければならない．

政府活動の目的は国民（住民）福祉の増進にあり，効率と公正の2つの観点から政策立案を行わなければならない．このことは，高速道路政策にとどまらず，あらゆる政府活動について当てはまることである．その際，費用効果分析は大きな役割を担うが，ツールの一つに過ぎないことを常に認識し，政策，施策，事業等に関する意思決定を行わなければならない．

注
1) 本節は宮野（2002）の一部を加筆修正したものである．
2) Petitti（1994），邦訳，6頁．費用効果分析・費用便益分析等，政策などに

対する評価の経済的手法は，20世紀の米国において広く用いられるようになった．まず，1902年の河川港湾法で河川港湾プロジェクトの費用と便益を評価することが定められたのを機に，経済的分析の概念が広まったとされている．また，1936年の米国連邦洪水管理法では，プロジェクトの便益が推定費用を上回る必要があることを規定しており，同じく30年代にはテネシー川流域開発公社と農業省でプログラム予算システムが導入され，初歩的な費用効果分析や費用便益分析が盛り込まれた（武藤 (1998)，12頁）．
3) 宮川 (1994)，70-71頁．
4) 費用効果分析の定義に関しては，より広い概念ととらえ，費用便益分析と費用有効度分析の総称とする考え方もある．わが国の鉄道事業における「費用対効果分析」は，「『費用便益分析』に加えて，定性的にしか評価できない効果，あるいは定量的に評価できるものの貨幣換算できない効果を考慮した上で，事業の効果と費用とを比較考量する方法」と定義されており，包括的なものとしてとらえられている（運輸省鉄道局監修 (1999)，2頁）．
5) 山谷 (1997)，114-115頁．
6) 有効度・費用比率をもって費用効果比とする場合もあるので，費用効果比という用語の使用においては若干の注意を要する．
7) たとえば，医療，環境等に関して，予防措置等を行うかどうかといった問題を考えてみよう．1つの案は「実施する」であり，その代替案として「実施しない」という案が出てくる．この2つの案を比較する場合，増分費用効果比と「実施する」という案の費用効果比は一致する．
8) 武藤 (1998)，147-156頁参照．
9) プロジェクト間で効果（有効度）が等しいケースでは，費用の最も小さなものを選択することが最も費用効果的であると考えられる．このような評価手法は費用最小化分析（cost-minimization analysis）とも呼ばれている．「費用効果分析」という用語は費用最小化分析に限定して用いられる場合もある．
10) 同一目的で，費用や有効度の異なる2つ以上のプロジェクト間での選択が，現実の問題として起こりうるが，その場合にも，必ずしも二者択一的な決定がなされる必要はない．2つのプロジェクトにおける予算配分に関しては，田中 (2002) で簡潔に述べられている．
11) 国土交通省では独自の「費用便益分析マニュアル（案）」を策定しており，現行の費用便益分析においては，評価時点（新規採択事業の場合は採択予定年度）を基準年次とし，検討年数は40年，割引率を4％と設定している．
12) たとえば，平成13年度予算事業中，費用，便益ともに最も大きかったのは「468号首都圏中央連絡自動車道（圏央道）大栄～横芝」（千葉県香取郡大栄町～山武郡横芝町，18 km）であるが，同事業は首都圏における(1)道路交通の円滑化，(2)地域活性化の支援，(3)地域の交通環境改善を目的とする国の直轄事業で，総費用616億円，総便益2,347億円が見込まれ，費用便益比は3.8と推定されている（国土交通省ホームページ参照）．

13) 社会資本投資のインパクトは，時間面（短期的効果，長期的効果），空間面（広域的，狭域的），投資目的（目的的効果，副次的効果），効果内容（物理的効果，経済的効果），機能面（事業効果，施設効果），波及面（直接効果，間接効果），事業主体（内部効果，外部効果），帰属先，計量可能性などの観点から分類されるが，道路整備のインパクト分析では，機能面と波及面に着目して分類を行うのが一般的と考えられている（井原編（1996），103頁参照）．

14) 平成13年度の金利負担は5,958億円を見込んでいたが，低金利の影響で計画比411億円のマイナスとなった．

15) たとえば，本州四国連絡橋児島-坂出ルート（瀬戸大橋）の四国側取り付け口にあたる坂出市（香川県）では，架橋直後から人口減少や地価の相対的下落，産業の伸び悩み等，顕著な地盤沈下がみられた．瀬戸大橋開通の1988年度の全人口が66,087人であったが，2年後の1990年の国勢調査では63,878人にまで減少し，その後も人口減が続いた（井原編（1996），161-164頁参照）．現在も人口は減少傾向にあり，2002年10月1日現在の住民基本台帳人口は60,261人となっている（坂出市ホームページ参照）．

16) さらに言えば，道路利用者は道路の損傷に対する負担を揮発油税等の自動車関係諸税ですでに行っており，道路損傷分にもとづく料金設定を行った場合，租税との二重の負担を強いることになる．道路特定財源となっている諸税の内，道路損傷税と考えられるものについては，高速道路利用に係る税収部分を道路事業者（道路公団等）に交付し，通行料金水準の引下げを図るかたちで，納税者に還付すべきであると考えられる．

17) 償還主義の考え方は，供用初期の過大な資本費用負担を軽減することにより，道路施設の利用促進を図るとともに，世代間の負担の不公平を回避しうるものであり，一定の償還期間内の収入と費用を時間的にプールするものと考えられる（宮野（1998）参照）．

18) 現行の高速道路網のように複数路線を1事業主体が運営している場合には，収支均衡条件下で経済的厚生を最大化するラムゼー価格の適用も考えられるが，一般的に社会的コンセンサスを得ることがきわめて困難であると思われる．

19) 道路関係四公団民営化推進委員会（2002），17頁．

20) 上山（2002），202-203頁参照．

21) 道路関係四公団の民営化により，高速道路の償還後の無料開放というルールそのものが変更されることになる．第一東海自動車道や中央自動車道（長野線を除く）等，路線別採算制の下では償還が終わり無料開放されていたはずの路線（表1参照）についても，維持管理費用以上の通行料金の徴収が永続的に行われることになる．

22) ここでは，簡略化のため，混雑は存在しないものとして扱う．

23) 現在，道路特定財源となっている揮発油税等の自動車関連諸税では，本則税率を上回る暫定税率が適用されているが，税制調査会（2002）では，「自動

車の社会的コストや環境保全の観点に鑑みれば，その税負担を引き下げることは適当ではない」(19頁)として引下げに否定的な見解を示している．高速道路の通行料金についても同様の考え方も成り立ちうる．

参 考 文 献

Boardman, A. E., D. H. Greenberg, A. R. Vining and D. L. Weimer (2001), *Cost-Benefit Analysis : Concepts and Practice*, 2nd edition, Prentice Hall, Inc.

Dixon, J. A., L. F. Scula, R. A. Carpenter and P. B. Sherman (1994), *Economic Analysis of Environmental Impacts of Development Projects*, 2nd edition, Asian Development Bank and The International Bank for Reconstruction and Development, The World Bank.（環境経済評価研究会訳『新環境はいくらか』築地書館，1998年）

道路関係四公団民営化推進委員会 (2002)「意見書」(2002年12月6日).

Drummond, M. F., Stoddart, G. L. and G. W. Torrance (1987), *Methods for the Economic Evaluation of Health Care Programmes*, Oxford University Press, Inc.（久繁哲徳，西村周三監訳『臨床経済学──医療・保健の経済的評価とその方法──』篠原出版新社，1990年）

行政管理研究センター編 (2001)『政策評価ガイドブック』ぎょうせい.

井原健雄編 (1996)『瀬戸大橋と地域経済』勁草書房.

事業評価研究会編 (1998)『道路事業の評価　評価手法の解説』ぎょうせい.

宮川公男 (1994)『政策科学の基礎』東洋経済新報社.

宮野俊明 (1998)「高速道路の経営問題──道路公団方式による高速道路政策に関する一考察──」『大学院研究年報』第27号経済学研究科篇（中央大学）143-154頁.

宮野俊明 (2002)「費用効果分析の基礎的概念」『地球環境レポート』第6号，107-115頁.

武藤孝司 (1998)『保健医療プログラムの経済的評価法──費用効果分析，費用効用分析，費用便益分析──』篠原出版.

中村英夫編，道路投資評価研究会 (1997)『道路投資の社会経済評価』東洋経済新報社.

日本道路公団 (2002)『日本道路公団 (JH) 年報』(平成14年版)，日本道路公団.

Petitti, D. B. (1994), *Meta-Analysis, Decision Analysis, and Cost-Effectiveness Analysis, First Edition*, Oxford University Press, Inc.（福井次矢，青木則明監訳『EBMのためのデータ統合型研究』メディカル・サイエンス・インターナショナル，1999年）

Santerre, R. E. and S. P. Neun (2000), *Health Economics : Theories, Insights, and Industry Studies*, revised edition, Harcourt Brace & Company.

Stokey, E. and R. Zeckhauser (1978), *A Primer for Policy Analysis*, W. W. Norton & Company（佐藤隆三，加藤寛監訳『政策分析入門』勁草書房，1998年）

田中廣滋（2002）「費用便益分析の基礎概念」『地球環境レポート』第6号，56-63頁．
上山信一（2002）『「政策連携」の時代』日本評論社．
運輸省鉄道局監修（1999）『鉄道プロジェクトの費用対効果マニュアル99』運輸政策研究機構．
ワトキンス・レポート45周年記念委員会編（2001）『ワトキンス調査団　名古屋・神戸高速道路調査報告書』勁草書房．
山谷清志（1997）『政策評価の理論とその展開―政府のアカウンタビリティ―』晃洋書房．
湧口清隆・太田和博（2001）「交通社会資本投資の効率化―費用便益分析マニュアル」藤井彌太郎監修，中条潮・太田和博編『自由化時代の交通政策　現代交通政策II』，東京大学出版会，第6章．
税制調査会（2002）「あるべき税制の構築に向けた基本方針」（2002年6月）．

参照 URL（2003年2月現在）

国土交通省道路局：http://www.mlit.go.jp/road/index.html
財務省：http://www.mof.go.jp
坂出市（香川県）：http://www.city.sakaide.kagawa.jp/index.html
郵政事業庁（現郵政公社）：http://www.yusei.go.jp

付　記

本章の作成にあたり，本書の編著者でもある田中廣滋教授（中央大学）より貴重なご助言を賜った．ここに格別の感謝の意を表したい．

第Ⅱ部 課題と分析

第 9 章

政策決定過程の分析

1. はじめに

1.1 行政機構の機能

　1996年の前半だけを見ても，住専問題における大蔵省の対応，薬害エイズ問題における厚生省の行政への疑問などで行政機関の問題処理能力に対する評価は多くの国民の間で下方に修正されてきた．公的介護制度の導入など行政の役割が今後とも拡大すると予想される分野はあるが，規制緩和，地方分権，税制改革，年金改革，行政機構改革などの重要な政策課題が実現される過程において，中央省庁の縮小あるいは機構整理が進むことが期待される．この年の10月に実施された総選挙においても，各党の基本政策の中で行政改革の政治課題としての優先度は高く定められた．日本の行政機構が現代社会において良好に機能していないという認識が広まってきている．しかし，日本の社会の針路の決定とその方針に基づく社会的な目標の達成は，官僚だけに与えられた特権ではなく，国民全体が負うべき責務であることは明らかである．

　Calder (1993) は日本の官僚の役割を次のように分析する．「政策を立案，実施する能力が優れて，問題を発見し解決策を打ち出す政府機関の質にかかわることはいうまでもない．また，政府が民間部門を指導する力量は政府の構造

表1　Calder (1993) における日本の官僚の分析

官僚機構に対する評価のポイント
　　政府機関の質　政策立案能力，実行能力，問題の発見解決の能力
　　政府の構造　　政府が民間部門を指導する力量に影響を与える
日本の官僚への実際の評価
　　結果として実施された政策は，大いに現状追認的なものとなった．

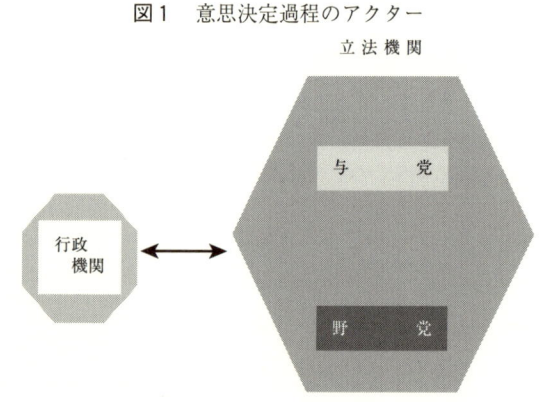

図1　意思決定過程のアクター

に大きく依存する．日本は世界の中でも政府機関の効率の良さ，統率のとれ方の良さで際立ち，戦略的目標の追求と世論を指導する力において優れるとされる．……戦略的たろうとした官僚たちの熱意とそれを阻んだ組織的，政治的要因を検討することで果たしてそういえるのか，言いたいことは次のことである．複雑に交錯する人脈，戦略家たちの意のままにならない政治，それに官僚的手続きや縦割りの弊害が加わって，産業戦略の立案者たちの本来の意図は日本の政治経済を明確な姿に転換しようとするところにあったにもかかわらず，結果として実施された政策は，大いに現状追認的なものとなったということである．」[1] このような基本的な状況が明確であるにもかかわらず，行政機関あるいは官僚制度の在り方や責任が特に論じられる理由は何であろうか．行政機関の役割は時代とともに変化するとすれば，今後，行政機関に期待されるのはどのような機能であろうか．本章において，われわれは，時代とともに変化す

る行政機関の役割を交渉ゲームを用いて解明する．

1.2 公的介護法案の作成過程

1996年の4月から6月の間に進められた公的介護法案の作成を振り返って，政策策定過程における行政と政治の関係を見てみよう．1991年11月から厚生省は社会保障審議会社会保障将来像委員会などで高齢者の介護保障の問題を取り上げてきたが，高齢者介護システムについて1995年2月から検討していた老人保健福祉審議会が1996年4月22日に最終報告にあたる「高齢者介護保険制度の創設について」を厚生大臣に提出した．これを受けて，5月15日に厚生省は介護保険制度試案を作成して，5月22日と23日に老人保健福祉審議会と首相の諮問機関である社会保険制度審議会に法案の大綱として正式に諮問した．老人保健福祉審議会はこの試案を検討して，6月10日に付帯意見をつけて，同大綱を大筋で承認する最終答申を厚生大臣に提出した．最終報告の中で実施時期に関して，「必要な準備期間を置き，国民に制度の仕組みや運用の仕方に関する情報を分かりやすく提供して十分な理解を求める．」と記されていて，97年度の導入の見送りが決定された．[2] さらに，試案では，この実施時期は1999年へと繰延べられた．厚生省は6月19日の通常国会の会期末まで法案の提出に努力したが，6月17日に法案の国会提出を断念した．法案の提出は臨時国会に持ち越されたが，それまでの期間に，この大綱に対する意見を踏まえた修正案の作成が進められたが，この臨時国会も9月27日の開会冒頭で解散された．法案の提出と審議は，総選挙後の特別国会以降の課題となった．

もともと，公的な介護制度の詳細に関する議論において，政治的な合意が形成されているという状態にはなく，老人保健福祉審議会の最終報告においても，多様な意見が付記されることになった．厚生省は，法案の成立を優先させて，施設の介護サービスの実施時期を遅らせたり，負担者の対象年齢の下限を20歳から40歳に引き上げるなどの措置を講じて，介護サービスの給付内容と負担の削減を図った．このように法案の作成過程において，厚生省は介護制度の理想から実際の制度を後退させるという修正を加えた．このように，厚生省の

案は制度導入への反対を十分意識して，妥協的な内容に組替えられていたが，その厚生省の案が通常国会に提出されなかった「最大理由は，介護保険の運営主体になると予定された市町村の抵抗であった．」と「朝日新聞」[3]は報じている．財政の赤字や介護サービスの具体的な内容に不安を抱く市町村からの意見に答えるためには，国や都道府県の積極的な支援策が具体的な内容を備えることが必要である．その意味においても5月の厚生省の大綱の見直しと修正が政治的な意見の調整の作業に合わせて，厚生省と与党の政策担当者によって臨時国会に向けてなされた．先に紹介されたように，その臨時国会も9月27日の開催冒頭での解散となったため，懸案の決着は総選挙後の特別国会以降に持ち越された．

　政治的な意思決定が明確であったり，政治的な意見あるいは利害の調整が終了した問題に関して，行政が既定の方針に従って懸案を迅速に処理することは可能であるが，介護保険制度のような社会福祉の新しい枠組みの導入の作業においては，基本的な方針の確定という政治的な過程が経られなければならない．このように行政の機能は政治過程によって厳しくチェックされるが，政治的な改革が進まず，政治的な意思決定の枠組みが不透明であったり，不安定である場合には，政策の基本方針が明確に定められない可能性が高い．このような政治状況の下においては，行政機関が本来得意とする合理的で，自律的な行政サービスの機能は十分には発揮されない．

　本章の議論の主たる目的は，行政機関の政策決定に関する機能を政治的な意思決定過程との関連において分析することである．Kraan (1996) による予算決定モデルに代表されるように，官僚制度と政治的意思決定過程に関する経済学的分析の多くは，政治的な意思決定過程の均衡と官僚制度の関係の解明に焦点を当てる．本章では，政党制によって特徴付けられる政治的な意思決定構造と行政機関の関係が解明されることから，政治的な意思決定過程としては，政党制が考察の対象とされる．以下で用いられる分析手法は，田中・重森 (1993) を発展させたものである．この93年の論文においては，国内の政治的な意思決定におけるアクターとして，官僚制度は与党と一体化して機能すると想定され

表2　老人保健福祉審議会の最終答申と厚生省試案の違い

	最終報告	厚生省試案
受給者	原則65歳以上の高齢者（初老期痴呆などの例外も認める）	40歳以上の国民が保険料を負担し，受給者にもなる
負担者	20歳以上の国民（65歳未満は介護分担金，65歳以上は保険料とする）	
一人当たりの負担（制度導入時）	月額1,400円～1,700円	月額500円
サービス内容	ホームヘルプサービス，ショートステイなどの在宅サービスと特別養護老人ホームなど介護体制の整った施設でのサービス	当面は在宅サービスのみでスタート
運営主体	「市町村とする」「国とする」などを併記	市町村（および特別区）とする
事業主負担	労使の話し合いに委ねるべきであるとする意見と決定論を併記	法定する[1]
家族介護への現金支給	消極的な意見と積極的な意見を併記	原則として当面行われない
施行時期	必要な準備期間を置く．段階的な実施も検討する	1999年4月に在宅サービスを先行実施．施設サービスは2001年をめどに実施

出所）「朝日新聞」1996年5月16日
注1）（健康保険など）被用者保険については，事業主負担，国等については国庫負担を行う．現行の医療保険制度と同様に，事業主の負担額は被保険者の保険料の半額を負担する．

た．93年のモデルがこのような特徴を持ったのは，このモデルの前提となった政治構造が55年体制下での与党安定政権であることに因っている．本章において，田中・重森モデルが連立政権下の意思決定の問題にも多少の修正によって適用可能であることが論証される．モデルの基本的な枠組みにおいて，本章のモデルは93年の論文での議論を踏襲しているが，経済学的な分析手法は，前回のCournot–Nash型の非協力ゲームから完全均衡概念を用いた交渉ゲームに今回は置き換えられる．

1.3 意思決定過程の費用便益

本章の構成は以下のように要約される．意思決定の過程は行政機関主導の段階と政党間における意見と利益の調整の段階に2分される．2節において，行政機関と与党と野党の関係がモデルで整理され，この意思決定の第1段階の特性が解明される．政策が形成される交渉過程において行政機関によって果たされる役割が主として論じられ，官僚制度が社会的厚生の最大化を必ずしも目指さないことが示される（補助定理1）．55年体制に対応する強力な与党体制と連立政権における慎重な意思決定過程が政策の実行可能集合によって特徴付けられる．3節において，第2段階としての政党間の利益調整の過程が考察される．完全均衡と交渉モデルを用いて，政治的な均衡の特性が明確にされ，政治的な交渉過程の長さと行政機関の対応が論じられるが，次の帰結が得られる．強力な与党体制の下において，行政機関の役割は良くも悪くも目立つ存在となる．これに対して，連立政権下では，行政機関は諸政党の要請に謙虚に耳を傾ける態度をとる．そのことが国民には行政機関の役割が低下したという印象を与え，行政改革の議論に拍車をかけるという皮肉な展開を生み出す（定理2）．

2．モデル

2.1 与党，野党と行政機関

政策の方針が確定され，その方針が実施される過程をモデルを用いて考察しよう．政策が実施されるまでには，議会と行政機関との協力あるいは意見調整の作業が必要である．政治の場に表れるアクターは，政策案に対してそれぞれ独自の利害，関心あるいは評価を有している．これらの異なった，あるいは対立する意見は国の1つの方針にまとめあげられなければならない．官僚が審議会などによって国民の要望に応える基本方針を作成したとしても，その案に対する与党や野党の賛成が得られなければ，この行政サイドの提案は国の方針として議会で承認されることはない．与党も行政機関や野党が強く反対する政策を策定して実行することは困難である．野口（1995）等の有力な論者は，官僚

制度の基本的な骨格が1940年代に確立していて，官僚制度が戦後復興期に有効に機能したとしても，現代にはバブルの処理や不況対策などで国民にその失敗を印象付けたと説く．この10年間で国民の信頼を大きく低下させた行政機構はその機構の改革が求められている．行政だけで国の方針が決定されないことは，民主主義国家の原則であり，行政機関だけに政府の失敗の責任を負わせることは合理的とはいえない．行政機構の改革に関する議論の第一歩として，行政機構に与えられた課題の内容に対する理解が深められなければならない．

　行政機構の現代的な役割が論じられるとき，与党，野党と行政機関の関係が明確にされなければならない．この現状を分析するために，本章において多期間のモデルが導入される．政策が国家の方針として実施されるためには，審議会での検討や議会での意見調整が必要で，議会で承認が得られるまで，行政機関は各機関に労力を費やさなければならないが，その費用が一定の額 e であるとしよう．ある提案が政策として実施されたとき，政策の効果は長期間に及ぶとしよう．t 期に提案された政策が実施されれば，各期の平均 z_t で表示される純利得が社会にもたらされるとしよう．この額は行政機関によっても把握されると仮定される．現実には，将来にまで効果が及ぶ政策の効果 z_t を正確に測定することは困難であることから，この仮定は幾分強い限定をこのモデルに加えるが，行政機関の次のような特徴を述べる．結果的には，行政機関は各期の政策の効果 z_t を測定することに失敗するとしても，z_t を予測することから政策の検討や策定の努力をはじめるであろう．行政機関は，少なくとも，将来的に全く意味のない政策や，国民に負担だけをもたらす政策を実行しようとはしないであろう．行政機関の政策効果の予測能力に関する研究は重要なテーマであるが，本章においてわれわれは，完全な予測能力をもった行政機関でさえ陥る制度的な弱点があることを明らかにする．この欠点を克服することは，われわれ国民に与えられた優先順位の高い課題の一つである．

　行政機関と議会の関係が明示されなければならないが，各種の政策に対して議会の構成員である各議員が同じ意見あるいは評価ではないであろう．議員全体は賛成派と反対派に大別されるが，ここでは，与党と野党に議員集団を分類

することにしよう．各期に1つの法案あるいは原案が検討あるいは審議される．法案が議会で承認されるまでは，修正案が順番に検討される．ただし，ある段階から，与党あるいは行政機関から支持される修正案がなくなり，法案成立への努力が費やされなくなり，政策の実施が立ち消えになることも本章では想定されている．t 期に提案された政策の，与党と野党の各期の平均純評価（利得）は x_t と y_t で表示されることにしよう．x_t と y_t は定数であり，z_t の値にかかわらず，正または負いずれの値も取り得る．時間割引率が δ ($0<\delta<1$) であるとしよう．各政党による政策の評価 A_t と B_t が

$$A_t = \sum_{i=t}^{\infty} \delta^{i-t} x_t = \frac{\delta^{t-1} x_t}{1-\delta},$$

$$B_t = \sum_{i=t}^{\infty} \delta^{i-1} y_t = \frac{\delta^{t-1} y_t}{1-\delta}$$

で与えられることと，$1-\delta>0$ が満たされることから，A_t と x_t，B_t と y_t は同じ符号である．x_t の符号が正のときには，与党は t 期に提案された政策に賛成し，x_t が負値であるときには，反対の態度をとると仮定しよう．野党も与党と同様に y_t の符号に従って賛成あるいは反対の態度をとることにしよう．$x_t>0$ と $y_t>0$ を満たすある z_t に対して，より望ましい法案の実現を目指して，両派による法案への修正の交渉が行われるが，この交渉が決裂して，法案の修正が実現しないことも想定される．社会の純評価（利得）は両派の評価（利得）の和に等しくなると仮定しよう．この関係は式(1)で表わされる．

$$z_t = x_t + y_t, \quad t=1, 2, \ldots. \tag{1}$$

立法過程における意思決定を分析するために，実行可能な政策の集合が定義される．F は実行可能な政策に関する両派の政策評価の点 (x_t, y_t) から構成される変数 (x_t, y_t) の集合であるとしよう．実行可能な政策の集合 F に関して，技術的な仮定1が設定される．

仮定1 実行可能な政策集合 F は以下の条件を満たす．

(i) $F \neq \phi$.

(ii) F は有界な閉凸集合である．

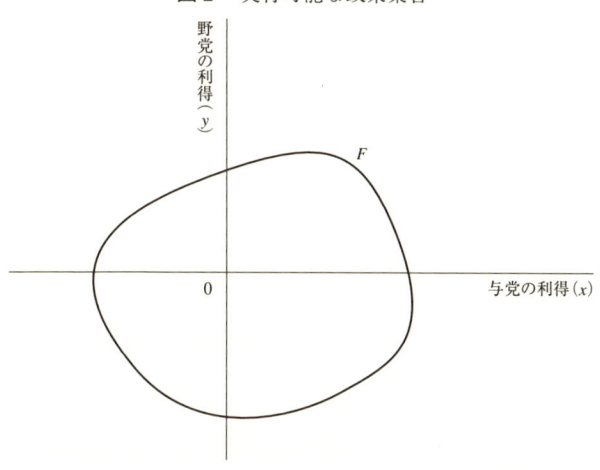

図2 実行可能な政策集合

(iii) F は両派ともに第1象限の内点に当たる正の評価を持つ点を含む. すなわち, $R^+=\{(x,y)|x>0,$ でかつ, $y>0\}$ に対して, $F\cap R^+\neq \phi$ が成立する.

実行可能という用語は, 議会における意思決定過程で合意可能であるかどうかという基準に対して使用されずに, 行政機構から見た政策の実行可能性を意味する. ここでは, 技術的あるいは財政的な制約を満たす政策は実行可能であるといわれており, 議会の両派がともに反対する不人気な増税案（x＜0, でかつ, y＜0）が F の元である可能性は存在する. また, (ii)の条件は, 数学的な展開を容易にするための技術的な条件であり, 実際には, ここで想定された条件が満たされない可能性が高い. (iii)は集合 F の内点として x と y がともに正である元が含まれていて, 両派が合意できる可能性があることが前提されている. 仮定1は幾分限定される状況を想定しているが, このような限られたある特定の場合に関して, まず推論を行い, その帰結を得ることは, その他の場合にも有益な示唆を与えるであろう.

2.2 交渉モデル

法案が成立するまでの過程は, 法案の内容が行政機関と与党の調整を経て定

められるまでの第1段階と,主として議会で展開される与野党間での法案の内容の修正をめぐる再調整または再交渉の第2段階に2分される.まずはじめに,第1段階から考察しよう.法案の提出までの原案の作成過程において,議員立法などを除けば,事務当局である各省庁は与党の意向を無視することはできない.というのは,原案がどんな立派な内容を持っていても,与党の議員の支持がなければ,法案の成立は期待されないからである.また,法案の提出と審議に関する優先権は与党にあり,官僚機構も与党の意向に従わざるを得ない.その一方で,政策当局は法案の内容に対して強い関心を有しており,ある一定の基準を満たさない法案の提出あるいは審議に対して,事務当局からは強い抵抗が示される.法案の成立を巡って,与党と行政機関の間で相互作用あるいは駆け引きが展開されるが,その関係が以下のように定式化される.現実に法律に基づいて政策を遂行するのは行政機関であるので,与党といえども合理的な基準に基づいて行政機関から反対が表明される法案の審議に入ることは困難であろう.行政機関が表明できる法案への反対の合理的な基準とは何であろうか.行政機関による各期 t に検討される法案の純価値 K_t は式(2)によって表示される.

$$K_t = \sum_{i=t}^{\infty} \delta^{i-1} z_t - \sum_{i=1}^{t} \delta^{i-1} e. \qquad (2)$$

上式の右辺の第1項は t 期の案が社会にもたらす純利得の現在価値である.第2項は,行政機関が各期の審議に e の費用を投入し続けなければならないことから生じる総費用の現在価値である.z_t は社会の純評価の各期における平均値であることから,その値は期間にかかわらずに一定である.行政機関は(2)式の符号が正のときには法案の成立に賛成,負であるときには反対の態度をとると想定される.[4] (2)式は(3)式に変形される.(2)式の符号が重要な意味を持つことから,H_t の符号を行政機関の賛否の判定基準に用いよう.

$$H_t \equiv (1-\delta) K_t = \delta^{t-1} z_t - e(1-\delta^t) = (z_t + e\delta) \delta^{t-1} - e. \qquad (3)$$

行政機関の法案への対応に関して,仮定2が設定される.

仮定2 t 期に検討の対象となる案に対して,H_t が正のときには,行政機関

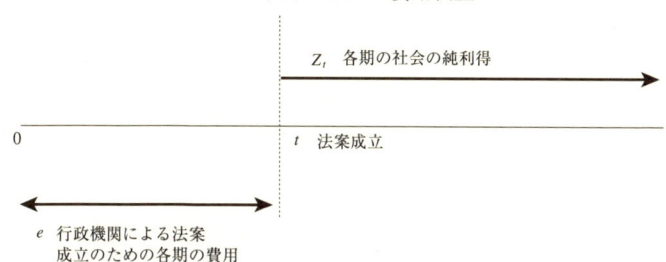

図3　法案の成立と費用便益

は賛成であり，H_t が負のときには，反対である．特に，H_t が負であるときには，行政機関の抵抗は大きく，その案の審議は進まず，検討の中心は別の案に移される．

t 期の案が実現されるとき，第1期から実現されることが望ましいことから，理想的な状態のもとで実現される．z_t の社会的な厚生の上限 W_t は，

$$W_t \equiv \sum_{i=1}^{\infty} \delta^{i-1} z_t$$

と定義される．関係式

$$W_t = K_t + \sum_{i=1}^{t-1} \delta^{i-1} z_t + \sum_{i=1}^{t} \delta^{i-1} e = K_t + \frac{z_t(1-\delta^{t-1}) + e(1-\delta^t)}{(1-\delta)} \quad (4)$$

が得られることと，(4)式の右辺の第2項が正であることから，本章で想定される官僚の行動は次のような特徴をもつ．官僚が社会の厚生に反するような特別の目的関数を持つ訳ではないが，政策に着手するまでの時間的なラグがあることによって社会にもたらされる損失と行政の費用を計算して，行動基準を定めることから，官僚が(2)式で示される純評価を最大化することに成功したとしても，その政策が社会的な厚生を最大化することは保証されない．特に，(4)式の第2項が t に関して一定でないことに注意すれば，W_t と K_t を最大化する z_t が一致しない可能性が高い．以上の帰結が補助定理1に要約される．たとえ，この両者が一致したとしても，与野党間の交渉の結果として，z_t とは異なる z^e が決定される可能性がある．この z^e に関しても同様の推論が成立する．

補助定理1 官僚制度だけでは，社会的な厚生の最大化は実現しない可能性が大きい．

次に，官僚の行動と議会の関係を整理してみよう．仮定2の基準によって，行政機関によって成立が阻止されない t 期の法案の集合が Y_t で表示されることにしよう．Y_t は次のように定義される．

$$Y_t = F \cap \{(x_t, y_t) | H_t \geq 0, z_t = x_t + y_t\}. \tag{5}$$

$H_t \geq 0$ と $z_t \geq e(-\delta + \delta^{-(t-1)})$ が同値であり，$0 < \delta < 1$ が満たされることから，t が大きくなるにつれて，$\delta^{-(t-1)}$ が単調に大きくなることに注意すれば，t の増加とともに $H_t \geq 0$ を満たす z_t の値は上昇する．S_t が $S_t = \{H_t \geq 0, z_t = x_t + y_t\}$ であると定義すれば，t の増加とともに，S_t は小さくなる．集合間の包含関係を示す式

$$S_t \supset S_{t+1} \tag{6}$$

が成立する．(6)式から補助定理2の成立が確かめられる．

補助定理2 すべての期間 t に関して，(7)式の関係が成立する．

$$Y_t \supset Y_{t+1}. \tag{7}$$

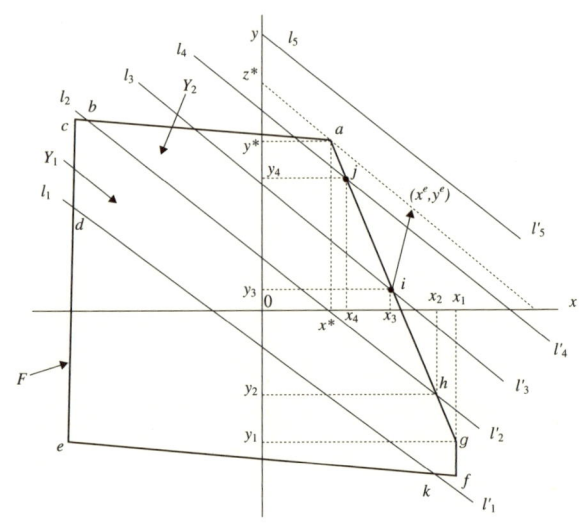

図4 連立政権と政治的意思決定

ただし，ある以降の期間に関して，$Y_t = \phi$ となり，(7)式は $\phi \supset \phi$ となる可能性がある．この補助定理で成立が確かめられた関係は図4で描かれる．S_1，S_2，S_3 はそれぞれ直線 l_1l_1'，l_2l_2'，l_3l_3' の右上方の半平面である．集合 F は5角形 $acefg$ の図形で示され，Y_1 と Y_2 は6角形 $acdkfg$ と3角形 abh に対応する．Y_1 は Y_2 よりの F のうちで直線 l_1l_1' と l_2l_2' に挟まれた7角形 $bcdkfgh$ の領域だけ小さい．法案が検討あるいは審議される優先順位がその法律の内容や政策に大きな影響を与える．仮定3で示される順番に従って，各期に検討あるいは審議される原案あるいは法案は定められるとしよう．

仮定3 t 期に検討あるいは審議された法案 (x_t, y_t) は，実行可能な政策の集合 F と行政機関が t 期に許容する案のなかで，与党が最も評価するものである．

式を用いて，(x_t, y_t) は，次のように明確に定義される．

$$x_t = \max \{x | (x, y) \in Y_t\} \text{ でしかも，} y_t = \max \{y | (x_t, y) \in Y_t\}. \tag{8}$$

(8)式の定義において，Y_t がコンパクト集合であることから最大値 x_t と y_t が存在する．補助定理2と仮定3から，議会と行政機関が協力しながら順番に検討するが，法案の内容に関して定理1の成立が確かめられる．

定理1 検討される法案の内容は，時間の経過とともに与党に妥協を求めながら修正される．

厳密には，

$$x_t \geq x_{t+1}, \quad t = 1, 2, \ldots \ldots . \tag{9}$$

が成立する．ただし，式の整合性が保たれるように，$Y_t \neq \phi$，でかつ，$Y_{t+1} = \phi$ である期間 t に関して $h \geq t$ であるすべての h に関して $x_t = x_h$ が満たされると仮定しよう．

補助定理2で確かめられた，集合の包含関係 $(Y_t \supset Y_{t+1})$ から，この定理の成立は明らかである．図4においては，3期間に亘る検討案が点 g，h，i で示されており，各点に対応する与党の純便益が不等式 $x_1 > x_2 > x_3$ を満たすことが読みとれる．

官僚制度に関して仮定2が設定されたが，議会の両派が交渉に際してとる態

度は，仮定4で示される．

仮定4 議会における与党と野党の両勢力は，その純評価が負となる検討案または法案に対して反対する．その期には，案が成立しないで，次の期に修正が検討される．厳密に述べると，$x_t < 0$ または $y_t < 0$ が満たされる法案は，それぞれ与党と野党の反対により議会において承認されない．

仮定4は第1象限以外の領域に存在する案が，すべて議会における両派の反対により，成立することはなく，現実に政策として実施されることがないことを意味している．多数決の原則に従えば，野党の反対があっても，法案は可決されるといえるが，多くの法案に関しては，一部に強い反対がある法案は修正なしに実施されることはないであろう．特に，本章で使用されている用語法に従えば，野党は特定の単独の政党を意味するのではなく，議会の反対勢力全体を意味する．懸案によって連立与党内にも対立する意見が存在する．実際の与党と野党の勢力分布が本章で用いられる与党と野党の区分とが一致しない可能性が存在する．野党が反対するということは，野党勢力の大半が法案に反対であることを示しており，与党が政権を有しているといえども，この意向を無視することはできないであろう．仮定4には，次のような含意もある．法案に関してどのような内容にも野党が絶対に反対の姿勢を貫くことを意味しているのではなく，法案の内容が修正されれば，野党は反対から賛成に態度を転ずる．仮定4は審議の過程で野党が法案の内容によっては審議を一時的に拒否する可能性があることを述べている．図4における点 g と h で示される案に対して，野党の評価が y_1 と y_2 で負値であり，両派の間で何らかの再交渉が実施されなければ，野党の反対で成立が見送られる．このままでは，政策は実施には不可能であることから，行政機関は政策実現への努力を継続するであろう．その手段の一つとして，法案の修正が試みられる．種々の可能性があるが，とりあえず，次の2つの場合に関する法案の修正が本章の分析の対象になる．

第1の場合は，図4に示される．行政機関にとって実行可能な集合 Y_t が期間とともに，次第に小さく，与党が行政と協議しながら，提案する法案が修正を加えられる．第1期に検討される案は，野党の強い反対によって法案の上程

あるいは審議の開始が見送られる．議会における両派の意見あるいは利害がかなり対立して，妥協点あるいは，政策の方針を定めることが困難である．第2に，図4はY_tにおけるxに関する最大値が第1象限にあることを描く．このとき，第1期に与党が最も望む法案が官僚機構あるいは野党の抵抗も少なく承認される．このときには，議会の承認を経て政策を確定することは容易であり，行政機関にとっても政策策定の費用は小さく，効率的な行政が実現されるであろう．図4で想定される状況は，ある政策に関する意見あるいは利害が多様であり，これらの意見を集約して1つの政策の方針を決定し実行するために調整が容易ではない場合に対応する．これに対して，図5で示される場合の主要な課題は，政策の原案となる方針が明確であり，この原案に基づく修正が検討されることである．日本の議会制度においても，55年体制と呼ばれた自民党の一党支配が終焉して，連立政権による流動的な政策の運営が展開されてきたが，このような連立政権を維持するためには，比較的に小規模の政党の意見も政策に反映される必要があり，多様な意見の調整が慎重になされなければならず，図4で想定される場合に対応するであろう．これに対して，かつての55年体制は自民党の意向を優先した政策の運営が可能であり，図5の分析が当てはまるであろう．

　しかしながら，政策が設定される仮定における再交渉が分析されなければ，次のような問題が解決されないままに残されるであろう．功利主義的な意味における社会的な厚生が$(x+y)/(1-\delta)$で示されることから，いずれの場合においても，社会的な厚生が最大化される点(x^*, y^*)は実現されない．図4の政策案(x_3, y_3)と図5の政策案(x_1, y_1)において，$z^*(=x^*+y^*)$に対して，$z^*>x_3+y_3$と$z^*>x_1+y_1$が成立することから，現実の政策と社会的な最適値との乖離が確かめられる．このように，本章で導入されるモデルで想定された行動に従う官僚機構は，法案が成立するために，与党との協調によって課された役割を果たすが，社会的な最適値の実現を必ずしも目指さないと考えられる．この疑念は次節において詳しく解明される．

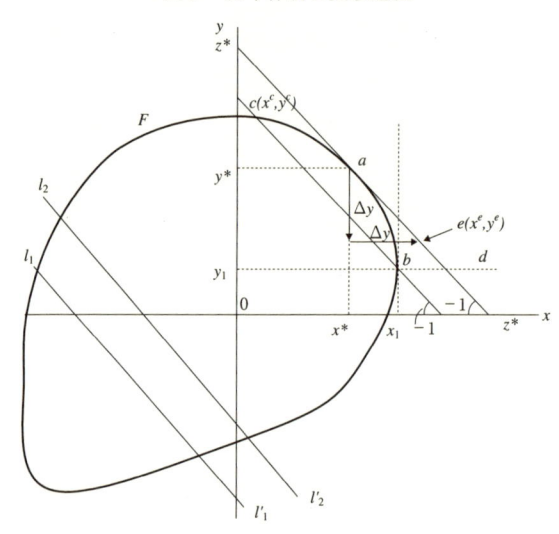

図5　55年体制と交渉過程

3. 再交渉の過程

● 議会による行政機関の機能の補完

議会での政党の活動は，社会的な最適な案件の成立に役立つように機能する可能性が存在する．

3.1　野党の再提案と完全均衡

● 意思決定と再交渉過程

行政機関の努力だけで社会的な最適な政策が実現されないとすれば，政治的な意思決定過程に内在するどのような仕組みが法案を最適な内容に近づけるのに機能するであろうか．法案成立に至る第2過程として，政治的な交渉過程を分析しよう．交渉モデルを用いて，図4と図5を再構成してみよう．説明が容易になるように，展開型のゲームが図6で描かれる．両者が合意に到達するまで，各期に交渉の主体である与党と野党が相手の提案に拒否と再提案を繰り返

すと想定される．各期のゲームは野党の態度表明と与党の対応から構成される．図4が図6で展開型ゲームに書き直される．図6の第1期を見てみよう．与党は点gの案（図4）を提示するが，野党はその案に同意するか否かの選択を迫られる．野党の同意が得られれば，この案がそのまま成立し，実際の政策として実施される．野党の同意が得られない場合には，与党はこの案の検討を断念するか，次回にもう一度再提案して，野党の同意が得られるように試みるかを選択する．第2期の提案（h点）も野党の同意が得られないが，第3期以降において，野党は場合によっては，与党の提案（i点）を受け入れてもよいと考えるが，もっと野党にとって有利な修正案の成立に努力する．ShakedとSutton（1984）およびBuschとWen（1995）などにおいて提唱された交渉モデルが適応される．

図6　2段階の再交渉モデル
（連立政権下の意思決定）

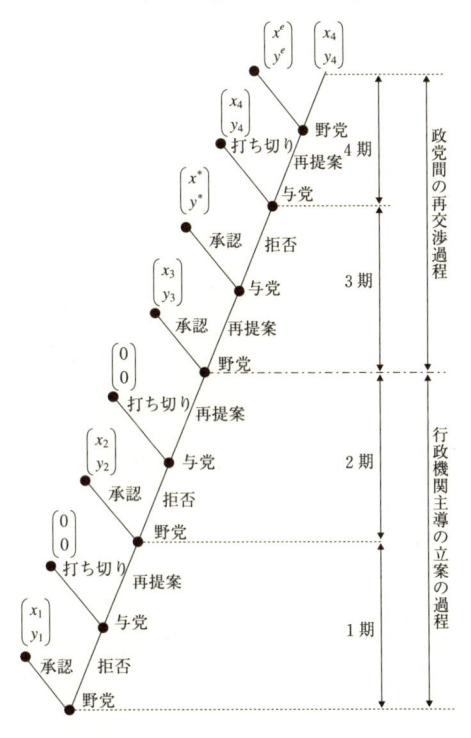

● 行政機関にはできない政治的な解決

本章における交渉モデルは，野党が拒否するだけの過程である1期と2期と3期以降の両党間の政治的な交渉過程は異なった性質を有する．点iは与党にとって実行可能な政策集合Y_3の中で最も望ましい案であることから，野党は与党に点iより魅力的に感じさせる政策案を提示することは不可能である．し

かしながら，政策の実行とともに，利得の再配分を組み合わせることは可能である．ある実行可能な政策が (x, y) であり，(x, y) が実行可能な政策の集合 F に属さなくても，(x, y) で野党から与党への再分配が $\triangle y$ であるとして，野党あるいは与党が案 $(x+\triangle y, y-\triangle y)=(x^t, y^t)$ を提案することは可能である．図5の上では，(x, y) と $(x+\triangle y, y-\triangle y)$ は傾きが－1の同一直線上に存在する．図6は次のように説明される．第3期において，野党は点 i で示される案 (x_3, y_3) を受け入れるか，あるいは実行可能な解の中で最大の z をもたらす点 $a(x^*, y^*)$ を提案するかを選択する．野党が再提案するときには，与党は4期に案（点 j）(x_4, y_4) との比較において，(x^*, y^*) を検討するが，$(x^e, y^e)=(x^*+\triangle y, y^*-\triangle y)$ を野党へ再提案する．行政機関が課す制約から，図4の場合は4期で終了する繰り返しゲームであり，野党は (x^e, y^e) と (x_4, y_4) を比較して選択する．

この再分配案 (x^e, y^e) は容易には実現しないであろう．その理由の一つとして，行政機関の役割がある．これまで，与党と協調しながら，法案の検討を実施してきた行政機関が野党に急接近することは困難であるであろうし，利得の再分配は政治的な過程であることから，行政機関が関与することは不可能であると考えられる．といっても，法案の修正には行政機関の意見を聴くことは不可欠であるので，野党もこの過程では行政機関の協力を求めると想定しよう．行政機関が野党に対して協力する条件が後で論じられ，その条件が解の性質に影響を与えることが明らかにされる．まず，はじめに，野党が行政機関の協力を得られたとして推論が展開される．$x_h>0$ と $y_h>0$ が成立する最小の h が t であるとして，$t+2s-1$ 期までゲームが行われたとしよう．Shaked と Sutton (1984) の結論を用いれば，$s=1$ において，一意的な完全均衡は与党と野党に対して，y^*-y_3 を $\delta/(1+\delta)$ と $1/(1+\delta)$ の比率で分割する．(x^e, y^e) が完全均衡であれば，$(x^e, y^e)=((y^*-y_3)\delta/(1+\delta)+x^*, -(y^*-y_3)\delta/(1+\delta)+y^*)$ が満たされる．$\triangle y=(y^*-y_3)\delta/(1+\delta)$ が成立する．

註 Shaked と Sutton の解法を用いれば，以下の式の展開が確かめられる．
$(y^*-y_3)/(1+\delta)+y_3$

$$= (y^* - y_3)/(1+\delta) + y_3 + y^* - y^*$$
$$= (1 - 1 - \delta)(y^* - y_3)/(1+\delta) + y^*$$
$$= -(y^* - y_3)\delta/(1+\delta) + y^*.$$

3.2 行政機構と効率性

● 議会の調整機能が作用するときとしないとき

　仮定2は政策案が，Y_tの元であるという制約を課した．CullisとJones (1987) などにおいて紹介される官僚の経済学的な分析に関する主要な理論と同様に，仮定2は官僚制が社会の厚生の最大化とは必ずしも一致しない目標を設定していることと，政策の純便益が負にならないだけでなく，その実現に要する費用を上回ることを要請する．図6の第3期における交渉の過程は政治的な主導によって実行され，行政機関は積極的に行動しないが，政治的な問題解決にも行政機関の協力は不可欠であると考えられる．その理由を以下で詳細に検討してみよう．図4における第3期の政治的な調整段階に至るまで，行政機関の政策の純評価から，その政策立案への誘因を測定してみよう．政治的な調整段階がt期に生じるとしよう．$x_h \geq 0$と$y_h \geq 0$を同時に満たす任意のhのうち最小時間がtと定義される（$t \leq h$）．$t-1$期までの期間に検討される政策が実施されることはないことから，これらの期間の限界便益はゼロであるとしよう．行政機関にとってのt期のおける限界便益は

$$\sum_{i=t}^{\infty} \delta^{i-1} z_t$$

で示される．これに対する限界費用は$\delta^{t-1}e$であり，行政機関の限界純便益は

$$\sum_{i=t}^{\infty} \delta^{i-1} z_t - \delta^{t-1} e > \sum_{i=t}^{\infty} \delta^{i-1} z_t - \sum_{i=1}^{t} \delta^{i-1} e \geq 0 \qquad (10)$$

で示され，正であることが確かめられる．$t-1$期までの期間hの行政機関にとっての純便益が，

$$-\sum_{i=1}^{h} \delta^{i-1} e < 0$$

で示され，この期間には，行政機関に費用だけが累積される．行政機関は早期の撤退か計画の継続かの選択を迫られる．計画が継続される限り，行政機関は t 期にそれまでの期間に投下した費用を一度に取り戻そうとする強い誘引を持つ．

図7 行政機関と最適行動

(a) 埋没費用と撤退困難

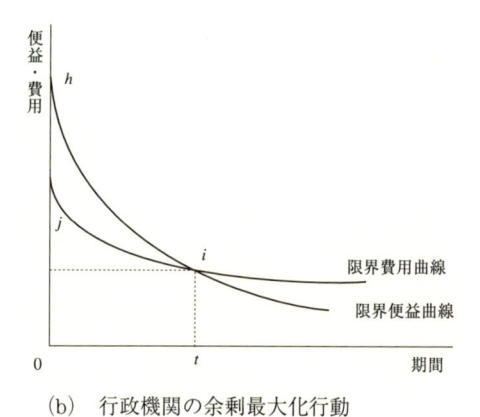

(b) 行政機関の余剰最大化行動

図7を用いてこの関係を確かめてみよう．図6の(a)と(b)が，それぞれ図4と図5の場合に対応する．ただし，行政機関の限界純便益曲線と限界費用曲線が連続な曲線で近似される．(a)における限界純便益曲線は$t-1$期までゼロの値であり，水平軸と一致する．限界便益曲線が限界費用曲線と下から交わり，行政機関は領域$a0cb$の面積に等しい額の埋没費用を最初に支払い，その後山形の領域$bdfg$の面積でその費用を埋め合わせしようとする．(b)においては，限界費用曲線が限界便益曲線と下方から交わることから，行政機関は両曲線の交点iで余剰の最大化を実現することができる．いいかえると，行政機関は(a)の連立政権の場合には埋没費用を回収するのが精一杯であるのに対して，(b)の安定与党政権では，余剰最大化行動をとることができる．

● 再交渉過程と行政機関

行政機関がt期に法案の修正に協力して，その法案が$t+1$期から実施されたときの行政機関の限界便益は，

$$\sum_{i=t+1}^{\infty} \delta^{i-1} z_{t+1} - \sum_{i=t}^{\infty} \delta^{i-1} z_t - \left(\sum_{i=1}^{t+1} \delta^{i-1} e - \sum_{i=1}^{t} \delta^{i-1} e \right)$$
$$= \frac{1}{(1-\delta)} \{(z_{t+1} - z_t) - \delta^t e(1-\delta)\} \tag{11}$$

と書き表される．行政機関はその機関にとっての限界純便益が正であれば，法案の再検討あるいは修正に応じるであろう．いいかえると，(11)の値が正でなければ，行政機関は法案の修正に協力しない．図4におけるように，法案成立までに長い調整過程が必要な場合と，図5に示される比較的に短期間に結論が得られる場合などでは，行政機関の対応も異なるであろう．単位期間当りの費用eと時間の割引率が一定であれば，$\delta^t e(1-\delta)$は時間の経過とともに低下する．

① 長い時間が検討に要した法案は行政機関が設定する費用の障壁が低くなり，法案の修正に協力的である．

② これに対して，合意が容易な条件に対する行政機関の費用のハードルは

比較的に高くなり，修正に官僚機構は否定的で，与党の提案がそのまま政策に移される可能性が大きくなる．

③ また，費用 e の増大は，$\delta'e(1-\delta)$ を上昇させることから，与野党の協議では社会的により望ましい政策が実現するのには，マイナス材料となるであろう．

以上に得られた結論は定理2に要約される．

定理2 議会における抵抗が小さな案件は，与党主導で政策が確定する．このとき，社会的に最適な政策を実現するための交渉に対する行政機関の協力は得にくい．与野党の意見の対立が大きく，合意までの過程が長い案件に関して，与野党による交渉に対する行政機関の支援は期待される．ただし，単位期間当りに行政機関が支払う費用が大きくなるとき，行政機関による交渉継続への支援は薄くなる．

図8　国民の要望の多様化と行政

```
国民の利害・意見の多様化⇨⇨意思決定過程での時間コストの増大
                  ⇩⇩⇩
          行政機関での余剰最大化行動から埋没費用回収行動へ
```

この定理は，案件の性質や時代とともに行政機関の対応が異なることを述べる．国民の各個人の意見や利害が多様化する社会において，行政機関は政策の政治的な合意が成立するまで，政策案を練り直す．この過程において，少数派を含めて多様な意見が政策に反映される．これに対して，合意の見通しが容易な案件に対して，作業の効率性を重んじて，行政機関は原案を小幅な修正で成立させようとする．前者の場合には，政治主導の政策決定と行政機能の低下，後者の場合には，行政主導と強力な行政機関のイメージが国民に与えられる．後者の場合における政治的な調整は容易ではなく，このことが行政機関の役割を大きくすると予想されるが，この過程は次節で考察される．Tirole (1994) は，行政機関の効率性が向上するためのインセンティブ機構の考案を提唱す

が，定理2は行政機関の効率性へのインセンティブに関して次のような議論を可能にする．行政機関にとって目的達成までに，巨額の先行投資が必要であれば，その費用の回収のために，企業で言えば顧客にあたる政治の要求に耳を傾けなければならなくなる．この意味において，行政機関が政治によって設定される目標を志向する政治的な交渉過程において国民的な利害の調整がどれだけ円滑に進むかが，行政機関の効率性向上の鍵を握るということができる．

3.3 政治的な調整過程

図5における与党の政策の方針が明確な場合に関する，政策決定に至る与野党間の意見調整過程を見てみよう．ただし，簡単化のために以下では再交渉過程だけが考察される．x_1, y_1は前節の表記ではx_3, y_3に対応する．与野党間の交渉にs期を要するとしよう．図9の(I)に再交渉ゲームの縮約型が表示される．

その標準型は表3に書き直される．ただし，不等式$x^*<x_1<x^e$と$y_1<y^e<y^*$が満たされる．$s=1$が成立する場合において，両党間の交渉がすぐにまとまる．このとき，野党のナッシュの戦略はlであるので，与党はlを選択し，交

表3　非協力ゲーム

与党＼野党	l	r
l	(x_1, y_1)	(x_1, y_1)
r	$(\delta^{s-1}x^*, \delta^{s-1}y^*)$	$(\delta^{s-1}x^e, \delta^{s-1}y^e)$

表4　協力ゲーム

与党＼野党	αl	αr	βl	βr
ll	(x_1, y_1)	(x_1, y_1)	(x_1, y_1)	(x_1, y_1)
lr	(x_1, y_1)	(x_1, y_1)	(x^e, y^e)	(x^e, y^e)
rl	$(\delta^{s-1}x^e, \delta^{s-1}y^e)$	$(\delta^{s-1}x^*, \delta^{s-1}y^*)$	(x_1, y_1)	(x_1, y_1)
rr	$(\delta^{s-1}x^e, \delta^{s-1}y^e)$	$(\delta^{s-1}x^*, \delta^{s-1}y^*)$	(x^e, y^e)	(x^e, y^e)

図9 完全均衡と協力ゲーム

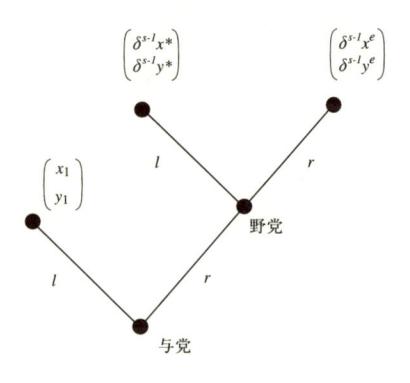

（Ⅰ）図8の縮約型

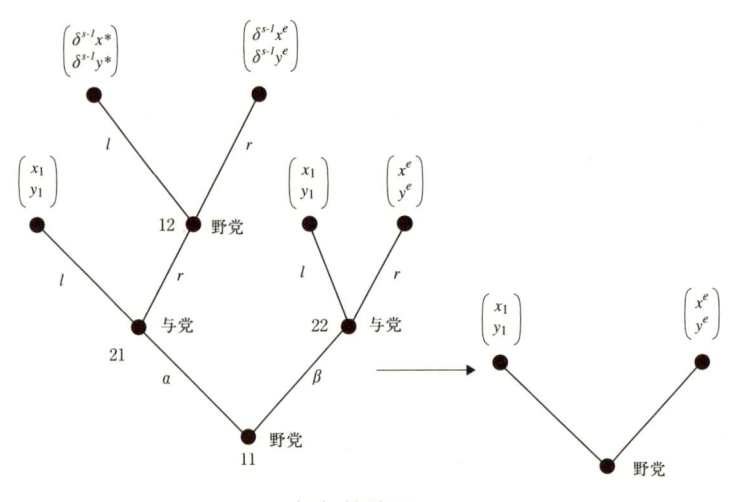

（Ⅱ）拡張ゲーム

渉の原案 (x_1, y_1) が採択される．両党間での交渉過程が混迷すればするほど，s は大きくなり，$\delta s-1$ の値は減少することから，与党原案 (x_1, y_1) の他の戦略に対する優位は増大する．このような状況が出現すれば，両党間の交渉は一層困難になる．原案 (x_1, y_1) が交渉の解となる可能性は大きい．この選択 (x_1, y_1) は (x^e, y^e) との比較において，囚人のジレンマであり，Bush と Wen

(1995) は，完全均衡の概念を用いて，この不合意均衡 (disagreement equilibrium) からの再交渉過程の特性を解明する．本章では，Harsanyi と Selten (1988) によって提唱された非協力ゲームを基礎にした協力ゲームの解の概念が使用される．野党が与党と協力の約束をする手番をゲームに加えた一種の協力ゲームの展開型が(II)で表記される．与党の手番で始まる2つの部分ゲームの解が (x_1, y_1) と (x^e, y^e) であることから，(x^e, y^e) が完全均衡解として選択される．このことは，表4の標準形において，$s>1$ に対して，4つのナッシュ均衡 $(lr,\ \beta l)$, $(lr,\ \beta r)$, $(rr,\ \beta l)$, $(rr,\ \beta r)$ から，(x^e, y^e) がゲームの解となることが確かめられる．ただし，図9の(II)において，野党がプレイヤー1，与党がプレイヤー2と表示される．

与野党間の交渉がうまくいけば，行政機関は政治的な均衡解 (x^e, y^e) を迅速に実行することが可能であり，この政策の実現において，国民の信頼が高められる．政治的な調整が失敗するときには，行政機関は反対派の風当たりの強い政策 (x_1, y_1) を強引に実行するという印象を国民に与え，権力機関としての官僚機構としての虚像が一人歩きを始める．この状況のもとで，国民が行政機関に対して抱くイメージは，協力で頼りになるが，ときには，権力を過信する官僚機構に近いものであろう．図5の状況が戦後復興と高度成長の立役者としての行政機関の名声の確立に寄与したということであり，われわれの社会が図4で示されるような連立政権に至れば，その評価を現在の日本の行政機関の評価とすることは不可能である．

4．おわりに

●行政機関の評価とは

村松 (1994) はその冒頭において，「日本の行政については，毀誉褒貶が激しい．……(1993年)の政局の混迷と連立政権の下で政治改革と並んで行政改革が声高に主張される渦の中では，行政評価のブレは大きい．行政は，いまこそ不安定政権の中で「政治」の代役を果たす力を持つようであるが，政局混迷

の中では不能状態になってしまうようにも見える．いったい日本の行政の実態は何なのか．」

● 本章の解答

本章におけるこの問いに対する答えは，与党主導の政治的な決着が容易かどうかによって，行政機関の効率性は大きく変化し，行政機関の評価は時代とともに変動するということであった．特に，日本の行政機関といえども，世界の中で特異な評価を定めることは困難であり，かつてわれわれが世界に誇った優秀な官僚機関も世界の目立たない普通の行政機関として機能し始めているとしても，そのことにわれわれは感慨を抱くことはあっても驚くべきではない．Emmot（1996）が日本人に進めるリベラリズムという欧米流の官僚制と接し方は，われわれが行政機関に対する固定概念を切り替えるのに役立つかもしれない．

注

1) カルダー（1993），邦訳87-88頁．
2) 「朝日新聞」，1996年4月23日．
3) 「朝日新聞」，1996年9月4日．
4) DuizendstraalとNentjes（1994）は，非営利組織における非効率性の原因を次のように論じる．組織が公的（formal）とは異なる非公式の目的を持つ．本章では，行政のコストと時間割引価値が行政機関の目標と社会の本来の目標を乖離させると考えられる．

参 考 文 献

Bush, L. A. and Q. Wen (1995), "Perfect Equilibria in a Negotiation Model," *Econometrica*, 63, pp.545-565.

Calder, K. E. (1993), *Strategic Capitalism*, Princeton University Press.（谷口智彦訳（1994）『戦略的資本主義―日本型経済システムの本質』日本経済新聞社）

Cullis, J. G. and P. R. Jones (1987), *Microeconomics and the Public Economy: A Defence of Liviathan*, Basil Blackwell.

Duizendstraal, A and A. Nentjes (1994), "Organizational Slack in Subsidized Non-profit Institutions," *Public Choice*, 81, pp.297-321.

Emmot, B. (1996), *The Deadly Sins of Government*, c/o AWG Literary Agency

Limitted, London.(鈴木主税訳(1996)『官僚の大罪』草思社)

Harsanyi, J. C. and R. Selten (1998), *A General Theory of Equilibrium Selection in Games*, The MIT Press, Cambridge Massachusetts.

Kraan, C. J. (1996), *Budgetary Decisions : A Public Choice Approach*, Cambridge University Press.

村松岐夫(1994)『日本の行政—活動型官僚制の変貌』中公新書,中央公論社.

野口悠紀雄(1995)『1940年体制—さらば「戦時経済」』東洋経済新報社.

Shaked, A. and J.Sutton (1984), "Involuntary Unemployment as a Perfect Equilibrium in Bargaining Model," *Econometrica*, 52, pp.1351-1364.

田中廣滋・重森臣広(1993)「外圧と国内的意思決定—貿易摩擦と政治的解決のモデル分析」『公共選択の研究』21号,19-31頁.

Tirole, J. (1994), "The Internal Organization of Government," *Oxford Economic Papers*, 46, pp.1-29.

付　記

本章は,田中廣滋(1997)「行政機構の効率性に関する交渉ゲームによる分析」『経済学論纂(中央大学)』第37巻,第5・6合併号,239-257頁を読みやすいように加筆されたものである.ただし,論旨が変更されないように,修正は最小限にとどめられた.

第 10 章

構造改革の基本問題

1. 景気対策と構造改革

　構造改革に関する議論を始めるまえに，6つの項目に関して議論を整理しておこう．
　(1)　構造改革の背景
　これまで景気対策のために投じられてきた，公的な資金が有効に使用されていないという指摘があって，政府支出の配分の方法を改善しようとする政府の戦略がある．
　(2)　構造改革の進め方
　政府は，財政の規模を縮小して，それに釣り合う形で，財政の赤字を削減するというシナリオの実現を目指している．累積する国債の償還を円滑に進めて，低迷する経済状況を打開するためには，国民経済全体からみた，新たな需要の創造とそれに伴う経済活動の拡大がもたらす税収の増加を欠かすことはできない．
　(3)　構造改革の3つの課題
　構造改革の課題を3つのキーワードで整理してみよう．
　①財政規模の縮小

② 新規の需要の創造などによる国民経済の下支え

③ 税収の確保

この3つの目標を同時に達成することが政策課題として認識されるとしても，政策の担当者にとっては，これらの目標は場合によって対立したり，あるいは，二者択一的な選択肢として感じられる．その理由として，次の例を考えてみよう．財政規模の縮小は政府部門の需要の削減効果をもたらすことから，結果としては，国民経済の活動を減退させる要因として作用する．最終的には，この経済活動の低迷は税収の減退として現れることも恐れられる．いいかえると，政策担当者は①の目標を追求する財政規模の縮小は②と③の目標の達成に失敗して，経済活動の低迷と税収確保の失敗をもたらすことを懸念する．

(4) 体系化された政策の策定

このような懸念を払拭するためには，問題の徹底的な解明と，有効な対策が策定されなければならない．政策を体系化せずに個々の政策を寄せ集めても，お互いの効果が相殺して目標へと向かう明確な道筋は明らかにはされない．(3)で設定された政策課題に対応する政策手段が明確にされなければならない．

(5) 構造改革の推進を阻む要因

日本経済は産業の空洞化に直面している．その結果として，当然のことながら，日本の企業の国際競争力は大幅に低下している．賃金だけでなく税金や社会保障などの国民負担を含めて，国内の生産コストの増大は，国外への産業の流出をもたらすだけではなく，国内でも経済活動の非公式化あるいは地下経済の拡大の潜在的な誘因となる．このような傾向は税収の減少をもたらす要因として作用することから，国民全体の負担のあり方を見直す議論において，税源の確保が困難となり，対策の選択の幅を狭める．

また，日本の経済構造の改革が論じられるとき，経済活動を左右する政治的行動のあり方に焦点がしばしば当てられる．各種の利害集団によって繰り広げられる政治的な活動は政府支出拡大の潜在的な要因に数えられており，政治的な判断によって重層的に積み上げられた社会経済制度の下で展開される生産活動は，非効率な側面を持ち，相対的に高い生産費用に直面する．それと同時に，

そのような経済構造の下においては，政府部門の最適な水準を超えた拡大が民間部門の活動を抑制する可能性が明らかにされなければならない．

(6) 日本経済の再生のための3つの論点

日本経済に活力と効率性を取り戻すといっても，次の3つの論点から問題を整理することが必要である．

第一に，政治的な利害によって肥大化した政府部門を整理することが求められるであろう．本章では，主たる分析手段として，Becker (1983), (1985) で検討された政治的な影響関数が用いられる．

第二に，非政治的な税回避行動が分析されなければならないが，Allingham と Sandomo (1972) および Srinivasan (1973) によってはじめられた伝統的な分野において，Kaplow (1990) の分析手法が適用される．

第三に，公共財の民間部門による供給の理論が明確にされなければならない．Epple と Romano (1996), Vicary (1997) の議論を発展させて田中廣滋 (1999), (2001) は地域経済の活性化という観点から民間部門による公共財の供給を考察する．また，財政の規模の規模に関する社会的な意思決定の問題は田中廣滋 (1995) と (1998 b) によって論じられたが，本章では，経済活性化をもたらす個人の行動様式の変化を誘導する政策を論じることによって，財政規模の問題への接近がなされるが，社会的な意思決定の枠組みは，11章と12章で論じられる．

本章で得られた主要な帰結は以下のとおりに要約される．公共財の自発的な供給が推進されるように，制度的な整備が進めば，素直な納税者と政治的な税回避者の公共財の限界評価が低くなるまで，公共財の供給が増大する．非政治的な税回避者が公共財の自発的供給を実行するためには，脱税に対する課徴金と税率とが一定の関係に置かれるように制御されなければならない．

2. 民間部門における公共財の供給

常識的な見解

政府活動が効率的ではないという，政府に関する不信感が国民に高まれば，社会を構成する各成員は税負担の軽減を望んで，結果として，政府の活動の低下による公的な社会サービスの低下を容認することになるであろう．

楽観的なシナリオ

税負担の軽減によって民間部門が私的財の供給だけでなく，公共財の供給において活発に活動を拡大して，政府によって縮小された公共財の供給は，民間によっての肩代わりされることになり，各個人はその税負担を増やすことなく，公共財の量と質を社会全体として望ましいと判断されるだけ確保することができる．

楽観論に対する反論

税負担の軽減と組み合わされた政府部門の削減は，国民の税負担の低下をある程度実現できたとしても，公的なサービスの著しい低下をもたらす恐れが存在する．国債が累積する財政赤字の下では，税収の確保が優先されることになり，このような，政府主導の税負担の軽減策は，現実には，採用することが困難である．税負担の軽減は先送りされて，政府の公的な供給だけが削減されるという改革が実行される可能性が高い．

国民・利害集団・政府による対応の分析

政府が，国民の公的負担の軽減に向かう政策を積極的に実施しない段階において，国民にはどのような選択肢が残されているのであろうか．国民には，税回避行動を強行に実行して，納税を忌避することと，政治活動への支援を強めることによって政治の場で，自己に有利な負担方法を勝ち取ることが選択可能である．民間が自己防衛的ともいえる利己的な行動を強化すれば，税収の一層の低下が深刻となり，財政の赤字の圧力から一層の政府部門の縮小に政策の方針は傾斜する．このような政府部門の縮小へのドライブがかかる反面で，国民

の各グループごとの自己防衛的な政治支出の増大が，政府の経済活動を増大させるという側面も存在する．この場合，財政の赤字は拡大して，小さな政府を目指す政府の政策は挫折する．このように，政府の政策が，政策決定の時点で企図されていた効果をもたらされるどうかは，民間部門の対応に依存しており，民間の利己的な行動を解明することが必要である．

3. 政治支出と所得再分配

政府の政策課題
政府は個人に対して，公共財の供給と再分配政策を実行するが，税収の確保もその重要な政策課題とされる．

個人の消費と政治活動
まず，政策の対象となる個人の消費活動に関する想定から説明を始めよう．居住する地域や所属する業界などによって，個人は m 個のグループに分けられる．グループ i には，n_i 人の個人が所属する．各タイプに分類される個人は同じ選好を有しており，同一の効用関数を有する．また，各グループ i に分類される個人は，政治支出 r_i と所得税率 s_i で労働からの所得への課税を支出する．個人は，合法的な政治活動をすることによって，租税特別措置を含む減税や補助金等を獲得することができる．政治支出 r_i は非負の値であると想定されるのに対して，税率 s_i に関する符号の制約は課されない．この所得再分配制度は s_i 値が正であるときには課税，負であるときには補助金であると解釈される．

利害集団
政治活動では，各グループは各個人が単独で活動することより，利害集団 (interest groups) を形成して，集団としての影響力を行使することに努める．[1] 以下では，次の3つの想定がなされる．

第一に，各グループはその活動を強めるにつれて，その要求が実現される程度は上がる．いいかえると，各グループの政治支出の増加はそのグループに対

する実質的な負担率の低下を導くことを意味する．このとき，税率が低下するか，補助金の給付率が上昇するかである．

　第二に，再分配に当てられる財源などは限られているため，あるグループがその政治活動を強化して，活動目標に定められる事業に政府部門から従来より多額の財源の獲得に成功するということは，他のあるグループへの資金配分の割合を低下させる．このことは次のような含意を持つということができる．政府の事業に関連する団体が，予算の配分などに関して既得権を擁護するために，公務員の天下りなどや政党に対する資金および人的な支援を続けているなど政官産の癒着行動として批判される現象は，この2番目の仮定で表されている現象の一端を示すものである．より大きな政治支出をするグループは，補助金などでより大きな予算配分を獲得することを期待するであろう．

　第三の仮定は少し技術的なものである．グループiの政治活動はグループjの政治活動には影響を与えない．この想定は次のような日常的な経験とは異なる内容となっている．重要な政治課題であるという認識が社会に広まるにつれて，その意見の対立が浮き彫りとなり，各政治グループはその意見が政策に反映されるように，利害が対立するグループと競い合って活動を強化する．このような国民的な利害の対立する懸案は，一方的な意見が支配されることはないので，財政の硬直化や赤字の拡大の主要な要因になるということはできないが，やがて，要求の強度が異なる主体間での相互協力の体制が出来上がることによって，多くの財政需要が生み出されると考えられる．この3番目の仮定では，財政的な支出の赤字の要因を解明するために，次のような状況に関する分析が重要であると主張される．国民的な意見の対立が生じるような重大課題ではなく，その案件の決定による影響の強度はグループによって大きく異なる．

　この3つの仮定を満たす利害関係に基づく政治支出によって，形成された政府の財政構造が政府の財政赤字の大きな要因となっているということもできる．モデルによる分析をする準備として，これまで設定された想定を以下のように，定式化しよう．各グループiの税率と政治支出の関係は，関数

$$s_i(r_1, \cdots, r_n)$$

図1 政治支出と所得移転

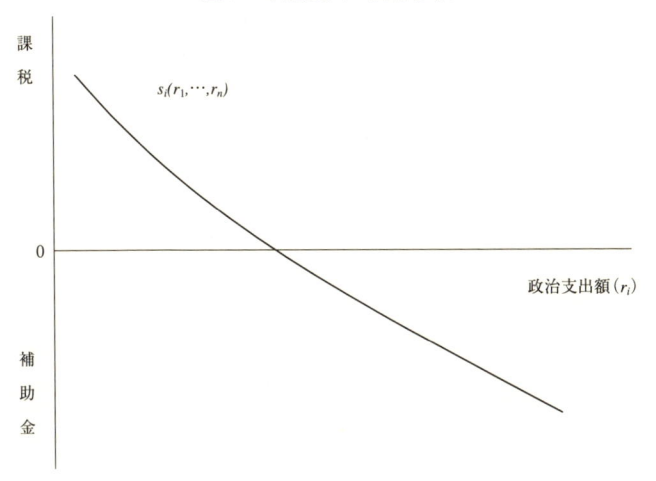

図2 各グループの政治支出の所得再分配効果

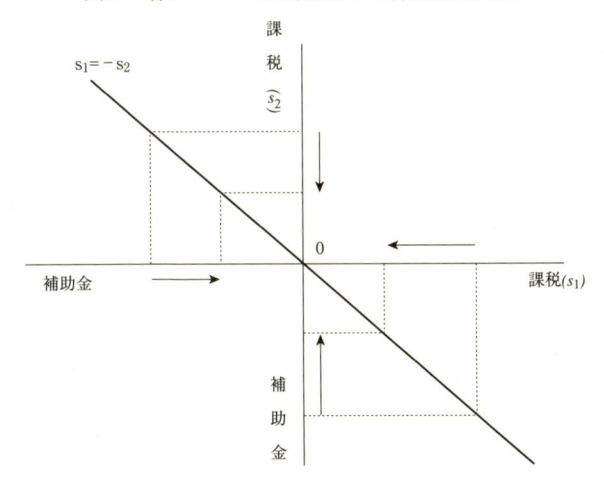

で表示される。この税率の関数は次の不等式と等式

$$\frac{\partial s_i}{\partial r_i} < 0, \ \frac{\partial s_i}{\partial r_j} > 0, \ \frac{\partial r_i}{\partial r_j} = 0, \ i \neq j, \ i, j = 1, \cdots, n. \tag{1}$$

を満たす。この条件を満たす関数は、図1で描かれる。

2つのグループ間での所得再分配は

$$s_1(r_1, r_2) + s_2(r_1, r_2) = 0$$

を満たし，図2で描かれる．

4．財政収支均衡条件

本節で，財政の収支均衡が論じられる．公共財は政府および民間によって供給されるが，政府は財政の収支均衡を無視して供給をすることができないと想定される．

政府による公共財供給が G_0 であるとし，公共財の供給量 G_0 の費用関数が $C(G_0)$ で表示される．ただし，費用逓増の条件 $C'(G_0) > 0$，$C''(G_0) > 0$ が満たされる．

グループ i の各個人の労働量と賃金率が x_i と q_i で表示されるとしよう．財政の収入 R は個人所得からの税収 R_1 と各個人に課税制度を守らせるために設計される罰金からの収入 R_2 から構成される．

$$R = R_1 + R_2.$$

$$R_1 = \sum_{i=1}^{m} n_i s_i q_i x_i. \qquad (2)$$

次に，政府には個人が税回避行動をとる確率が π であることが経験から分っているとして，グループ i の個人が不法な脱税 e_i をしたときには，その脱税額に対して一定の税率 t を課す．

$$R_2 = \pi(1+t)\sum_{i=1}^{m} n_i e_i. \qquad (3)$$

1つの財政年度内に政府が発行する純国債額が D であるとすれば，財政の均衡条件式は

$$C(G_0) = R + D \qquad (4)$$

で書き表される．

財政支出の増加と比較して，公共財供給の実質増加は少ない．質的な伸びに

比較して，それより大きな比率で財政支出が拡大すると考えられていることから，$C'(G_0) > 1$ が満たされると想定される．この左辺の値が 1 に近づくほど，財政は効率的であるといえる．この費用関数の逆関数である公共財の政府供給関数が ϕ で表されるとき，一般的に，政府による公共財の限界供給量 $\phi' < 1$ の関係が得られると想定される．この不等式は支出の増加ほどには公共財の実質的な供給が進まない関係を示している．ϕ' の値は財政支出の増大に伴う公共財の供給量の増加額を意味することから，政府による公共財の限界供給量が大きいほど公共財の効率的な供給が実現されているということができる．

5．個人による類型の選択

5.1 個人の納税行動

自発的供給と課税

各個人が合法的あるいは非合法的な税回避行動をとることと財政の均衡条件は，政府の公共財の供給に影響を与えることができると想定される．田中廣滋 (1994)，(1998 b) で提案されたモデルは，公共財の供給においてこの 2 つの税回避行動が分析される．公共財の供給においても，政府部門による直接的な供給だけではなく，各個人は公共財供給により積極的に関与したいと望むと想定される．公共財の供給方式においても，個人の選択肢に民間部門における公共財の自発的な供給が含まれる．私立大学や民間の研究機関などのように公共財を自発的に供給する民間団体には，課税が免除されるが，ここでは，個人に関しても，寄付などを通じた公共財の供給には，課税の減免があると想定される．このように自発的な公共財の供給は合法的な税回避行動の 1 つの類型であるということができる．しかしながら，その課税免除の対象は，政府の独自の判断で決められると想定されることと，自発的な供給が増加することによる税収の減少が公共財の政府供給を削減することはあっても，社会全体としての公共財の供給が減少するとは必ずしもいえない．このことは，民間による公共財供給は個人の公共財の供給に関する負担が増大する可能性を示唆しており，政

治的で合法的な税回避行動とは区別することができるといえるであろう．

公共財の供給量

グループ i の消費者は公共財を g_i 単位自発的に供給する．i 以外のグループの消費者による公共財の自発的な供給量は g_{-i} で表示される．Cournot-Nash 的な推測 $\partial g_j / \partial g_i = 0,\ (i \neq j)$ が仮定され，自発的な公共財の総量 g は次のように定式化される．

$$g = n_i g_i + \sum_{j=1, i \neq j}^{m} n_j g_j = n_i g_i + g_{-i}. \tag{5}$$

社会における公共財の供給量 G は

$$G = G_0 + g$$

を満たす．

個人による納税行動の選択

各個人は，税回避行動を全くとらない「素直な納税者」，法律や条令に違反して罰則の危険を犯しても税回避行動をとる「非政治的な税回避者」，さらに政治的な手段を行使して節税の権限を拡大しようとする「政治的な税回避者」に分類される．経済学の伝統的な分析に従って，合理的な消費者が考察の対象とされる．このことから，各個人は消費者のある特定タイプであることがあらかじめ決められているのではなく，最も有利な消費者のタイプを一つ選択して，その行動をとると想定される．

5.2 素直な納税者の最適消費

公共財の自発的供給に対する免税措置

グループ i の個人の効用関数は，

$$u_i(x_i, G),\ i = 1, \cdots n, \tag{6}$$

で表現される．i の初期賦存量が ω_i であるとき，総所得は $q_i \omega_i$ で表示され，課税は労働所得 $q_i x_i$ に対して実施される．納税額が $s_i q_i x_i$ で表示され，$\omega_i - x_i$ 単位の余暇が価格 q_i で消費される．ただし，労働量 x_i は初期賦存量の範囲で使用される（$\omega_i \geq x_i$）．また，税回避行動の前提として，各個人は異なる能力

を有しており，異なる賃金率 q_i を受け取る．公共財の自発的供給には，免税措置があると想定されることから，以下では bg_i だけ課税対象が小さくなると仮定される（$0 < b < 1$）．自発的な供給における免税額は bs_ig_i と書かれる．

素直な納税者の所得制約条件

まず，はじめに，素直な納税者の行動を明らかにしよう．このタイプの納税者の所得制約条件式

$$q_i\omega_i - s_i(q_ix_i - bg_i) = q_i(\omega_i - x_i) + g_i$$

は，整理すれば

$$a_iq_ix_i = g_i, \tag{7}$$

$$a_i = \frac{1-s_i}{1-s_ib} < 1$$

と簡単化される．

(7)式で，労働供給 x_i と公共財の自発的な供給 g_i が線型の関係となっており，1つの変数が決まれば，もう一方の変数の値も同時に決定される．ただし，公共財の自発的供給では，拠出する個人が希望するような供給が実施されると想定される．公共財の自発的な供給において，行政の間接経費も不要であることから，公共財は価値尺度財としての役割を果たし，価格は1である．私的財（労働）で測られた公共財の価格は $1/q_i$ である．個人 i が自ら政治的なあるいは非政治的な税回避行動をとることはないが，他の主体がこのような税回避行動をとることを確信することはできないと想定しよう．

税収と最適消費

民間の自発的な供給に関する免税措置が制度的に組み込まれる場合には，(7)を用いれば，税収 R_1 は

$$R_1 = \sum_{i=1}^{m} n_is_iq_i(1-a_i)x_i \tag{8}$$

と書き直される．素直な納税者の最適消費条件を求めてみよう．

$$u_i(x_i, \phi(\sum_{i=1}^{m} n_is_iq_i(1-a_i)x_i + \pi(1+t)\sum_{j=1, j\neq i}^{m} n_je_j + D) + \sum_{i=1}^{m} n_jq_ix_i), i=1,\cdots n.$$

以下では，簡単化のために，簡略記号 $u_x = \partial u_i / \partial x_i$, $u_G = \partial u_i / \partial x_i$ が用いられる．$u_x < 0$, $u_G > 0$ であると仮定されることから，限界代替率 $dx_i/dG = -(u_G/u_x)$ が正値をとることに注意して，効用最大化の一階条件は，

$$u_x + u_G \{\phi' n_i s_i (1-a_i) + a_i n_i\} q_i = 0$$

である．これを整理すれば，

$$\frac{dx_i}{dG} = \frac{1}{\{\phi' s_i (1-a_i) + a_i\} n_i q_i} \quad (9)$$

が得られ，公共財の私的財に対する限界代替率が政府の供給コストを考慮した課税後の価格比に等しくなることが明らかとなる．

免税の効果

この(9)の値は素朴な納税者が公共財に対して有する評価である．ここで，田中廣滋（1994）で得られた帰結との比較を行おう．(9)は1994年モデルでは(9)式に対応する．この2式を比較すると，公共財の民間による供給が本格的に機能する経済においては，$(1-\phi' s_i) a_i n_i q_i$ の項だけ限界代替率が小さく現れる．ただし，グループの構成員の数 n_i が大きいときには，この項の値が限界代替率に与える効果は大きくなることに注意すべきであろう．公共財の民間による直接的な貢献が認められることによって，公共財の供給が量的に拡大する．このことは公共財の限界評価を低下させる．いいかえると，政府が公共財の供給を民間部門に移譲することによって，素直な納税者によっても限界評価が低くなるまで，公共財の量的な拡大が進む．公共財の民間供給が実現される経済において，公的部門と民間部門との間に一種の中立命題が成立して，素直な納税者といえども選択の範囲が拡大して，公共財供給の実質的な価値は低下する．このとき，公共財は消費者にとって，より低いコストで供給されるようになるといえる．

図を用いた説明

公共財の供給が定められる関係は，図3を用いて図解される．図3では，水平軸に労働量 x_i, 垂直軸に公共財の数量 G が測られる．政府部門による公共財の供給曲線は，関数 ϕ で規定される曲線 AD によって描かれる．(9)式で表

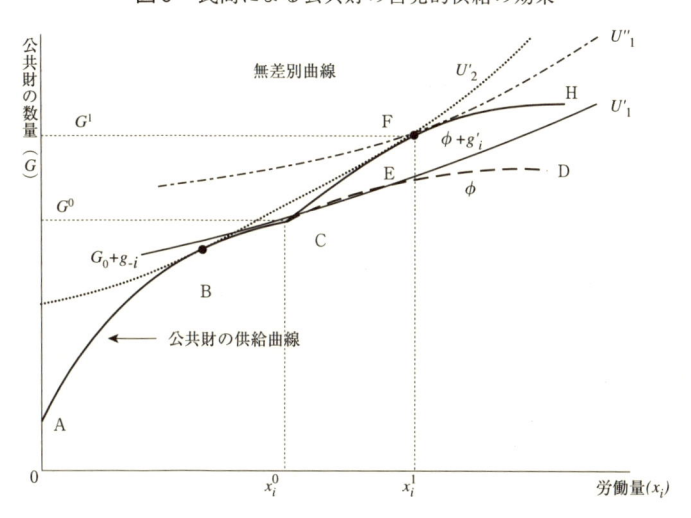

図3　民間による公共財の自発的供給の効果

される限界代替率は，垂直軸とのなす角度によって表される．公共財の民間による供給が追加されることによってこの限界代替率が小さくなるとしても，公共財供給曲線の傾きは逆に大きくなる．構成員が大きくなるにつれて，この公共財供給曲線の傾きは大きくなる．このとき，民間部門による公共財の自発的供給が考慮されると，公共財の供給曲線は点Cで折れ曲がる曲線ACHによって表示される．無差別曲線がU_1'またはU_1''で描かれるとき，民間による自発的な供給を認めることによって，選択される最適な配分が点Cから点Fにシフトして，公共財と労働がともにG^0からG^1あるいは$x_i{}^0$から$x_i{}^1$に上昇することが図から読み取られる．このとき税収も$sqx_i{}^0$から$sqx_i{}^1$に増加する．ところで，公共財の供給曲線が折れ曲がることから，無差別曲線がU_2'のタイプであるときには，点Bと点Fが最適点となるが，パラメーターの小さな変化によってその選択される点が点Bから点Fの近くの点に大きくジャンプして，内容が変更される可能性が存在する．ここでは，個人iが他の主体による税回避行動に影響を与えないことが前提とされていた．さらに，他の主体が税回避行動をとることが，個人iにとって所与とされる．個人iと他の主体との間の相互

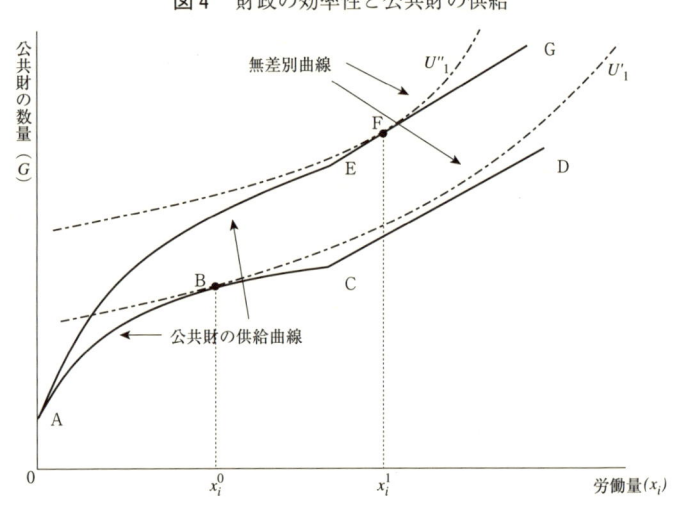

図4　財政の効率性と公共財の供給

依存の関係はここでの分析に修正を加えなければならない．

公共財の政府供給の効率性の向上

図3で導入された分析手法を用いて，政府による公共財供給の効率性の向上が，民間による公共財の自発的な供給の推進と連動する可能性が論証される．図4で描かれる場合には，公共財の供給曲線がACDからAEGにシフトして，効率性が向上する．公共財の供給が増加して，x_i^1とx_i^0の差だけ，最適値は公共財の自発的な供給がなされない点Bから，自発的な供給が実現される点Fに変わる．もちろん，厚生もU_1'からU_1''へと改善される．ここでは，公共財の供給の仕組みが効率的になることと民間での自発的な供給が進むことが必ずしも矛盾するものではないことが例示されたが，両者の詳細な関係は無差別曲線と公共財の供給曲線を特定化することによって明確にされる．この具体的なケースにおける効果の分析は，別の機会に議論されるべきであろう．

5.3 政治的な納税者の最適消費
政治的な税回避者
次に，政治的な税回避者の所得制約条件は

$$q_i\omega_i - s_i(q_ix_i - bg_i) = q_i(\omega_i - x_i) + g_i + r_i \tag{10}$$

と書き表される．課税回避の行動の可能性を考慮しながら，公共財の供給体制の議論をするための統合的な理論モデルを構築することは可能であるが，このモデルは，各主体が極端な課税回避行動に専心し，健全な財政の構造が崩壊し，民間活動が育成される道筋が見えないという最悪の事態が発生することを防止するための理論分析である．ここでは，政治的な活動を重視する個人は，政府部門からの支援を期待していて，大きな政府を望んでおり，政府の活動から独立した民間の自立的な活動への志向が乏しいと考えられる．(10)において，政治的な税回避者は民間による公共財の供給には貢献しない（$g_i = 0$）と想定しよう．[2] (10)式が

$$(1-s_i)q_ix_i = r_i$$

と書き直されることと税率の関数が $s_i(r_1, \cdots, r_i, \cdots, r_m)$ と表示されることに想起すれば，政治的な税回避者に関する所得制約条件下の効用最大化の目的関数は政治支出 r_i の関数として表示される．

$$u_i\left(\frac{r_i}{(1-s_i)q_i},\ \phi(\sum_{i=1}^{m}n_is_i(q_ix_i - bg_i) + \pi(1+t)\sum_{j=1, i\neq j}^{m}n_je_j + D) + \sum_{j=1, i\neq j}^{m}n_jg_j\right),$$

$$i = 1, \cdots n. \tag{11}$$

と書き表される．税率上昇は労働供給を低下させる．前節4.2と同様に主体 i が素直な納税者の行動をとるとすれば，(7)から，

$$\frac{\partial g_j}{\partial r_i} = a_iq_i\frac{\partial x_j}{\partial s_j}\frac{\partial s_j}{\partial r_i} < 0,\ i\neq j,\ i, j = 1, \cdots, n.$$

の成立が確かめられる．この不等式は次の関係を意味すると理解される．

政治支出の増加と自発的供給量・税収の減少
ある主体の政治活動の増加が他の主体に関する税率の上昇に波及し，労働供給さらに所得の低下が生じる．結果として，これらの他の主体において，所得

効果による自発的供給の減少が生ずる．また，税率の労働供給の弾力性が

$$\varepsilon_{ii} \equiv -\frac{\partial x_i}{\partial s_i}\frac{s_i}{x_i},\ i=1,\ \cdots,\ n.$$

であると定義される．(1)の仮定から，

$$\frac{\partial R_1}{\partial r_i} = \sum_{j=1,j\neq i}^{m} a_j n_j q_i \left(s_j \frac{\partial x_j}{\partial s_j}+x_j\right)\frac{\partial s_j}{\partial r_i} + n_i q_i\left(s_i\frac{\partial x_i}{\partial s_i}+x_i\right)\frac{\partial s_i}{\partial r_i}$$

$$= \sum_{j=1,j\neq i}^{m} a_j n_j q_i x_j (1-\varepsilon_{jj})\frac{\partial s_j}{\partial r_i} + n_i q_i x_i (1-\varepsilon_{ii})\frac{\partial s_i}{\partial r_i} \equiv A$$

の符号は，明示的に定まらない．上式において，弾力性がすべて1より小さく，前半の交差効果が後半の自己効果の絶対値と比較して小さければ，A の値は負に定まる．以下の分析では A の値が負であると仮定しよう．

この仮定は，各主体の政治的な税回避行動は税収の低下を導くことを意味する．

政治支出の弾力性

このとき，ϕ' が正であることから，

$$\frac{\partial G}{\partial r_i} = \phi' A + \sum_{j=1,j\neq i}^{m} n_j \frac{\partial g_j}{\partial r_i}$$

は負の値をとるといえる．(11)を r_i に関して微分すれば，

$$u_x\left\{\frac{(1-s_i)+r_i\dfrac{\partial s_i}{\partial r_i}}{(1-s_i)q_i}\right\} + u_G\frac{\partial G}{\partial r_i} = 0$$

が導出される．上式を x_i と r_i に関して微分して整理すれば，(9)に対応する

$$\frac{dx_i}{dG} = \frac{(1-s_i)+r_i\dfrac{\partial s_i}{\partial r_i}}{(1-s_i)q_i\left\{\phi'A+\sum_{j=1,j\neq i}^{m} n_j\dfrac{\partial g_j}{\partial r_i}\right\}} \tag{12}$$

が導出される．(12)の分母において，$(1-s_i)>0$ が成立することから，ここで設定される仮定の下では，分母は負値である．限界代替率が正の値でなければならないことから，(12)の分子は負値でなければならないことと政治支出の

税率の弾力性 η_i

$$\eta_i \equiv -\frac{\partial s_i}{\partial r_i}\frac{r_i}{s_i}$$

を用いると (12) の分子が

$$1-s_i(1-\eta_i)$$

と書き直されることに注意すれば，この弾力性 η_i は $1-(1/s_i)$ より小さくなければならない．税率が大きくなるほど，弾力性が小さくなることが明らかにされる．

自発的供給の増大と政治支出の減少

公共財の自発的な供給と (12) の限界代替率との関係は次のように整理される．(7) 式で確かめられる政治支出の自発的な供給への負の効果は (12) の分母の最後の項が負であることを明らかにする．(12) の分子と分母が負値であることを考慮すれば，この政治支出の負の効果は，自発的な供給が組み込まれない経済と比較して公共財の自発的供給が機能する経済では，この限界代替率が小さく現れることを意味する．

5.4　非政治的な税回避者の最適消費

税回避の理論

最後に，第3の分類に区分される非政治的な税回避者の行動を分析しよう．本章では，各個人の行動の特徴を明確にするために，各個人が政治的な税回避行動，非政治的な税回避行動あるいは正直な納税行動のいずれかを選択すると想定される．この想定の下では，非政治的な税回避者は非合法的な手段による税負担の軽減を目指して，政治支出を伴う政治的な税負担軽減の活動を行わない．[3] 税回避で税負担の軽減に大きな関心を有する個人にとっては，免税の対象になる公共財の自発的な供給は節税の手段としても評価も与えられるであろう．脱税に対する発見確率が π であることを想起すれば，グループ i の個人の脱税額 e_i からの期待利得が

$$\{(1-\pi)e_i - \pi(1+t)e_i\}q_i = +(1-2\pi-t\pi)q_i e_i$$

であることに注意すれば，非政治的な税回避者 i の所得制約条件が

$$q_i\omega_i - s_i(q_ix_i - bg_i) + (1 - 2\pi - t\pi)q_ie_i = q_i(\omega_i - x_i - e_i) + g_i \qquad (13)$$

と書き表され，これが

$$(1-s_i)q_ix_i = -(2-2\pi-t\pi)q_ie_i + (1+bs_i)g_i$$

と書き直されることに注意すれば，所得制約条件下の効用最大化の目的関数は

$$u_i\left(\frac{-(2-2\pi-t\pi)e_i}{(1-s_i)} + \frac{(1+bs_i)g_i}{(1-s_i)q_i}, \phi\left(\sum_{i=1}^{m}n_is_i(q_ix_i-bg_i) + \pi(1+t)\right.\right.$$

$$\left.\left.\sum_{j=1,i\neq j}^{m}n_je_j + D\right) + \sum_{j=1}^{m}n_jg_j\right), \quad i=1,\cdots n. \qquad (14)$$

となる．上式を g_i と e_i に関して微分して整理すれば，(9) と (12) に対応する (15) と (16) 式が導出される．(14) を e_i に関して微分した式

$$u_x\left\{\frac{-(2-2\pi-t\pi)}{(1-s_i)}\right\} + u_G\{\phi'\pi(1+t)n_i\} = 0$$

を整理すれば

$$\frac{dx_i}{dG} = \frac{(2-2\pi-t\pi)}{|\phi'\pi(1+t)n_i|(1-s_i)} \qquad (15)$$

が得られる．g_i に関して同様の計算をすれば，下の 2 式が導出される．

$$u_x\left\{\frac{(1+bs_i)}{(1-s_i)q_i}\right\} + u_G\{\phi'n_i(1-bs_i)\} = 0.$$

$$\frac{dx_i}{dG} = \frac{(1+s_i)}{|\phi'n_i|(1-s_i)q_i}. \qquad (16)$$

公共財の自発的供給と税回避

この (15) と (16) が同時に等式で成立することは一般的にはいえないが，以下では税回避をする個人が公共財の自発的な供給をする場合を想定しよう．この 2 つの式の値が均衡すると仮定される．この等式を整理すれば，

$$1 = \frac{q_i(2-2\pi-t\pi)}{\pi(1+t)} \qquad (17)$$

が導出される．上式を t で微分すれば，

$$\frac{d\pi}{dt} = \frac{\pi(1+q_i)}{-(2q+t+tq+1)} \tag{18}$$

が得られる．脱税の発見確率が不等号（1＞π＞0）を満たすと想定されることから，(18)は正の値である．この関係式は，個人が脱税と公共財の自発的供給が同時に実施するとき，脱税に対する課徴金が大きくなるにつれて，所得税率も高く設定されることを意味する．いいかえると，税率が上昇すれば，各個人は，公共財の自発的供給を増強させて，税負担を軽減することに熱心になる一方で，脱税から得られる相対的な期待利得が増加する．脱税の潜在的なインセンティブともいえるこの脱税の相対的な有利さは脱税への課徴金引き上げによって相殺されなければならない．

6．税回避行動と財政の再建

個人による納税者行動の選択

前節で納税者の行動が3つのタイプに分けて分析された．本章では，各個人がある特定のタイプの納税者行動をとることは予め決まっている訳ではなく，有利な納税者行動が各個人によって選択されると想定される．各個人はそれぞれ自らの立場から，納税者のタイプを選択するとしても，どのようなタイプが選択されるかによって，その社会の構造あるいは活力は異なる．たとえば，政治的な税回避者が多数存在する社会では，議会の活動や合法的な税回避を可能とする弁護士の経費などに多くの資源が支出される．また，非政治的な税回避行動では，資金が政府によって把握されない地下経済を回流する．この場合，経済活動は活発に実行され，政府によって資源配分がなされるよりは，実質的に効率的な資源配分が実現されることも考えられる．しかしながら，財政再建あるいは日本経済の再生という観点からいえば，経済社会が本章の分類における素直な納税者によって大部分構成されることが望ましい．経済活動が政府とは別の地下ルートで実施されることは，経済の実態面からの活力という点では問題はないとしても，そのことは，政府に十分な税収が確保できないという深

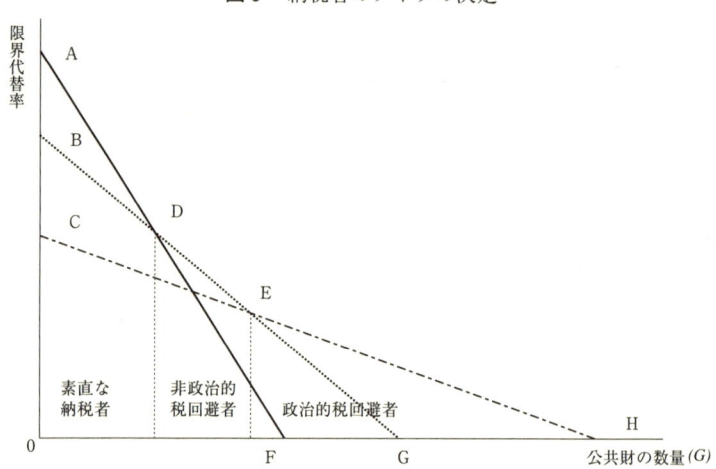

図5 納税者のタイプの決定

縦軸：限界代替率
横軸：公共財の数量(G)

領域ラベル：素直な納税者／非政治的税回避者／政治的税回避者

点：A, B, C, D, E, F, G, H, 0

刻な問題をもたらす．このような事態を放置しておけば，結果として高い税率などの国民負担がもたらされることが懸念される．しかも，その税負担を回避するグループが存在することが問題であり，負担の不平等など公平上の問題も生じる．以下では，多くの国民が素直な納税者の行動を選択するための条件を解明しよう．

(9), (12)および(15)または(15)'で表示される限界代替率は，個人が，それぞれのタイプの税回避者として行動をとったときの公共財の限界評価を表すと解釈される．このとき，各個人は限界代替率が最も大きくなるタイプの税回避者のタイプを選択すると仮定しよう．この想定が採用され，個人が素直な納税者の行動を選択するためには，素直な納税者の限界代替率(9)がその他のタイプの税回避者の限界代替率よりも大きいことが必要である．この条件を求めてみよう．図5を用いて，納税者によるタイプの決定の選択が説明される．ただし，直線 AF は素直な納税者の限界代替率(9)，直線 BG は非政治的な納税者の限界代替率(15)，直線 CH は政治的な納税者の限界代替率(12)をそれぞれ描く．

素直な納税者対非政治的な税回避者

まずはじめに，素直な納税者が非政治的な税回避者より選好されるための条

件を導出しよう．(6)−(9)≦0 を満たす条件が求められる．n_i と q_i が正の数であることに注意すれば，上の不等式は

$$\frac{(1-bs_i)}{\phi'(1-s_i)} - \frac{1}{|\phi's_i(1-a_i)+a_i|} \leq 0 \qquad (19)$$

と書き直される．

$\frac{da_i}{db} = \frac{s_i}{(1-s_ib)^2} > 0$ の成立に注意すれば，自発的供給に対する免税率 b の値に応じて，(19) の左辺の符号を確かめることができる．b の上昇に対する納税者の態度の変化を明らかにすることができる．このとき，(19) の左辺の第1項が減少することは明らかである．第2項の分母の値が上昇すると仮定すれば，(19) の左辺の値を低下させる．自発的な供給に対する免税措置 (b) の拡大は (19) の不等号の成立を容易にして，納税者の政治的な税回避行動を素直な納税者の行動に移行させる効果が存在するといえる．

また，(19) は，

$$\frac{(1+s_i)|\phi's_i(1-a_i)+a_i| - \phi'(1-s_i)}{\phi'(1-s_i)|\phi's_i(1-a_i)+a_i|} \leq 0 \qquad (20)$$

と整理される．上式の分母で，

$$\phi's_i(1-a_i)+a_i > 0 \qquad (21)$$

が成立すると仮定すれば，分子は非正でなければならない．ところで，分子が

$$\phi'\{(1-bs_i)s_i(1-a_i)-(1-s_i)\}+(1+bs_i)a_i \leq 0$$

と変形され，$1+s_i > 0$ であることと $\phi' > 0$ から，

$$(1-bs_i)s_i(1-q_i)-(1-s_i) < 0 \qquad (22)$$

が成立しなければならない．(22) が

$$s_i^2(1-a_i)b + (2-q_i)s_i - 1 < 0$$

と書き直されることに注意して，根の公式を用いれば，$1 > q_i$ が満たされると

$$\frac{-(2-a_i)+\sqrt{(2-a_i)^2+4(1-a_i)b}}{2(1-a_i)b} < s_i < 1 \qquad (23)$$

が成立しなければならない．また，$1 < q_i$ が満たされるとき，

$$s_i < min\left\{\frac{-(2-a_i)-\sqrt{(2-a_i)^2-4(1-a_i)b}}{-2(1-a_i)b},\ 1\right\} \qquad (24)$$

が成立する．ただし，価格 q_i が1に接近すると，上の2式(23)，(24)の右辺の分数式の値は無限大となり，不連続な動きが生じる．この値では，右辺は1の値に等しくなる．税率はゼロと1の間の値をとり，新たな制約は課されない．公共財で測られた労働の価値は1となり，どのような税率が設定されても，公共財を自発的に供給するのが有利となり，戦略的な行動は生じない．

第二に，(15)−(9)≦0が満たされる条件を求めると，田中廣滋（1994）とその修正版である（1998b）によって主張された次の関係が再確認される．n_i が正の値をとることから，(9)と同様にして

$$\frac{(2-2\pi-t\pi)}{\phi'\pi(1+t)(1-s_i)} - \frac{1}{\{\phi's_i(1-a_i)+a_i\}q_i} \leq 0 \qquad (25)$$

が導出される．(25)において，π と t が上昇するとき，この不等号の成立が容易になる．発見確率と脱税に対する課徴金が大きくなるほど，素直な納税者が得られる可能性が大きくなる．

素直な納税者対政治的な税回避者

第三に，以上と同様に，(12)−(9)≦0が成立する条件を考察しよう．(12)において，次の3つの条件が満たされるとき，素直な納税者が存在する条件が容易に満たされるといえる．1．Aの絶対値が増大して，政治支出拡大に伴う税収の低下が生じる．2．分子において，

$$r_i \frac{\partial s_i}{\partial r_i} = -s_i\left(-\frac{r_i}{s_i}\frac{\partial s_i}{\partial r_i}\right)$$

が成立することに注意すれば，政治支出の税率弾力性が上昇する．3．(12)式の分母の最後の項において，政治支出が公共財の自発的供給にもたらす，負の所得効果が生じる．

最後に，(19)と(25)を関数の形を特定することになって，以上の議論は，より厳密なものとなるであろう．

7. おわりに

　財政再建を実現するために理論的な分析は種々の視角から展開されることができるが，その議論の中心が財政規模の削減と経済活性化にともなう税収の増加に置かれていることが明らかである．このことから，個人が政治的あるいは非政治的な税回避行動を駆使して積極的な活動を展開するなかで，公共部門の効率化による財政負担を軽減する方策が分析されなければならない．そのための分析手法としては，公共財の自発的な供給の理論と利害集団による政治的な活動の分析を避けて通ることは困難である．本章の分析から得られた，政策的な含意は次のように要約されるであろう．本章で，素直な納税者と呼ばれる個人が公共財の民間による供給に貢献することによって，政府の財政規模の削減と積極的な納税によって財政の再建が実現される．この素直な納税者が経済社会の中核となる社会の特性が解明された．ここで述べられた条件の整備は日本経済の再建を実現する1つの可能性命題の成立への扉を開くものであるということもできることから，本章の解明された条件が着実に実現されることが日本の社会の再建のために重要な選択肢であるということができる．

注

1) Kristov, Lindert と McClelland（1992）は圧力団体の行動を分析する．
2) 長谷川（2001）では，政治的税回避の態度を選択する個人が公共財を自発的に供給するケースが分析される．
3) 税回避の理論的な分析は多くの文献で展開されるが，Hunter と Nelson（1990），Marrelli（1984），Marrelli と Martina（1988），Sandomo（1981）などの研究成果が本稿の議論と比較検討されるべきであろう．

参考文献

Allingham, M. and Sandomo A. (1972), "Income Tax Evasion : A Theoretical Analysis," *Journal of Public Economics*, 1, pp.323-338.
Becker, G. S. (1983), "A Theory of Competition among Pressure Groups for Political Influence," *Quarterly Journal of Economics*, 98, pp.371-400.
Becker, G. S. (1985), "Public Politics, Pressure Groups, and Dead Weight Costs,"

Journal of Public Economics, 28, pp.329–347.

Cowell, F. A. and Gordon P. F. (1988), "Unwillingness to Pay : Tax Evasion and Public Good Provision," *Journal of Public Economics*, 36, pp.305–321.

Epple, D. and R. E. Romano (1996), "Public Provision of Private Goods," *Journal of Political Economy*, 104, pp.57–83.

Kaplow, L. (1990), "Optimal Taxation with Costly Enforcement and Evasion," *Journal of Public Economics*, 43, pp.221–236.

Kristov, L., P. Lindert and R. McClelland (1992), "Pressure Groups and Redisribution," *Journal of Public Economics*, 48, pp.135–163.

長谷川智之 (2001)「政治的税回避行動と自発的な公共財」『中央大学経済研究所年報』第32号(Ⅱ), 135-143頁.

Hunter, W. J. and Nelson M. A. (1990), "Excise Taxation and The Theory of Tax Exploitation," *Journal of Public Economics*, 45, pp.269–282.

Marrelli, M.(1984), "On Indirect Tax Evasion," *Journal of Public Economics*, 25, pp.181–194.

Marrelli, M. and R. Martina (1988), "Tax Evasion and Strategic Behavior of Firms," *Journal of Public Economics*, 37, pp.55–69.

Myles, G. D., (2000), "Wasteful Government, Tax Evasion, and Provision of Public Goods," *European Journal of Political Economy*, 16, pp.51–74.

Sandomo, A. (1981), "Income Tax evasion, Labour Supply, and The Equity–Efficiency Trade Off," *Journal of Public Economics*, 16, pp.265–288.

Srinivasan, T. N. (1973), "Tax Evasion : A Model," *Journal of Public Economics*, 2, pp.339–346.

Tanaka, H. (1994), "Political and Non–Political Tax Evasions : Income Tax Evasions of Pressure Groups,"『経済学論纂 (中央大学)』第35巻第3号, 117-128頁.

田中廣滋 (1995)「財政規模と租税負担率の同時決定と中位投票者理論」『経済学論纂 (中央大学)』第36巻第4号, 211-230頁.

田中廣滋 (1998 a)「中位投票者理論の有効性―行政の効率性向上における投票理論の役割―」『中央大学経済研究所年報』第28号, 269-283頁.

田中廣滋 (1998 b)「政治的および非政治的な税回避行動とその防止政策」『公共選択の研究』第30巻, 57-61頁.

田中廣滋 (1999)「公共財の民間部門による供給と地方分権の推進」『経済学論纂 (中央大学)』第39巻第3・4合併号, 197-214頁.

田中廣滋 (2001)「産業基盤としての公共財の政府供給と地域の自発的供給―不純な利他主義的動機からの接近―」『中央大学経済研究所年報』第31号, 203-217頁.

Vicary, S. (1997), "Joint Production and the Private Provision of Public Goods," *Journal of Public Economics*, 63, pp.429–445.

付　記

　田中廣滋（2002）「税回避行動と公共財の民間供給に有効な政策手段―構造改革の可能性命題―」『経済学論纂（中央大学）』第42巻第6号，197-212頁を改訂したものである．

第 11 章

地方分権と民間部門

1. はじめに

　2000年4月に地方分権一括法と呼ばれる「地方分権の推進を図るための関係法律の整備等に関する法律」が施行され，地方分権に向かう具体的な取り組みが開始された．とはいえ，その動きは始まったばかりで，財源問題や住民に対する政策の説明など多くの課題が山積しており，これらの問題に対する対応は試行錯誤的に次第に進められていくものと考えられる．本章において地方分権のメリットを活かした地域における活性化の政策が論じられる．ところで，地方分権が地方の活性化を通じて，国民の厚生の向上に寄与するためには，地方分権は実質的にある程度進展することが求められる．現時点で地方分権の問題を考察するとき，われわれはどのような形で地方分権が進められるべきかを明確にすることが必要である．以下では，地方分権が進み地方政府の自主的な判断が尊重される社会モデルを想定して，地域の経営のあり方が解明される．
　1998年の『地方分権推進計画』は国と地方公共団体の役割の分担を次のように定める．
　国が担うべき事務として，「国際社会における国家としての存立にかかわる事務」「全国的に統一して定めることが望ましい国民の諸活動又は地方自治に

関する基本的な準則に関する事務」「全国的規模・視点で行わなければならない施策又は事業」などが定められる．これに対して，「地方公共団体は，地域における行政を自主的かつ総合的に広く担う」として，地方公共団体の事務の役割が述べられている．

本章においては，中央政府が基本的な公共財の供給に責任を有する一方で，地方政府は補助金を活用して，民間の企業による公共財の供給を促して，地域の経営を図ると想定される．税率は全国一律に定められるが，費用に関しては地域の事情に応じて分担率が決められる．本章において，地方分権が進んだ社会における公共財供給に対する民間企業の役割が論じられる．

Epple と Romano（1996）は，政府と民間の両方の供給主体から供給される医療サービスなどの公共財に関する国民による供給量の選択の問題を提示する．本章においては，この2つの主体による公共財の供給システムが，地域開発，景気対策あるいは構造改革の視点から論じられる．公共財の供給による地域開発の議論は，Wilson（1997）と Kim（1998）による開発の成果としての財産課税の理論が利用される．公共部門の効率性に関する分析には，Laffont（1995）による情報の非対称性に関する分析が援用される．

本章の構成は以下のように要約される．2節において本章の基本モデルが説明される．2.1では消費者行動が定式化され，市場による公共財の私的供給によって住民の厚生が向上することが確かめられる．2.2において，中央政府と地方政府の役割の区分が明示され，公共財における政府による供給，市場での私的供給，税率などの関係が整理して分析される．3節において，公共財の民間市場の役割が明らかにされる．3.1において，地方政府から補助を受けながら市場に公共財を供給する企業の行動が定式化され，次の2つの主張が確かめられる．このような地域政策が成功するためには，需要の価格弾力性がある程度大きいことが必要である．売上の増加と経費削減の努力の強化はある水準までは連動する．3.2では，税率と政府による公共財の同時決定モデルを用いて，補助率の変更という手段による地域振興の効果が考察される．ここでの帰結は，市場の競争条件の整備が政策の効果を高めるということであった．3.3に

おいて，民間による公共財の供給拡大が税率や政府の公共財の供給に及ぼす効果が比較静学分析によって明らかにされる．

2. 基本モデルの設計

2.1 公共財の最適消費
中央政府・自治体・民間企業

都道府県や市町村など自治体の単位として，何をとるかは別としても，わが国は，多くの自治体から構成されている．本章はこれらの自治体と国とのあるべき関係を解明することを目標とするが，簡単化のため，まずはじめに，国が2つの地域（自治体）から成り立っているとしよう．iとjの2つの地域があり，それぞれ1つの企業iとjが所在する．公共財は政府と民間によって供給される．すべての国民にある一定水準の社会生活が保証されるように，政府は最低水準の公共財を各地域に供給しなければならない．その供給水準は各地域に関して一律の数量gによって示される．このgは中央政府によって直接供給されることもあるが，多くの場合には，中央政府によって定められた基準に従って，そのサービスの供給が地方政府による供給という形態で実現される．企業iとjが各地域iとjで供給する公共財の数量は各々 x_{ii}, x_{ij}, x_{ji}, x_{jj} で表示される．企業iとjの公共財の総供給量はx^iとx^jで，また，地域iとjにおける公共財の総供給量はx_iとx_jに等しい．したがって，等式

$$x^i = x_{ii} + x_{ij}$$

$$x^j = x_{ji} + x_{jj}$$

$$x_i = x_{ii} + x_{ji}$$

$$x_j = x_{ij} + x_{jj}$$

が満たされる．地域iとjに所在する代表的な個人にとって公共財の需要量は$g+x_i$と$g+x_j$に等しくなる．国と自治体との関係は図1において，描かれる．

本章で考察されるモデルの理解を容易にするために，義務教育や福祉事業の例を挙げてみよう．中央政府が供給の責任を持つのはごく限られた基本的な部

図1 公共財供給の2地域モデル

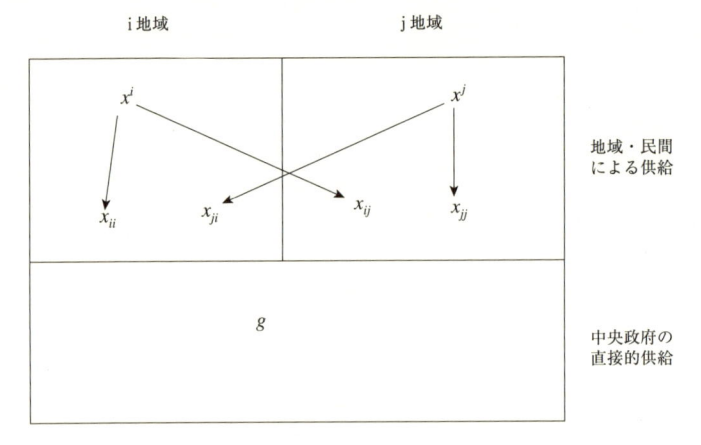

i地域　　　　　　　j地域

x^i　　　　　　　x^j

x_{ii}　x_{ji}　x_{ij}　x_{jj}

地域・民間
による供給

g

中央政府の
直接的供給

分だけであり，それにどれだけ上乗せするのかは各自治体の判断に任される．これらの公共財の供給では，自治体や公益法人が直接的に公共財を供給する場合もあるが，民間の団体あるいは企業への業務委託が実施される事例も多く見られる．

　民間企業による供給では，いわゆる規制産業に属する公益企業とは異なり，営業許可などがかなり自由化されると，この公共財の供給への民間企業の参入は自由で，その価格は政府によって管理されるのではなく，市場によって決定される．この場合，政府による市場機構の条件整備は重要になる．公共財は国民の生活を支える基本的な財であるので，その供給が民間の企業によって適正に供給されているかどうかなどの項目を含めた品質や市場の供給条件は，政府あるいは公的な第三者機関によって厳正に監視されなければならない．このための経費は公共財の費用に含められる．

民間の市場供給

　各家計 i は労働など地域間において可動な生産要素を数量 l_i と宅地など非可動な財を y_i 単位だけ供給する．労働の賃金を1として，労働が基準財に設定されており，財の価格は実質化される．非可動な財のレントの価格は p_1 で表示される．公共財の供給によって地域の社会資本の整備が進み，結果として，

土地の資産価値が上昇することが期待されることから,非可動財の価格 p_1 は公共財の供給量 $G_i = g + x_i$ または $G_j = g + x_j$ の増加関数 ϕ で示される.

家計 i の課税前の所得 M_i は

$$M_i = l_i + p_1 y_i = l_i + \phi(g + x_i) y_i$$

と書き表される.所得 M_i に対して一定の税率 t の課税が実施される.

ここで用いられる課税は労働に対してだけでなく,一種の資産課税も併用される.家計 i は完全競争の市場から,価格 p_3 で数量 z_i だけ消費する.ここでは,公共財が民間部門によって,私的に供給されることから,公共財に関する市場が成立する.公共財の民間市場の価格が p_2 で表示され,単調減少な逆需要関数 ψ

$$p_2 = \psi(x_i)$$

によって地域 i の需要は表示される.ただし,次の関係式

$0 \leq G_i \leq g$,あるいは,$x_i = 0$ のとき,$\psi'(x_i) = 0$,$\psi''(x_i) = 0$.
$G_i > g$,あるいは,$x_i > 0$ のとき,$\psi'(x_i) < 0$,$\psi''(x_i) > 0$.

が満たされる.

家計 i に関する効用関数と予算制約条件式は次の2式

$$u_i(l_i, y_i, G_i, z_i), \tag{1}$$

$$\{l_i + p_1(g + x_i) y_i\}(1 - t) = p_2(x_i) x_i + p_3 z_i \tag{2}$$

で書き表される.大都市と中山間の住民では,生活の様式がかなり異なることから,地域に応じて住民の選好が相違すると想定される.予算制約下における効用最大化が実現される最適な計画において,私的な消費財に関する地域 i における公共財の総供給量 $G_i = g + x_i$ の限界代替率に -1 が乗じられた値に等しい予算制約線の勾配は

$$\frac{d z_i}{d G_i} = \frac{p_1'(G_i) y_i (1 - t) - p_2'(x_i) x_i - p_2(x_i)}{p_3} \tag{3}$$

に等しくなる.ここで,関係式 $dp_2(x_i)/d G_i = p_2'(x_i) d x_i/d G_i = p_2'(x_i)$ が用いられる.

資産効果と市場効果

$p_1'(G_i) > 0$ が満たされるとき，資産効果が成立する．公共財の市場供給において，$p_2'(x_i) < 0$ が満たされるとき，市場効果が成立する．この2つの効果がある場合，符号を含めていえば，(3)の分子における第1と第2項の和が正であり，第3項は負であり，この分子の符号は定まらない．次の2つの解釈が成り立つ．

① この2つの効果の和が価格 p_2 を上回れば，この分子の符号が正となり，予算制約線の勾配が正に定められる．このような予算制約線の形状によって見られる状況は，次のような公共部門の拡大による均衡の経路を指し示す．公共財の供給が増すことによって地域振興が実現して，労働の雇用機会の拡大と資産価値の上昇による所得の増加が実現する．結果として，消費者が私的財も消費を増加することができるという高度成長期やバブル期にもてはやされたこのようなバラ色のシナリオの内容が成立する．

② 経済活動の停滞あるいは減速期における公共部門の再構築の方策を，明確にするためには，予算制約線の勾配が負となる場合が考察の対象とされる．(3)の分子の符号が負である．この場合でも，資産効果と市場効果は，予算制約線の勾配の絶対値を小さくする．この2つの効果は消費者の消費可能集合を拡大することに役立つことから，最適消費計画を改善させることができる．この結論は公共財の自発的供給の理論において有名な中立命題とは異なる内容を有しており，命題1で叙述される．[1]

命題1 公共財の供給によって個人の所有する資産の価値が上昇することによって，消費者の厚生は高められる．また，市場における民間の供給主体よる公共財の供給によって，政府による市場を経由しない直接的な供給より，消費者の厚生は改善される．

この命題の内容は図2を用いて図解される．水平軸に公共財の総供給量，垂直軸に私的消費財の数量が測られる．資産効果と市場効果が生じない通常の予

図2　公共財の市場供給

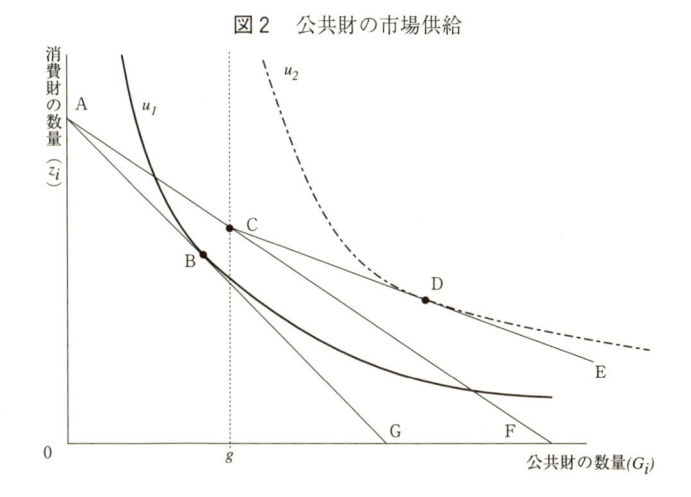

（図：縦軸「消費財の数量 (z_i)」、横軸「公共財の数量 (G_i)」、点A, B, C, D, E, F, G、無差別曲線 u_1, u_2、横軸上の点 g）

算制約線は直線 AG で，また資産効果だけを入れた予算制約線は曲線 ACF で，さらに，資産効果と市場効果の両者が考慮される予算制約曲線は曲線 ACE で表示される．両方の効果がないときの最適な消費は点 B で示され，そのときの効用水準 u_1 であるのに対して，両効果が生じるときの最適消費は点 D で表示され，効用水準は u_2 に等しくなる．この u_2 の値は u_1 の値より大きくなり，この2つの効果は消費者の厚生の改善に役立つ．

ところで，予算制約曲線の形状を明確にするために，(3)を G_i でもう一度微分すれば，

$$\frac{d^2 z_i}{dG_i^2} = \frac{p_1''(G_i)y_i(1-t) - p_2''(x_i)x_i - p_2'(x_i)(1+x_i)}{p^3}$$

が得られる．右辺の分子の最初の2項の和は負であるのに対して，第3項は負であり，この分子は負値から負値を控除することとなり，その値は定まらない．ここでは，この2つの効果の影響が相対的に小さいと想定して，上式の符号が分子の第3項によって定められると仮定されている．もちろん，必ずしも，このような条件が満たされない可能性も存在することから，図2と異なるタイプの予算制約線に関する検討は継続されるべきであるが，以下では，上で述べられた仮定に基づき，図2で描かれるケースに関して分析を行う．

この命題1と公共財の自発的な供給における中立命題の関係に言及してみよう．学術や芸術活動への助成など公共財の供給が資産効果をもたらさないタイプであったり，政府が市場における独占的な購入者として，一定の価格において民間企業の生産物を買い取り，消費者に公共財として給付する場合などにおいては，$p_1'(G_i)=0$と$p_2'(x_i)=0$が得られて，公共財の最適な消費量が確定する．総量として公共財の数量は一定であるので，政府による直接的な供給の拡大あるいは縮小は，民間部門における公共財の供給をその数量だけ，減少あるいは増加を調整する．ここでの民間による公共財供給に関する議論は資産効果と価格効果を導入するという点において，公共財の自発的な供給に関する中立命題とは異なる視点からの分析であるということができる．この主張に関する実証的な研究は本書の第5章の3と4節において，高斗甲によって展開される．

2.2 政府の行動

公共財の一方の供給主体である政府の行動に関する仮定を明確にしておこう．われわれは，分析結果が現状の制度に基づく政策的な意味付けが容易になるように，政府部門が中央政府と地方政府にその機能が分けられるとしよう．

中央政府の権限と役割

中央政府は国民の生活が最低水準を満たすことができるように，全国一律的に供給される公共財の数量gを定める．公共財を供給するために必要な費用$c(g)$は，あらかじめ中央政府が決めた配分の率に従って，各地方政府によって負担される．政府部門における公共財の費用$c(g)$は中央政府で計上される費用だけでなく，中央政府による基準に従って地方政府が実施するとき生じる公共財の供給費用も含められる．地域iとjの配分比率は正の数λ_iとλ_jで表記されるが，この値は，国会において，審議あるいは承認されることになるであろう．ここでは，2つの地域しか存在しないと想定されていることから，等式$\lambda_i+\lambda_j=1$が成立する．この費用の負担率は政治的な意思決定過程によって外生的に決められる．また，中央政府は所得に対する課税権を有しているが，

その税収はその地域の所得額に応じて各地域に配分される．

地方政府の権限と役割

各地方政府は，その地域の税収に基づいて中央政府から交付される財源から，交付額と負担額との差額が赤字にならないように，公共財の負担額を支出するが，負担額と税収は中央政府によってコントロールされる．

地方政府 i と j は財政の収支の均衡を計らなければならないが，差額を地域振興のため自地域内で公共財を供給する企業に対して，生産物の一単位当りに各々 s_i と s_j の補助金を給付する．ただし，s_i と s_j は非負の数であり，以下では補助率ともいわれる．政府は企業に対する課税や課徴金を課さないと想定しよう．

ところで，この補助金は地域振興の目的に当てられることから，地域の雇用の創出効果が大きい地域に所在する企業に主として交付される．このような補助金が必要な理由としては，公共財の供給に関連する事業において，収益を見込んだり，採算を確保することが困難であることが考えられる．政府による事業に対する支援がなければ，この分野への民間企業の参入は限られたものとなり，民間の主体による公共財の供給は十分に普及しない恐れがある．といっても，その補助率が大きくなることは望ましくなく，民間部門による公共財の供給方式を新規に考案することによって，公共財の公的な負担が軽減されることが，社会的な要請であるといえる．社会全体から見ると政府が補助金の給付方法を工夫することによって，この生産物1単位当りの補助金 s_i と s_j がいずれも政府よる公共財供給の平均費用 $c(g)/g$ を下回ることが，この種の制度が導入されるための主要な前提条件の一つである．

地方財政の収支均衡

補助率に関する制約

$$c(g)/g \geqq s_h, \quad h=i, j \tag{4}$$

の下におけるこの2つの地方政府の財政均衡条件式は

$$tM_i = \lambda_i c(g) + s_i x_{ii}, \tag{5}$$

$$tM_j = \lambda_j c(g) + s_j x_{jj} \tag{6}$$

で表示される．分権が未成熟の段階では，中央政府からは，この2つの連立方程式における内生変数は t と g であり，その他の変数は外生変数またはパラメーターとして取り扱われる．このような視点からは，中央政府主導で地方財政の問題が解決可能であるといえる．

まず，(4)の条件について見てみよう．政府にとって，同額の歳入を確保するのには，より少ない財政負担で済むことが有利であるので，政府が自らの責任で公共財を供給し続けるか，民間の供給に委ねるかの判断は，財政の支出額が小さい方式が採用されるという基準に従うとしよう．公共財の費用関数が凸であるとすれば，

$$c(g+x_{ii}) \geqq c(g) + c'(g)x_{ii}$$

の成立が確かめられる．

$$\lambda_i c'(g) \geqq s_i \tag{7}$$

が満たされるとき，

$$\lambda_i c(g+x_{ii}) \geqq \lambda_i c(g) + s_i x_{ii} \tag{8}$$

が成立して，政府による供給より民間による供給が財政の負担を軽減することから，民間による供給方式が選択される．費用逓増の場合には，不等式 $c'(g) > c(g)/g$ が得られることから，多少小さな分担率 λ_i に対しても，(4)が満たされる生産物単位当りの補助金の下において，(7)が成立する可能性が大きくなる．いいかえると，公共財の供給に関して限界費用と平均費用が等しくなる数量の近傍あるいは費用逓増の領域において，(7)から中央政府の効率性の基準(4)が導出されて，中央政府が心配するような非効率な程に民間による公共財供給は拡大しない．[2]

次に，(5)と(6)の連立方程式に言及しよう．分権が未成熟の段階では，t と g が内生変数に定められることによって，この2つの式から，中央政府よる地方政府へのコントロールが確立していて，政策面における地方政府による自由度は著しく制限されているようにも見えるが，地方政府 i が方程式では外生的なパラメーターである補助金 s_i を調整することによって，生産量 x_i，x_i や雇用量 l_i あるいは所得 M_i を変更することが可能である．地方分権が確立した段

階では，公共財の供給費の地域間における配分比率の変更という調整手段を別とすれば，各地方財政が均衡するように税率と公共財の供給量が中央レベルで定められ，地方政府は地方財政が均衡するように補助率を決定する．地方政府が地域経営に成功しても，失敗しても，中央政府から，特別の負担の追加や援助の増強はない．この意味において，このモデルにおいて地域経営に関する地方政府の自己責任が問われており，地方分権下における理論分析が可能である．

ところで，本章における2地域モデルでは，地方政府が事前に補助金 s_i を調整するとしても，(5)，(6)式で，内生変数の数が公共財の数量と税率の政策変数の数と一致して，分権が未成熟な段階の分析にも適用可能である．国全体としては，このようなシステムで財政の運営は続けられると考えられるが，地方分権がさらに進むと，この(5)，(6)式の含意が別の観点から解釈されるべきである．このとき，現実には多数の地域が存在することから，(5)，(6)は地域あるいは自治体の数に等しい連立方程式に置き換えられる．この連立方程式が解を持つためには，その方程式の数と等しい変数を確保するという課題が生じるであろう．方程式と変数の数を一致させる現実的な方策としては，地域を人口の規模，産業構造，地理的な特性などに応じて，いくつかのグループに分類することが考えられる．このようにして，地方財政の均衡方程式の数を調整する一方で，方程式の数に等しい変数を確保するために，公共財の内容を，情報通信，道路整備，教育，医療福祉などの項目に細分して，また，税に関しても，所得税，資産課税，消費税など多少区分を細かくして変数を増やすことが実際的な対応策となるであろう．

3．民間市場の効果分析

3.1 地域経営

地方政府は，自地域における経済活動を活性化することによって，その政策の財源として用いられる税収を増加させることができる．このような財政面か

らの接近とは別に，この地域活性化の過程において，民間による公共財の供給を増進させ，地域住民の生活を直接的に向上させることも可能である．このように地域経営が順調にいくためには，地域の企業のインセンティブを活かした経済運営が地方政府にも求められる．

第一段階として，地域 i の企業活動が解明される．地域 i に所在する企業は，l_i の労働を投入して，地域 i と地域 j に x_{ii} と x_{ij} の数量を供給する．生産関数 f_i を用いれば，

$$f_i(l_i) = x^i = x_{ii} + x_{ij} \tag{9}$$

によって地域 i の生産関数が表示される．各企業は利潤最大化を目指すが，各々異なる費用構造を持つと想定される．

民間企業の効率的な経営指標：効率特性 β_i と努力変数 e_i

企業による経費削減の努力を明示的に分析するために，企業 i の生産物単位当りに要する人件費を除いた費用を示す内在的な効率特性 β_i とこの i による費用削減の努力変数 e_i を使用しよう．企業は e_i を増加させることによって，経営の効率を改善することが可能であるが，その一方で経営合理化などのための支出をしなければならない．この2つの効果のうち，第一の経費削減効果は企業の売上額に対する係数 $log(\beta_i - e_i)$ によって示され，限界値での係数は経費の削減努力水準に関して逓減する．また，$log(\beta_i - e_i)$ が正であることから，$\beta_i - e_i > 1$ の不等式が満たされなければならない．経費削減に付随するする第二番目の効果についていえば，不良品や返品の生産物に対する比率を下げたり，在庫管理を強化するために最新のシステムを導入するなどの投資が必要であり，このような措置は人的あるいは物的な資源の再配分が経費をある程度押し上げることになる．正の定数 α を用いて，この経費は $(\frac{1}{2})\alpha e_i^2$ で表示される．ところで，民間企業の生産の効率性に関するこの2つの係数について，中央および地方政府は正確な情報を把握することが困難であり，政府はこれらの数値を補助率の決定などに利用できないと本章では仮定されている．

地方政府からの補助金を控除した民間企業 i の費用関数

$$l_i + |p_2(g + x_{ii} + x_{ji})x_{ii} + p_2(g + x_{ij} + x_{jj})x_{ij}| log(\beta_i - e_i) + \frac{1}{2}\alpha e_i^2 - s_i x_{ii}$$

によって定式化される．公共財の供給において，費用関数の形状に関して，政府では一般的に定義されているが，民間の企業については，具体的な意味付けが容易であるように線形の費用関数が用いられる．産出物の係数 $log(\beta_i-e_i)$ は生産過程における効率性の指標である．生産の制約条件下における利潤最大化行動は Lagrange 式

$$\{p_2(g+x_{ii}+x_{ji})x_{ii}+p_2(g+x_{ij}+x_{jj})x_{ij}\}\{1-log(\beta_i-e_i)\}-l_i-\frac{1}{2}e_i^2$$
$$+s_ix_{ii}+\gamma\{f_i(l_i)-x_{ii}-x_{ij}\} \tag{11}$$

を変数 x_{ii}, x_{ij}, e_i, l_i, γ に関して微分することによって明らかにされる．ただし，γ は Lagrange の乗数である．

民間企業の最適供給条件

最大化の１階の条件は，⑿ から ⒂ と ⑼ の５つの式で書き表される．

$$\{p_2'(g+x_{ii}+x_{ji})x_{ii}+p_2(g+x_{ii}+x_{ji})\}\{1-log(\beta_i-e_i)\}+s_i-\gamma=0. \tag{12}$$
$$\{p_2'(g+x_{ij}+x_{jj})x_{ij}+p_2(g+x_{ij}+x_{jj})\}\{1-log(\beta_i-e_i)\}-\gamma=0. \tag{13}$$
$$p_2(g+x_{ii}+x_{ji})x_{ii}+p_2(g+x_{ij}+x_{jj})x_{ij}=\alpha(\beta_i-e_i)e_i. \tag{14}$$
$$-1+\gamma f_i'(l_i)=0. \tag{15}$$

これらの４式の意味を明確にするために，⒂ を ⑿ と ⒀ に代入して整理すれば，⒃ と ⒄ が導出される．

$$p_2'(g+x_{ii}+x_{ji})x_{ii}+p_2(g+x_{ii}+x_{ji})=\frac{1-s_if_i'(l_i)}{\{1-log(\beta_i-e_i)\}f_i'(l_i)}. \tag{16}$$

$$p_2'(g+x_{ij}+x_{jj})x_{ij}+p_2(g+x_{ij}+x_{jj})=\frac{1}{\{1-log(\beta_i-e_i)\}f_i'(l_i)}. \tag{17}$$

企業への補助金の地域活性化効果

⒃ と ⒄ の左辺が地域 i と j における企業 i の限界収入に等しくなることに注意すれば，民間企業による公共財供給に関する補助金と経費削減の実行の関係が明らかにされる．地域 i における補助率（生産物単位当り補助金）の上昇は地域 i での生産物の限界収入の水準を低下させるが，地域 i 以外に供給される限界収入の水準には影響を与えない．いいかえると，各自治体による補助率

の引き上げは，地域内における民間企業による公共財の供給を促進する．それだけにこの措置は雇用機会の創出と地域振興に役立つ．

経費削減の最適水準は(17)式を満たすように内生的に決まるが，企業が経費削減の努力を強化することは，(16)と(17)の両式の右辺を低下させ，i と j の2つの地域における民間の公共財の供給を拡大させ，雇用と地域振興に寄与することが期待される．

この関係は，(16)と(17)を e_i に関して微分した式がそれぞれ

$$-\frac{1-s_i f_i{'}(l_i)}{\{1-log(\beta_i-e_i)\}^2 f_i{'}(l_i)(\beta_i-e_i)} \tag{18}$$

$$-\frac{1}{\{1-log(\beta_i-e_i)\}^2 f_i{'}(l_i)(\beta_i-e_i)} \tag{19}$$

に等しくなることから以下のように確かめられる．$0<s_i<1$ が満たされることに注意すれば，十分大きな労働の投入に対して，$1>s_i f_i{'}(l_i)$ が成立する．この関係と分母が正の値をとることから，上の2つの式が負となることは確かめられる．ところで，$1\leq s_i f_i{'}(l_i)$ が満たされるときには，(19)は負値であるが，(18)は正値となる．経費削減が進む程度によっては，他地域では民間企業による公共財の供給が増加するが，自地域では逆に供給が削減される可能性も存在する．

公共財の市場の価格弾力性

さらに，(16)と(17)の右辺が次の式のように価格の需要弾力性 ε_i と ε_j を用いて表現することが可能である．ただし，この弾力性は $\varepsilon_i=-(\partial p_2/\partial x_{ii})\cdot(x_{ii}/p_2)$ と $\varepsilon_j=-(\partial p_2/\partial x_{ij})\cdot(x_{ij}/p_2)$ で定義される．(16)は

$$p_2{'}(g+x_{ii}+x_{ji})x_{ii}+p_2(g+x_{ii}+x_{ji})=p_2(1-1/\varepsilon_i)$$

と変形されるが，(17)式も同様の変形が可能である．弾力性の小さな地域ほど補助率や経費削減が公共財の供給量や雇用に与える効果が小さくなるということができる．この関係は水平軸に各企業による公共財の数量，垂直軸に価格と費用が表示される図3において確かめられる．需要の価格弾力性が地域 i において地域 j より小さい場合には，地域 i と j の限界収入曲線がEFとGHで描

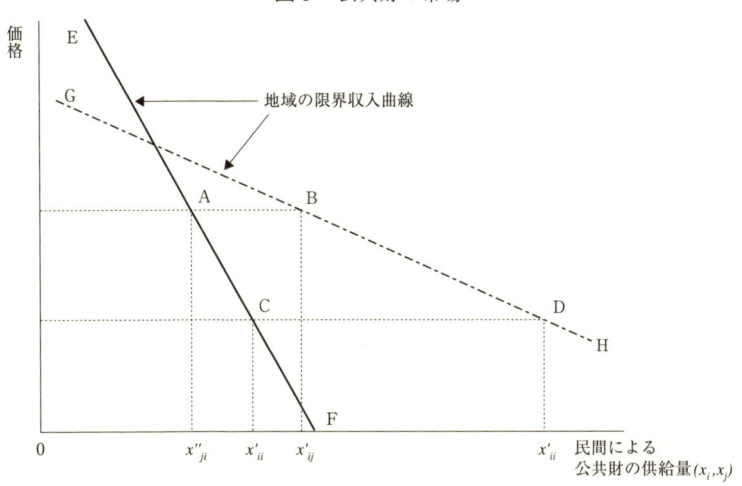

図3 公共財の市場

かれる．企業 i による最適な生産計画は地域 i と j において点Cと点Bに対応する．このときには，企業 i が生産の補助を受けている地域より，需要の価格弾力性が大きい地域により多くの公共財が供給される．補助金を交付する効果は点Aから点Cへのシフトによって描かれることに注意すれば，この2点間の水平軸上の距離で示される公共財の供給増加効果とそれに派生する雇用創出効果は比較的に小さいといえる．

逆に，需要の弾力性が大きな地域 j で補助金が交付される効果を見てみよう．単純化のために，補助金の効果が企業の最適な限界収入に与える影響の大きさが地域 i における補助金と同じであったとしてみよう．最適点は点Aと点Dとなり，点Bと点Dの水平座標の差で示される公共財の供給促進効果が雇用創出効果は比較的に大きくなる．この場合，補助金の効果は大きくなることが期待される．周辺の市町村の協力に基づく公共財の市場規模の拡大などの努力によって，公共財の価格弾力性は大きくなると推測される．このことから，公共財の市場における価格弾力性をある水準に保つような地方自治体の取り組みが，地域の経営という観点からは不可欠になるであろう．

市場の規模と企業効率化への努力

最後に，企業による経費削減のための経費は(14)から読み取られる．この式の右辺が $\beta/(2\alpha)$ より小さな水準において，e_i の増加関数であることから，売上額の増加とともに経費削減への取組みは強められる．企業に対する営業の地域を限定するなどの制限を撤廃して，政府が各地域における公共財の供給を私的企業に認めることによって，その売上が増加することが，企業に経費の無駄を少なくする誘因となる．この議論は，公共財の市場規模をある程度大きくしないことには，非効率な公共財の供給から地方自治体が脱却できないという実態を反映させているように思える．効率的な公共財の供給が実現されるためには，公共財の市場規模をある程度の水準に保つことも地方政府にとって重要な仕事になる．以上の推論を通して得られた帰結を命題2において要約しておこう．

命題2 自地域に所在する企業に対する補助金の給付率の引き上げは，自地域における公共財の供給拡大と雇用の創出に役立つが，その効果の大きさあるいは有効性は地域市場における需要の価格弾力性に依存する．すなわち，弾力性が小さな地域においては，補助金の効果はあまり期待できない．企業による経費削減が進むためには，各地域への公共財の市場規模がある程度の水準に達していることが必要である．

3.2 税率と公共財供給の同時決定（分権の進行過程での対応）

民間企業のビジネスチャンスの創出

公共財の民間による供給では，公共部門の民営化と並んで民間部門による公共部門への参入を促す PFI（private finance initiative）が有力視されている．公共財の民間による供給が推進されることによって，財政の負担が軽減されるだけでなく，PFI という形態での公共財の供給に関して，次のようなメリットがあることが指摘されている．[3]「① 質の高いサービスを高い効率で提供できる．② 民間企業のノウハウにより事業のリスクコントロール能力が高まる．

③事業実施に伴う責任の所在が明確になる．④民間企業にとって新たな投資機会，ビジネスチャンスを創出できる．⑤民間による事業推進により施設の供用開始が早まる．」前節で導入されたモデルを用いて，公共財の民間部門によるこれらの効果を検討しよう．①から③は部分的に前節で論じられた．また，⑤はこの方式の実施に伴う効果であり，定性的な要因を述べたものであることから，以下では④の定量的な関係を中心に論じよう．

中立命題と市場の条件

前節において，財政の収支均衡によって定められる税率と公共財供給の同時決定が基本モデルとして設定された．消費者と企業の最適消費と最適生産に関する分析結果を考慮すれば，この(5)と(6)は

$$tM_i(s_i, g) - \lambda_i c(g) - s_i x_{ii}(s_i, g) = 0 \tag{20}$$

$$tM_j(s_j, g) - \lambda_j c(g) - s_j x_{jj}(s_j, g) = 0 \tag{21}$$

と書き改められる．まず第一に，$\partial x_{ii}/\partial g$ の符号を確かめよう．(12)式に陰関数定理を適用すれば，

$$\frac{\partial x_{ii}}{\partial g} = -\frac{p_2''(g+x_{ii}+x_{ji})x_{ii} + p_2'(g+x_{ii}+x_{ji})}{p_2''(g+x_{ii}+x_{ji})x_{ii} + 2p_2'(g+x_{ii}+x_{ji})} \tag{22}$$

が導出される．需要関数が線形近似され，$p_2'' = 0$ が成立するときには，$\partial x_{ii}/\partial g = -1/2$ が得られ，以下では，この符号は負であると仮定される．ところで，政府による公共財の供給増大は企業 j の公共財の供給にも同様の効果をもたらす．企業 j に関する分析において，(11)の添字 i と j が入れ替わることに注意すれば，(13)において，添字が入れ替わった式に関して，$\partial x_{ji}/\partial g$ は近似的に $-1/2$ に等しくなる．$\partial x_i/\partial g = -1$ が得られることから，近似的に，2企業のケースでは，中立命題が成立する．

$$-1 = \frac{\partial x_i}{\partial g} = \frac{\partial x_{ii}}{\partial g} + \frac{\partial x_{ji}}{\partial g} = -1.$$

一般的には，n 個の企業による公共財の供給を想定していることから，この値は $-n/2$ に等しくなり，政府部門による公共財の供給はその数量の何倍かに匹敵する数量を民間企業が供給することを断念させる．

$$-1 = \frac{\partial x_i}{\partial g} \neq \sum_{h=1}^{n} \frac{\partial x_{hi}}{\partial g} = -\frac{n}{2}.$$

また独占的な供給体制の下では，この値が$-1/2$に定まり，政府によって公共財の供給が増強されても，それによって民間部門が供給を断念する数量は，増加された数量の半分程である．この場合には，政府が公共財の供給に責任を持つことが，地域の公共サービスの向上に大いに寄与するといえる．これに反して，潜在的な供給者を含めて，複数の企業が存在する場合には，政府部門による供給の拡大は，民間の事業を圧迫して，消費者にとって，十分な公共サービスが行き届かないという不便が生じる．政府による公共財の供給の削減が望ましいのは，複数の供給主体がある場合に限られており，競争条件の確保など市場が独占化されないような市場への監視が政府に与えられた責務というべきであろう．この課題を実行するためには，政府は企業の育成と保護にあまり熱心になり過ぎずに，ある程度の距離を保って厳正に指導と監督することが必要であろう．

地域の財政均衡線の形状

第二に，補助率と民間による供給量との関係を見てみよう．公共財の数量に関するのと同様の計算をすれば，

$$\frac{\partial x_{ii}}{\partial s_i} = -\frac{1}{p_2''(g+x_{ii}+x_{ji})x_{ii}+2p_2'(g+x_{ii}+x_{ji})} \tag{23}$$

が成立する．以上と同様に，公共財の需要関数が線形で近似される場合には，(23)の分母が負値であり，$\partial x_{ii}/\partial s_i$が正の符号をとると仮定される．補助率の引上げは，地域に所在する企業による供給増加に役立つといえる．$M_i = l_i + \phi(g+x_i(s_i))y_i$において，$\phi$が$G_i$の増加関数であることから，$\partial M_i/\partial g$と$\partial M_i/\partial s_i$の符号は正である．

第三に，財政収支の均衡条件の下における，税率と政府による公共財の供給量の関係を明確にするために，(20)に陰関数定理を適用すれば，

$$\frac{dt}{dg} = -\frac{t\partial M_i/\partial g - \lambda_i c'(g) - s_i \partial x_{ii}/\partial g}{M_i} \tag{24}$$

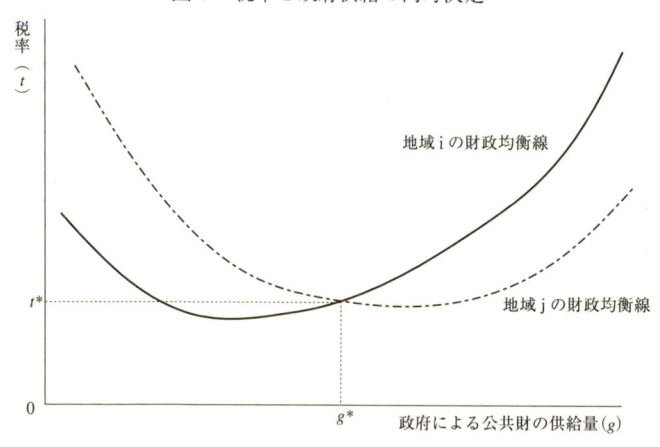

図4 税率と政府供給の同時決定

（図：縦軸「税率(t)」、横軸「政府による公共財の供給量(g)」。地域iの財政均衡線と地域jの財政均衡線が交差し、交点でt^*, g^*が示される）

が導出される．⑭の分子が政府による公共財供給増加による税収増加 $t\partial M_i/\partial g$ と民間の事業縮小による補助金の削減額 $-s_i\partial x_{ii}/\partial g$ を合わせた財政へのプラスの効果と供給のための費用増加というマイナスの効果が存在する．簡単化のために，このプラス効果の変動がマイナス効果の変化より相対的に小さいと想定すれば，政府の限界費用 $c'(g)$ が逓増することから，図4で描かれる⑳と㉑で示される地域の財政収支均衡線は，g の増加とともに，負の勾配から正の勾配へと変化する．政府による公共財の供給量が比較的に小さく，地域 i において t と g 以外の要素が一定に保たれているとき，次の推論が成立する．地域 i における独自の政策によってもたらされる g の増加は税率 t の低下を伴う．本小節で確かめられた関係を次の命題3において，要約しておこう．

命題3 公共財の市場が競争的である程度が公共財の供給における民間の経済活動の拡大に大きな影響を与える．その意味において，地方政府は多数の民間企業の参入が可能なように，公共財の市場を整備することによって，民間資本の導入による地域の振興に成功することができる．この政策において，補助率を引き上げることによって，民間による公共財の供給が拡大する．また，政府による公共財の供給拡大の効果が比較的に小さければ，政府による供給の拡大

は初めに税率の引下げに役立つが,その後税率の引上げを導く.

3.3 民間による供給促進の効果
政策手段としての補助率の変更

補助率の設定は各地方政府に委ねられる.もし地方政府が独自に補助率を地域政策の一環として引き上げるとすれば,これに対応して,地域の企業は公共財の供給量を増加させる.結果として,地域の雇用機会が拡大して,労働所得が増大する一方で,公共財の供給の拡大に伴う資産所得の増大も期待可能である.このように,補助率の変更は税収と企業への補助金の交付額への修正をもたらし,地域の財政均衡条件を書きかえる.このとき,均衡条件の解である税率と最適な公共財の数量は新しい値をとる.このような,補助率と税率あるいは政府による公共財の供給量の関係を明確にするために,⑳ と ㉑ に対して s_i に関する比較静学分析をしよう.

この2つの式に対して,s_i に関する微分を行えば,

$$M_i \frac{dt}{ds_i} + \left\{ t \frac{\partial M_i}{\partial g} - \lambda_i \frac{dc}{dg} - s_i \frac{\partial x_{ii}}{\partial g} \right\} \frac{dg}{ds_i} = -t \frac{\partial M_i}{\partial s_i} + x_{ii} + s_i \frac{\partial x_{ii}}{\partial s_i}, \quad (25)$$

$$M_j \frac{dt}{ds_i} - \left\{ \lambda_j \frac{dc}{dg} + s_j \frac{\partial x_{jj}}{\partial g} \right\} \frac{\partial g}{\partial s_i} = 0 \quad (26)$$

が導出される.この二つの式を dt/ds_i と dg/ds_i に関して解くと

$$\frac{dt}{ds_i} = -\frac{\left\{ -t \frac{\partial M_i}{\partial s_i} + x_{ii} + s_i \frac{\partial x_{ii}}{\partial s_i} \right\} \left\{ \lambda_j \frac{dc}{dg} + s_j \frac{\partial x_{jj}}{\partial g} \right\}}{-M_i \left\{ \lambda_j \frac{dc}{dg} + s_j \frac{\partial x_{jj}}{\partial g} \right\} - M_j \left\{ t \frac{\partial M_i}{\partial g} - \lambda_i \frac{dc}{dg} - s_i \frac{\partial x_{ii}}{\partial g} \right\}}, \quad (27)$$

$$\frac{dg}{ds_i} = \frac{M_j \left\{ t \frac{\partial M_i}{\partial s_i} - x_{ii} - s_i \frac{\partial x_{ii}}{\partial s_i} \right\}}{-M_i \left\{ \lambda_j \frac{dc}{dg} + s_j \frac{\partial x_{jj}}{\partial g} \right\} - M_j \left\{ t \frac{\partial M_i}{\partial g} - \lambda_i \frac{dc}{dg} - s_i \frac{\partial x_{ii}}{\partial g} \right\}} \quad (28)$$

が得られる.㉗ の分子の第1項は i 地域における補助率引上げによる補助金

の増加額から間接的に期待される税収の増加額を控除した数量に等しくなり，補助金の純増加額 A を示すといえる．第 2 項は，j 地域における公共財の供給増大に伴う費用負担の増加額から補助金の節約額を控除した額を示す．j 地域での政府による公共財の供給増大に伴う純負担の増加分 B に対応する．次に分母の値を考察しよう．第 1 項は j 地域における公共財の増大に伴う負担の増加額から民間の供給を政府部門が引き継ぐことによる補助金の削減額が控除された純負担の増加額を i 地域の所得で評価されたものである．第 2 項は公共財の供給増大に伴う i 地域における税収の増加額から純負担の増加額が控除された財政の改善額を j 地域の所得で評価したものである．この値が正であることが公共財の供給であるための基準であるということができる．第 1 項も通常正

表1 地域開発の効果分析

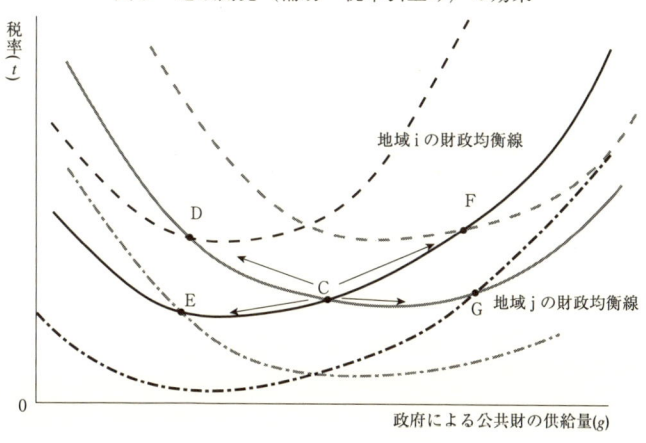

A （補助金の純増）	B （政府供給による純負担増）	dt/ds_i	dg/ds_i	図5
正	正	正	正	F
正	負	負	正	G
負	正	負	負	E
負	負	正	負	D

図5 地域開発（補助・税率引上げ）の効果

の値をとることが予想されることから，分母の符号は負値をとると仮定される．AとBの符号に応じて，㉗と㉘は次のように値が定められる．

　表1に基づいて以下の推論が展開される．公共財の供給が適正な基準を満たす地方自治体において，公共財の公的供給から私的供給を促進するために，補助率の引上げが実施されたとしても，逆に，公的な供給を拡大する可能性がある．また，Aが負値でBが正値であるときには，公共財の供給主体における政府から民間へのシフトが進むことが予想されるのに対して，逆に，Aが正値でBが負値であるときには，税率が引き下げられるという望ましい傾向は見られるが，民間部門とともに政府による公共財の供給が拡大する．政府と民間の間で拡大均衡的な公共財の供給が展開される．視覚的な理解が容易になるように，図4と同様な性質を有する図5が作成される．以上の推論によって得られた帰結を命題4において要約しよう．

命題4　ある地域における振興策としての民間企業に対する補助率の引上げは，税率と公共財の政府による供給に種々の影響を与える．特に，次の2つのケースでは，税率の低下が実現される．補助率の引き上げによる財政的な負担が増しても，政府の公共財供給の直接的な負担が軽減される場合には，税率は引き下げられても，政府による公共財の直接的な供給は増大する（点G）．逆のケースでは，税率が低下して，政府の直接供給も縮小する（点E）．

　命題4において，言及されなかったケースとしては，次のような地域振興策による帰結が挙げられる．政府から民間への供給主体のシフトには成功するが，補助金の増額が税率の上昇として国民にはね返る（D点）．補助率を上げて民間部門に公共財の市場への参入を促しても，政府による供給は一層拡大して，いわゆる公共部門の拡充が生じる（F点）．

4．おわりに

　公共財の私的供給を活用して，地域振興や都市開発が実施される場合が論じられた．その議論の前提として，地方政府の独自の判断で企業に対する補助率を決めると想定されていた．さらに，政策効果の分析に比較静学の手法が適用されたが，現実には，私的供給がなされていない分野へこの新方式の適応が検討されるべきであることから，数学的には端点の解との比較が重要になる．この意味において，本章は現状から，公共財の新しい私的な供給方式の立ち上げあるいは理想的な状態との比較という現実的な課題に対する理論的な接近とは異なる内容であるといわなければならない．このように本章ではマスコミなどで取り上げられる機会が多い議論とは少し異なる視点から議論が展開され，ここで得られた帰結もそのまま実際の政策に適用可能ではないが，われわれの社会が向かう社会の特性を明らかにすることによって，そのような社会を実現することが妥当であるかどうかを予め検討しておくことができる．政策の効果を挙げるためには，制度や法律の整備に時間が要することから，われわれの社会が進む目標を明確にすることは，円滑な社会運営にとって不可欠な作業であるといえる．

　公共財の私的供給が推進される過程において，政府による供給の縮小が求められたり，市場の競争条件が整備されなければならないことが予想される．このような議論には，Brito, IntriligatorとSheshinski（1997）が論じている資産あるいは所得の分配を上手に処理することが含まれている．本章における資産の価格形成の理論を精密にすることが必要となるであろう．また，FrankとSalkever（1994）が論じるように，医療の分野では，非営利組織が重要な役割を果たしていることから，公共財の私的供給の推進がこれらの組織の活動にどのような影響を与えるか明確にすることも，残された課題の一つに数えられる．

注

1) Barro（1974）によって証明された公債に関する中立命題は，利他主義的な供給主体を前提とする公共財の自発的な供給問題に適応可能であると論じられる（AbelとBernheim（1991）やBernheim, BlumeとVarian（1986）など多数の文献がある）．
2) ここで，提案されている公共財の供給方式においては，負担率が小さな中山間地などの地域では，実行可能な補助率が小さくなって，民間の供給を地域に呼び込むための方策として公共財の民間による供給を活用することの有効性は限定的なものとなる．
3) たとえば，井熊均（1998）はPFIが導入されることによって期待される効果として次の5項目に整理する（37頁）．

参考文献

Abel, A. B. and B. D. Bernheim (1991), "Fiscal Policy with Impure Intergenerational Altruism," *Econometrica*, 59, pp.1687–1711.

Barro, R. J. (1974), "Are Government Bonds Net Wealth ?" *Journal of Political Economy*, 82, pp.1095–1117.

Bernheim, B. D., L. Blume and H. Varian (1986), "On the Private Provision of Public Goods," *Journal of Public Economics*, 29, pp.25–49.

Brito, D. L., M. D. Intriligator, and E. Sheshinski (1997), "Privatization and the Distribution of Income in the Commons," *Journal of Public Economics*, 64, pp.181–205.

Epple, D. and R. E. Romano (1996), "Public Provision of Private Goods," *Journal of Political Economy*, 104, pp 57–83.

Frank, R. G. and D. S. Salkever (1994), "Nonprofit Organizations in the Health Sector," *Journal of Economic Perspectives*, 8, pp.129–144.

井熊　均（1998）『公共投資の新手法』日刊工業新聞社．

Kim, J (1998). "Local Property Taxation with External Land Ownership," *Journal of Public Economics*, 68, pp.113–135.

Laffont, J. J. (1995), "Regulation, Moral Hazard and Insurance of Environmental Risks," *Journal of Public Economics*, 58, pp.319–336.

総理府編（1998）『地方分権推進計画』大蔵省印刷局．

Wilson, H. D. (1997), "Property Taxation, Congestion, and Local Public Goods," *Journal of Public Economics*, 64, pp.207–217.

付　記

本章は田中廣滋（1999）「公共財の民間部門による供給と地方分権の推進」『経済学論纂（中央大学）』，第39巻第3・4合併号，197-214頁をベースに加筆されたものである．

第 12 章

公共事業と地域の負担率

1. はじめに

公共事業の論点

現行の公共事業に対する主な論点は以下のように列挙されるであろう．
- 公共事業は景気対策として実施されるものがあるが，その効果は予測ほど大きくはない．
- 公共事業には，補助金や予算が絡むので，現行の制度は政官産の癒着の温床となっていて，社会の政治・経済の仕組み全体が腐敗の方向に進む恐れがある．官庁の縦割りの事業や地方議会における土木事業関係議員の多さなどはこれを補強する論拠となっている．
- 過疎地の地域振興策としての公共事業には，余り利用されない道路の建設など効率性を無視した事業が多すぎて，日本の財政の悪化に寄与している．
- 大規模な土木開発を伴う公共事業には，環境破壊などを引き起こすと心配されるものがある．
- 公共部門の拡大は民間部門の活動をクラウディングアウトする要因となっている．

多くの論者は，このように活発に批判を展開したとしても，公共事業そのものの必要性を否定することはないであろう．公共事業の中身を見直すことが重要である．

自治体による1人当り純所得最大化

公共事業の役割が産業および地域の経済・生活基盤の整備にあると考えると，公共財が投入物として用いられる供給形態が論じられなければならない．Andreoni (1989), (1990) などが中心となって，提唱する impure altruism の議論は，Cornes と Sandler (1994) とそれを発展させた Vicary (1997) において，次のように理論の応用範囲を拡大した．この議論では，公共財が，結合生産物として，一定の割合で，公的な機能と私的な機能を同時にもたらし，私的な機能 (warm glow) を追求する公共財の供給が，社会の厚生の向上にも同時に寄与する．本章では，この公的とはいいきれない，不純な動機によって推進される公共財の供給が次のような地域の行動において定式化される．自治体および地域の経済団体を包含する地域が公共事業の関係費を控除した後の住民1人当りの純所得最大化を目指す．このような最大化行動を分析することによって，公共財の生産性，財政運営の効率性，公共事業の地域の負担率，公共財によって産出される財の価格などが，経済厚生に与える影響が解明される．

地域振興と効率的な公共事業

本章では，地域振興策と効率的な公共事業の推進という観点から公共事業の改革が論じられる．まずはじめに，公共事業の実施方法に関する議論において，実施主体としての国と地域の関係が明確にされる必要があるであろう．公共事業を活用した地域振興策を実施するためには，中央政府と地域との協力あるいは連携が不可欠である．公債の累積が拡大する状況の中にあっては，できるだけ，財政の赤字が拡大しないような方法で，地域振興策を実施することが工夫されなければならない．その意味では，政府の財政的な負担が小さいことが望ましい．多くの場合には，公共事業の経費の一部が地域に自己負担されることを要請されたり，あるいは，財政負担軽減のために，政府によって経費が負担される公共事業と地域における自発的な供給と連動する計画が立てられる．中

央政府と自治体は地域の活性化という点では共通の目標を有するが，その費用の分担の仕方では，自らの負担軽減のためにその費用を他方に押し付けあうなどの行動も見られることから，両者の利害が一致するとは限らない．第一に，このような地域と中央政府の競争と協調の関係が解明される．次に，中央政府と切り離して，地域の行動だけに議論を限定しても，議会での承認を経て予算処置がある事業であっても，その事業が計画通りに実施されるためには，住民や関係団体への熱心な説得や説明が必要であり，行政主導による強制的手段の有効性には限界がある．今後一層，地域の活性化には地域の実情に応じた自主的あるいは自発的な取組みが主流となるであろう．第二に，地域における自主的あるいは自発的な体制における公共財の供給が論じられる．

　以上で提示された問題はモデルを用いて分析される．公共事業あるいは公共財供給の効率性が考察されるために，公共財が投入財として用いられると想定される．中央政府は間接税率と地域に対する自己負担率を制御変数とすることによって，社会的な厚生を最大にすることを政策目標とする．地域を構成する有力な主体は，住民1人当りの純所得を最大にするように公共財の供給量における政府の数量と自発的な数量を決定する．いいかえると，地域の各主体は間接税率と自己負担率をパラメーターとすることによって純所得の最大化を目指す．本章では，公共財の調達に関して，政府による直接的な供給と地域の自発的な供給の2つの経路が存在することが前提とされている．地域にとって公共財調達の単価は，政府供給では自己負担率であり，自発的な供給では犠牲となる私的財の価格である賃金率である．

2．基本モデル

2.1　主体均衡
地域と利己的動機

　地域振興あるいは活性化が目指されるとき，政府による助成措置と地域独自の取組みがうまく連動することが，その計画が成功するための重要な要因であ

るといえる．特に，公共財の供給あるいは公共事業を実施する自治体が地域の発展など，ある意味では利己的な目標を追求することに注目する必要がある．公共事業に代表される政府の取組みが地域の活力の維持的発展に重要な役割を果たすためには，お役所が作成する名目上の目標だけでなく，自治体を中心とする地域の利己的な動機によって裏打ちされていなければならない．このような地域が主体的に公共財を供給する行動は impure altruism の理論を用いて分析される．

分析の視点

典型的な地域開発のモデルケースは次の特性を持つと想定してみよう．

- 国土の保全や有効活用を図るためには，ある一定の圏域内で定住を促進するための産業の育成が必要である．この観点から，地域における雇用機会の確保などのために，農業や産業の振興を目指して，公共事業が実施される．
- 次に，公共財の費用負担の方式が明確にされなければならない．本章の考察の対象となる公共事業では，その実施の主体となる地域の自治体などには自己負担が要求される．政府によって実施される公共事業あるいは公共財の供給量が G で示され，その供給に必要な費用のうち地元の負担率は r で表される．ただし，公共財の価格は 1 であると想定される．地域の住民は，政府による公共財の供給量 G に加えて，公共財の自発的な供給を行う．

自発的な供給

補助事業の対象とはならない，施設の建設，サービスの供給あるいは先行的な基盤の整備は地域の独自の判断によって自発的に支出される．住民は処分可能な財の数量 ω を持っており，l 単位を労働として用い，残りの g 単位を公共財の自発的な供給に振り向ける．ただし，この自治体には雇用の機会が限られていて，住民は，地域外にも所得の機会を求めて活動の範囲を拡大すると仮定しよう．この労働量は，この自治体の枠を超えて他の地域の労働市場に供給される数量である．

$$g + l = \omega \tag{1}$$

賃金率が w であるとき，労働所得は wl で示される．以下では，公共財が投入財として用いられるときの地域に対する公共財供給の効果が分析される．この私的財の数量 x は地域内で消費され，住民の数は一定 n に保たれると想定される．分析の対象となる代表的な住民による供給量は g，i 以外の個人による自発的供給量の総計は g_- で示される．[1] 公共財供給の Nash 的な推測が採用され，$dg_-/dg = 0$ が得られる．公共財の総供給量は $g + g_- + G$ であり，この公共財によってもたらされる私的財の数量 x は関数

$$nx = f(g + g_- + G) \tag{2}$$

で書き表される．この生産関数は凹関数で，私的財の生産者価格は p である．x の数量は住民1人当りで測られる．道路や情報の基盤整備は地域の生産活動に対する生産性の向上に寄与する．その結果として，各住民に x だけの生産量が増加する．npx が税額控除後の私的財の生産額であり，公共財供給によって，あらたに各地域は，住民1人当りの純所得

$$px + wl - (r/n)G \tag{3}$$

が最大化になるように公共財の数量 G と g を決定する．ここで，制約条件は(1)と(2)と，公共財に対する非負の条件式

$$g \geqq 0, \quad G \geqq 0$$

から構成される．

「地域」という用語の内容

地域の発展が自治体の行政指導によってだけ実現するのではなく，地場の産業や住民の一体的な協力が必要である．また，多くの場合には，自治体の議会は，予算の審議などを通して行政機関の活動の監視をするだけではなく，地域経済をリードする積極的な役割が期待されている．本章でのモデル分析の対象となる地域は，自治体を中核とする複合的な機能を果たす集団あるいは組織であると想定される．地域の経済活動をリードする仕方に関しては，協議会，振興会，各種の NPO の団体あるいは第3セクターの株式会社などの形態があるとしても，自発的な資金の拠出が原則であるであろう．

地域の経済活動は Lagrange 式

$$L \equiv px + wl - (r/n)G + \lambda(g+l-\omega) + \mu(nx - f(g+g_- +G)) + \eta g + \theta G \tag{4}$$

で表現される. λ, μ, η と θ は Lagrange の乗数である. 最大化の一階の条件式は

$$p + n\mu = 0 \tag{5}$$

$$w + \lambda = 0 \tag{6}$$

$$-(r/n) - \mu f' + \theta \leq 0 \tag{7}$$

$$\lambda - \mu f' + \eta \leq 0 \tag{8}$$

$$G\{(r/n) - \mu f' + \theta\} = 0 \tag{9}$$

$$g\{\lambda - \mu f' + \eta\} = 0 \tag{10}$$

$$\eta g = 0 \tag{11}$$

$$\theta G = 0 \tag{12}$$

と(1)と(2)である. この10個の一階の条件式を用いて, 主体均衡の解が導出される. 地域で単一の生産関数と各住民に対する同一の初期賦存量が仮定されていることから, 公共財の非競合性の性質は満たされる. 賃金率 w と負担率 $\dfrac{r}{n}$ の相対的な大きさに応じてその均衡の性質が異なる.

$w = \dfrac{r}{n}$ が成立する場合

g と G がともにゼロでないとすれば, (11)と(12)から η と θ はゼロの値をとることに注意すれば, 等式

$$f' = \frac{r}{p} = \frac{nw}{p} \tag{13}$$

の成立が確かめられる. $f' = \partial f/\partial g = \partial f/\partial G$ という関係が満たされることに注意すれば, G と g のどちらを制御変数に選んでも, (13)の右辺の値に限界生産力が等しいように $G + g + g_-$ が定められる. 最適解では, G と g の潜在価格は等しくなり, 総量としての公共財の水準だけが問題とされる. また, 以下の解釈も可能である. 地域における, 公共財調達の限界費用は, 政府供給 G に関しては地域の負担率 r から, また, 自発的供給 g では, 所得喪失という

コストで測られた価格 w をベースに求められる．この地域がその純所得最大化のために，公共財の限界生産力と限界費用を均等化させるとき，この2つの調達方法のコストが等しいことから，この2つの方法は無差別である．この意味で，中立性命題が成立する．

(13)が，次の2式

$$f'(g+g_-+G) - \frac{r}{p} = 0 \tag{14}$$

$$f'(g+g_-+G) - \frac{nw}{p} = 0 \tag{15}$$

に書き直されることに注意して，陰関数定理を用いれば，不等式(16)と(17)が導出される．

$$\frac{dg}{dp} = \frac{dG}{dp} = -\frac{r}{p^2 f''} = -\frac{nw}{p^2 f''} > 0,$$

$$\frac{d^2g}{dp^2} = \frac{d^2G}{dp^2} = \frac{2r}{p^3 f''} = \frac{2nw}{p^3 f''} < 0. \tag{16}$$

$$\frac{dg}{dw} = \frac{dG}{dw} = \frac{1}{pf''} < 0, \quad \frac{dg}{dr} = \frac{dG}{dr} = \frac{n}{pf''} < 0,$$

$$\frac{d^2g}{dw^2} = \frac{d^2G}{dw^2} = \frac{d^2g}{dr^2} = \frac{d^2G}{dr^2} = 0. \tag{17}$$

これらの不等号から，次の関係の成立が確かめられる．公共財あるいは公共事業からもたらされる生産物の市場価格で評価された生産性の上昇は公共財の供給量の拡大に向かわせる．これとは逆に，地元の負担率の増大や機会費用の上昇は公共財の供給の減少に作用する．

2.2 地域における財政負担最小化の条件

雇用機会が十分でない地域

$\frac{r}{n} > w$ が成立する場合に関して，公共財供給の過程でもたらされる所得創出効果を分析してみよう．前節では，第一の場合として，各家計に関して賃金

率 w と政府による公共財供給の住民一人当りの負担率 $\frac{r}{n}$ が，等しくなるときが考察された．w は市場によって定められるのに対して，政府が独自の判断で r を設定する．投入物としての公共財の調達という観点からいえば，$\frac{r}{n}$ と w が相違するとき，地域は低いコストの調達方法を採用する．この意味においても，2 つの供給方法が地域で両立するためにも，政府が，$\frac{r}{n}$ を市場の資源の価格 w に等しく定めることは，必要な政策である．現実には市場がうまく機能していない場合などにおいては，この価格 w は，資源配分機能の面で完全競争の市場で仮定されるような役割を十分には果たさない．たとえば，不況時における公共事業や過疎地における地域の活性化対策などでは，前提条件として，雇用機会が十分でないことによる潜在的な労働力の過剰が存在する．過剰な労働力あるいは資源の下にあって，その賃金率は完全競争下よりかなり低い水準 w に低迷することが考えられる．このような状況において，政府が景気対策や地域振興のために公共事業の規模をある一定水準以上に保とうとすれば，財政の制約条件などから，負担率 r を高めに設定することが必要になり，この低い賃金率に一致させることは困難であるであろう．このような状況下において，第二の場合に想定されるような条件が成立するであろう．

2.1 の主体均衡条件によれば，G がゼロに等しいとき解が成立する．逆にいえば，政府供給量が正の水準にあるときには，(7)の等式を満たす公共財の総量 $g^0 + g_- + G^0$ と (8) の等式を満たす $g^1 + g_- + G^1$ が異なり，均衡解が存在しないことになる．自発的な供給によってだけ公共財の供給が実施される．自発的な供給の主体である地域に自治体が含まれることから，経済活動が停滞している状況の下においては，この自発的供給の大部分が自治体による単独の公共事業あるいは公共財の供給であることが実態ということになりかねない．その反面財政的な余裕に乏しい自治体にとって，地域の自発的供給量 g を最小にすることが，優先的な課題であるといえる．そこで，地域は単独での公共財供給を避けるためには，どのようにすれば，政府供給が正の水準となるようにできるであろうか．まず，はじめに，地域の財政悪化を防止するために，当初 $g = 0$ として，最適な G を求めるとしよう．各地域は，その地域の経済活動を考

慮して，この公共財の供給の下で，（一定の G のもとで）自発的な g の供給を決定する．このように 2 段階で公共財の供給は決定される．

2 段階調整の内容

まず第 1 段階として，$g=0$ が成立したとしよう．この段階では，g が独立変数でないので，上の10個の条件式から，(8), (10) と (11) が除かれた 7 個の関係式から解を求めなければならない．この段階で，

$$f'(G^*) = \frac{r}{p} \tag{18}$$

を満たすように G^* が決められる．次に第 2 段階に作業を進めよう．このときには，この10個の条件式から，(7), (9), (12)を除いた 7 式が方程式の体系となる．

$$f'(G^* + g^* + g_-) = \frac{nw}{p}. \tag{19}$$

が満たされるように，g^* が決定される．以上の議論の意味を明確にするために，図 1 が作成される．図 1 には水平軸に公共財の数量が垂直軸に価格が測られる．限界生産力曲線が右下がりの曲線 AD で表示されるとき，第 1 段階では，政府によって点 B が選ばれて，それに対応する公共財の数量で示される G^* が

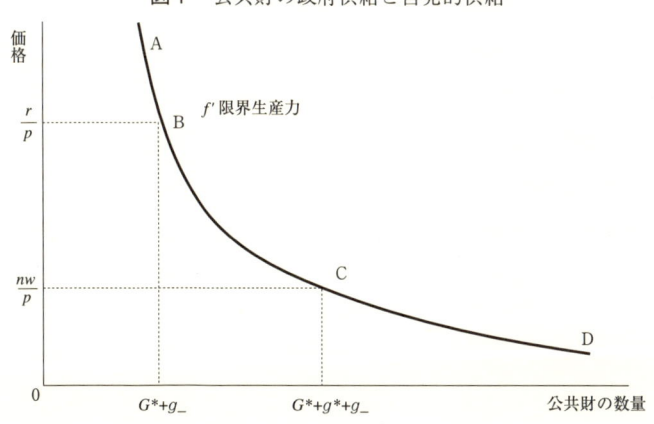

図 1　公共財の政府供給と自発的供給

供給される．第2段階では，各地域は点Cを選択して，政府が決定する第1段階の供給量 G^* に g^* だけ公共財を自発的に追加する．このときの自発的な供給量 g において，政府が公共財の供給において市場価格を用いて私的財で換算された公共財の負担額と公共財の限界生産力とを一致させることが目指される．これは純粋に財政の効率性からもたらされる条件である．これに対して，地域の政府は公共財の限界生産力と公的活動に資源を投入することによって生じる機会費用とを均等させる．公共財の負担額より機会費用が小さいときには，各地域は積極的にその差額分に対応する公共財を自発的に供給する．この数量は市場の評価に基づいて定められたものであり，不純な利他的動機からの公共財の供給（warm glow）の例であるということができる．[2]

価格・負担率・補助金

図1に関して，以下の議論が展開される．公共財の投入によってもたらされた生産物の価格 p が上昇すれば，点BとCはともに曲線AD上を下方に移動して，各点に対応する公共財の数量は増大する．この推論の内容は，公共事業を巡る1つの主要な論点を形成する．「建設や運輸省は国の事業（直轄事業）と国が一定割合を補助する事業（補助事業）のうち①事業採択後5年以上未着工②10年を経過しても継続の事業を再評価の対象として取り上げている．」[3] このように計画が決まった公共事業にも継続の是非を巡っての検討が必要な理由は，公共事業の評価において市場の価格がベースになっていないことから，正確な r/p が求められていないことであろう．特に，地域や監督官庁に公共事業を推進する強い意欲があれば，価格 p を過大に想定して，結果として，r/p を過小に推定する過ちを犯す可能性がある．p の推定の不正確さは無駄な公共事業の原因の一つとなっているということができるであろう．民営化やPFIの導入などの議論では，この評価をできるだけ民間に委ねることを狙いとしているが，公共財の供給では，期間の長い工期を有したり，その生産性が性格上特定できなかったり，市場での評価が困難なものがあって，この価格 p の正確な推定は容易ではない．

次に負担率 r の上昇は公共財の供給を示す点Bを曲線上で上方に移動させ，

公共財の数量 G を低下させる．次の新聞の記事も，この議論を裏づける内容となっている．「建設省の発表によると，1999年度の公共事業の着工額は，国，公団・事業団，空港建設会社などの政府企業を含む国の機関で，4兆8378億円で前年度4.0％減少した．地方の機関（自治体・公企業）は前年度比8.9％減の10兆5345億円の減少であった．財政難から国の補助金がつかない公共事業（地方単独事業）を減額した自治体が多く，国より減少額が大きかった．」[4]

最後に，賃金率 w について述べてみよう．ここでは，賃金率は住民が通勤可能な範囲内の労働市場の価格であると理解されるが，財を労働に限定しないことも可能で，賃金率という用語がその移動が周辺の地域などに比較的に限定されている合成財に対する価格を意味していると解釈することができる．もしも，賃金率という価格の対象となる財に対する需要が総体的に乏しく，潜在的に超過供給の状態が生じるときには，その価格が低位になり，公共財のために犠牲となる民間部門における生産量の価値は小さくなる．機会費用で見れば，公共財の供給費用が低く見積もられる．潜在価格が低い公共財供給に関する地域の要望は非常に大きくなる．これが，現在，過疎地に重点的に公共事業が実施される背景であると見られる．

調整の失敗と財政破綻

ところで，以上の議論の前提となった，地域が展開する2段階のシナリオはあくまでも，理論上の想定に過ぎないことに注意すべきであろう．財政赤字の削減に苦しむ中央政府が，(19)で意味される次のような事態に気がつけば，その政府の責任供給量を軽減する方策を検討することになるであろう．政府が G を G^* に減少させても，地域はこの式を満たす $G^* + g^* + g_-$ を供給するという中立性命題が成立する．ただし，長期的に見れば，中央政府によるこのような行為は，地域における供給責任の拡大を意味しており，このような状況が続けば，地域の財政が破綻してしまい，地域の崩壊という最悪の帰結の引き金となる危険性をはらんでいる．地域は政府の行動を冷静に分析して，このような最悪の事態をどのようにしたら回避することができるかを検討して，その対応策を懸命に模索するであろう．この第二の場合で想定されている問題は，公共財

の供給に関する中央政府と地域の行動がゲーム理論を用いてより詳細に説明されることを示唆するであろう．

2.3 補助金と公共財の自発的供給

雇用機会に恵まれる地域

この条件に対応する地域では，賃金率に較べて負担率が低く定められる（$\frac{r}{n} < w$）と考えられる．これは，公共財の供給に通常適応される次のような場合に対応するであろう．公共財を獲得するための潜在価格は高いのにもかかわらず，公共性などの理由によってその負担率は低く設定される．ところで，主体均衡の導出においては，2.2とは逆の推論が展開される．政府が公共財の供給に責任を持つことになれば，(18)からG^*が定められる．このときには，地域の自発的な供給量はゼロとなる可能性が存在して，公共財の供給はすべて政府に委ねられる．この場合にも，政府はその供給責任の一端を地域や民間に負担してもらう方法は存在する．一番簡単な方法は，自発的な供給に対して，負担額と市場の価格との差額 $w - \frac{r}{n}$ を補助することであろう．この場合，(4)は，

$$L \equiv px + wl - (\frac{r}{n})G + \lambda(g + 1 - \omega) + \mu(nx - f(g + g_- + G)) + (\eta + w - \frac{r}{n})g + \theta G \qquad (20)$$

と修正される．このとき，ゼロでない均衡解が存在して，(13)は

$$f'(g^* + g_- + G^*) = \frac{r}{p} \qquad (21)$$

と書き直される．ここでも，中立命題が成立して，政府と地域が共同で，総量として$g^* + g_- + G^*$の数量の公共財を供給する．負担率が低位に定められて，政府主導で公共財による産業の基盤が整備されるときでも，補助金をうまく組合わせれば，公共財の自発的な供給は進むのである．

補助金の役割

財政面では次の状態が確認される．この補助金が用いられることによって，中立命題から，$g^* + g_-$が政府の供給から地域の自発的な供給へ肩代わりされ

たとすれば，財政上の負担額は

$$(w - \frac{r}{n})(g^* + g_-) - (1 - \frac{r}{n})(g^* + g_-)$$

だけ変化する．賃金率 w が 1 より小さければ，政府の財政上の負担は軽減される．この補助金による財政上の負担の増減は，地域の負担率とは無関係に賃金率次第という結果になる．また，民間部門は wg という高い代償を支払っているように見えるが，賃金率が 1 より小さければ，民間の公共財供給に関する経費の一部を補助金等で支給することは，民間の負担を減少するだけでなく，政府の財政負担の軽減に役立つ．

3．最適な財政政策

3.1 最適な税額と負担率
課税による国民負担

公共財の最適供給の問題では，公共財の供給からの限界便益と限界費用の均等が論じられる．公共財の供給のために必要な財源は各個人に分担される．最適な公共財が供給されるための税額と負担率を論じよう．公共財を用いた生産物の価格の変化が，投入物としての公共財の数量に影響することから，生産物の価格を制御する手段として，生産物の価格に t の間接課税が課されるとしよう．消費者価格は $q = p + t$ であるとしよう．消費者としての個人は，y 単位の消費財を消費する．$y - x$ の数量は地域外で生産された財である．G の財源は中央と地方で分担されるが，中央と地方の両方のチャンネルを通して，個人に負担される．政府が公共支出 G を実施するとしても，その一部が事業収入を通して回収されることあるいは公債の発行によって将来の負担とすることも可能である．a は標準的な個人に関する財政の負担の割合を示す係数である．a が小さいときには，財政の負担は軽微であり，a が大きいときには，結果として大きな負担を家計に及ぼす．この係数は，財政の効率性を示す1つの指標であるが，公債の発行時（$a < 1$）や公共事業からの収益の過大評価や事業費

の過小評価が生じるときには，この値は実際よりも小さく現れる．このとき，αG は公共財への支出額から公債発行額を控除した額である．各地区には，公共財供給の自己負担額に加えて，国税の納税額がある．財政の支出額 G のうちで，当該地域が地域の自己負担 rG を含めて負担する総額が αG である．地域内全体での財政の収支が均衡する条件は

$$nty = \alpha G$$

で表される．間接税の税率が政府によって全国一律に定められているとすれば，地域の租税負担額は私的財の消費量に比例する．国民の負担方式に関して言えば，自治体は rG を自己負担として政府にあらかじめ支払っており，政府は地域の納税額 αG から $(\alpha - r)G$ を自治体に自主的な財源として交付する．

標準的な場合

$\frac{r}{n} = w$ が成立すると仮定しよう．(16)と(17)から，g と G は q と r の関数で表される．本章では，生産物の価格 p と賃金率 w は市場によって決定され，所与であると想定される．効用関数が，

$$u(g + g_- + G, y) \tag{22}$$

で表される．px が地域で創出された1人当りの所得であることに注意すれば，税負担が考慮されないとき，所得制約条件式が

$$wl + px = qy$$

となり，これに税負担額を入れて整理すれば，

$$wl = p(y - x) + \alpha \frac{G}{n} \tag{23}$$

と表示されるとしよう．(23)は

$$y = \frac{nwl - \alpha G}{np} + x = \frac{nw(\omega - g) - \alpha G}{np} - \frac{f(g + g_- + G)}{n}$$

と変形されることに注意すれば，最適な税率と負担率は

$$\frac{du}{dt} = \{u_1 + \frac{1}{n} u_2 f'\}(g_1 + G_1) - u_2 \frac{nwg_1 + \alpha G_1}{np} = 0, \tag{24}$$

$$\frac{du}{dr} = \{u_1 + \frac{1}{n} u_2 f'\}(g_2 + G_2) - u_2 \frac{-(\omega - g) + w g_2 + \alpha G_2}{np} = 0 \qquad (25)$$

によって，決められる．ただし，偏微分係数に関して，略号 $g_1 = \partial g / \partial q$, $G_1 = \partial G / \partial q$, $g_2 = \partial g / \partial r$, $G_2 = \partial G / \partial r$ が用いられる．[5] この２つの式は次のことを意味する．(24) において最適な税率が求められる．税率が引き上げられるとき，第１項は財政上の制約を緩和することによってもたらされる限界便益を表しており，第２項は地域および税負担の限界評価を示している．この両者が均等することが最適な条件であると解釈される．(25) において，地域における最適な自己負担率が決定される．自己負担率の引上げは，公共財の供給の削減に繋がることから，第１項は削減よって失う限界便益であり，第２項は，公共財供給の減少によって得られる地域と税負担の限界軽減額である．(25)において，この２つの限界評価が均等する．

限界代替率で表すと (24) と (25) は，

$$\frac{u_1}{u_2} = \frac{n w g_1 + \alpha G_1}{p(g_1 + G_1)} - \frac{1}{n} f', \qquad (26)$$

$$\frac{u_1}{u_2} = \frac{-(\omega - g) + w g_2 + \alpha G_2}{p(g_2 + G_2)} - \frac{1}{n} f' \qquad (27)$$

に変形される．(26) と (27) において，αG_1 または αG_2 の項は，限界代替率の値に影響を与える．特に，財政の効率性が失われて，α が大きくなると代替率が大きくなり，公共財の最適な総供給量は低い水準に留められる．逆に，財政の効率性が増したり，公債の発行によって供給の費用の一部が賄われるときには，G_1 が小さくなり，公共財の供給は増大する．ただし，現実には，α の値は政府が発表する値が基礎データとして使用されることになることから，政府がある程度操作可能なパラメーターとなっている．α の正確な評価をすることが，公共事業の見直しの大きな課題として挙げられるであろう．

さらに，(27) の分子と分母がともに負であることに注意すれば，以下の推論が成立する．公共財の限界生産力 f' と生産物の価格 p の上昇は限界代替率を低下させて，公共財の最適供給量を増加させる．これに対して，賃金率の上昇

は，限界代替率を低下させ，公共財供給の最適量を減少させる．

3.2 負担率と賃金率の不一致と負担率の決定

雇用機会に恵まれない地域

賃金率が負担率より小さい $(w<\frac{r}{n})$ が成立すると仮定しよう．(18)から

$$\frac{dG}{dr}=\frac{1}{f''}<0$$

が得られる．また，(19)から，公共財の総供給量 $g^*+g_-+G^*$ が一定であることから，

$$\frac{dg}{dr}+\frac{dG}{dr}=0$$

が成立して，$\partial g/\partial r>0$ の成立が確かめられる．この結果は，注目に値する．負担率を上げても，政府による供給が抑制される部分を，民間が補うためにも，民間による自発的な供給は増加する．逆に，負担率が下がって，政府による公共財の供給が進むときには，自発的な供給は減少するのである．いずれにしても，このような対応は，民間に潤沢な資金が存在するからではなく，他に有力な産業がなく経済構造での民間と政府の部門のバランスがうまく取れていないことから生じている．ところで，社会的最適という観点からは，少し異なった状況が追求される．関係式 $(g_2+G_2)=0$ と (25)から，$u_1=\infty$ の成立が確かめられる．このとき，所得の獲得機会が乏しいことから，所得の確保が優先されるときには，地域の経済が公共財の供給が低水準にある状態に留まるという選択も受け入れられる可能性が存在する．

雇用機会が恵まれる地域

負担率が賃金率より小さい，すなわち，$\frac{r}{n}<w$ が成立すると仮定しよう．(20)で仮定された補助金の制度を前提とすれば，所得制約式(23)は，

$$wl=p(y-x)-(w-\frac{r}{n})g+\alpha G$$

と表される．(24)と(25)は，

$$\frac{u_1}{u_2} = \frac{n(r+1)g_1 + \alpha G_1}{p(g_1+G_1)n} - \frac{f'}{n}, \qquad (28)$$

$$\frac{u_1}{u_2} = \frac{-(r-g) + rg_2 + \alpha G_2}{p(g_2+G_2)n} - \frac{f'}{n} \qquad (29)$$

と書きかえられる．ここで，r の上昇は，上式の限界代替率を増加させ，政府と民間の自発的な供給を加えた公共財の供給の総量を低下させる．この結論は，社会的最適条件から，導かれたものであるが，この関係は，地域の最適化行動を示す (21) を用いると

$$\frac{d(g+G)}{dr} = \frac{1}{pf''}$$

が負値であることからも確かめられる．地域の最適化行動と社会的厚生の最大化の両方の観点から見て，地域の自己負担率を上昇させることは公共財の総供給量を減少するという結果に帰着するといえる．

4．おわりに

本章の議論の最後に，以下の諸点に関して，言及しておこう．まず，第一に，本章における地域という概念において，自治体，地域の経済団体，住民などによって構成される組織あるいは団体の連合体が想定される．自発的な供給理論を用いることによって，その連合体の結束力あるいは団結力が強固であることは，想定されていない．それにもかかわらず，本章で地域と呼ばれるような緩やかな連帯が現在の大都市圏に所在する自治体を単位とする行政区域に存在するかどうか確信をもって答えることは不可能であろう．今後地方分権が進めば，大都市圏における公共事業にも地域経営という性質が強められると予想される．このような新しいタイプの地域経営に関しては，本章とは異なる地域の目的関数を設定することが検討されるべきであろう．

第二に，ここでは賃金率は一定であると仮定されたが，公共部門での生産活動は民間の資源を公的部門に投入することを意味する．公共部門の拡大は，賃

金率の上昇を引き起こすことが予想されており，本章での仮定を緩和して，賃金率を公共部門の生産量の増加関数と修正することが，可能である．このとき，⒀で第2, 3項の分母の値が大きくなり，公共財の最適供給量が変更されることになるであろう．

第三に，負担率と賃金率が同一ではないときに関する分析が展開されるが，負担率が，賃金率より低い地域において，この格差に対応するだけの補助金を自発的な供給に対して講じる必要性が主張される．このことによって，政府の供給量が大幅に削減できるのである．公共事業を削減することを目標にしようとすれば，公共財供給のために犠牲になる民間部門の生産物の評価を明確にして，地域の負担率との関係を十分に調査しておくことが望ましい．

第四に，負担率が賃金率よりも大きな地域では，地域主導で公共財の投入が進むことが予想される．このことは，地域の財政状態を著しく悪化する可能性があるので，逆に，自治体に起債を制限するなど，財政上の制約を課すことも必要になる．この場合には，中央政府と地域との間での交渉によって，事態がかなり変化することが予想されることから，政治過程を含めた分析が有効となるであろう．

第五に，財政の効率性や公共財の生産性の要因にも分析は及んだが，α を引き下げるインセンティブが政府に組み込まれていない．公共事業の見直しをする論議には，この α を引き下げるインセンティブを政府に持たせるモデルの設計が避けて通れないであろう．

注

1) 個人による自発的な供給量が g で同量であると想定すれば，自発的な供給の総量は ng で簡単に表示される．$g+g_-=g+(n-1)g$ と書きかえられることに注意すれば，$dg_-/dg=n-1$ が成立して Nash 推測を満たさない場合に対応する．
2) Cornes と Sandler (1994) と Vicary (1997) は私的財と公共財の結合生産のケースを分析するが，その生産の係数が固定されている．これとの比較では，本章のケースは可変の生産係数を取り扱っているということができる．
3) 「日本経済新聞社」2000年8月9日．

4) 「日本経済新聞社」2000年5月16日.
5) ㉕の導出過程において，$r/n=w$ の条件から，r と同時に w に関する偏微分も用いられている.

参 考 文 献

Andreoni, J. (1989), "Giving with Impure Altruism : Applications to Charity and Ricardian Equivalence," *Journal of Political Economy*, 97, pp.1447-1458.

Andreoni, J. (1990), "Impure Altruism and Donations to Public Goods : A Thoery of Warm-Glow Giving," *Economic Journal*, 100, pp.464-477.

Cornes, R. and T.Sandler (1994) "The Comparative Static Properties of Impure Public Good Model," *Journal of Public Economics*, 54, pp.403-421.

田中廣滋 (1999)「公共財の民間部門による供給と地方分権の推進」『経済学論纂 (中央大学)』39巻，3・4合併号，197-214頁.

Vicary, S. (1997), "Joint Production and the Private Provision of Public Goods," *Journal of Public Economics*, 63, pp. 429-445.

付 記

本章は，田中廣滋 (2001)「産業基盤としての公共財の政府供給と地域の自発的供給―不純な利他主義的動機からの接近―」『中央大学経済研究所年報』31号，203-217頁を改訂したものである.

第 13 章

年金の世代間負担の決定

1. はじめに

年金制度改革とは

　2004年度に年金制度の改革が実施される予定であるが，その改革への道程はどのようなもので，国民はその内容を受け入れることができるのであろうか．本章は田中・久下沼（1995）での理論をベースに年金の世代間負担の問題に焦点を当てる．田中・久下沼は，世代間の年金の負担を各世代に関する費用便益を求めると利害関係が世代で同一ということはなく，国民が世代間で複雑な費用便益の構造を有することを指摘された．さらに，年金制度の改革は法案の改正に関する国会の議決が必要であり，政治的な意思決定が求められる最重要な課題である．この複雑な利害関係は国会決議を左右する．この観点からは，意思決定の場に現れる費用便益の値を解明することは，国民的に合意可能な国民の負担率に対する有効な示唆を与えるであろう．

　わが国では，高齢化の進展に対応する社会保障制度の見直しが検討されているが，厚生省の高齢社会福祉ビジョン懇談会によって1994年3月28日に発表された「21世紀福祉ビジョン」は改革の基本理念を次のように述べている．「目指すべき福祉社会像としては，高福祉・高負担型福祉社会（公的保障中心）で

も，低福祉・低負担型福祉社会（自助努力中心）でもない，公民の適切な組合せによる適性給付・適性負担というわが国独自の福祉社会の実現を目指す.」[1]
同時に発表された「社会保障に係る給付と負担（社会保障負担・公的負担）の将来見通し」の中で，年金の改訂の内容を次のように具体的に想定して，この試算がなされる.「60歳代前半の年金を見直して65歳以降とは別個の給付に段階的に切り換え，在職老齢年金の改善，ネット所得の上昇率に応じた改訂方式の導入などを行うとともに，保険料引き上げの幅の見直しを行い，最終保険料率が30％を超えないように5年ごと2.5％ずつ引き上げる.」[2]

このような制度の改訂には国会での承認などを通じた国民の支持が必要であることはいうまでもない．この改訂を国民の側から見ると，その立場によってその利害は一様ではない．すなわち，保険料率の引上げ幅の抑制は，これから保険料の拠出を行う将来世代にとって評価できることであるが，これと連動する年金の給付水準の低下は，今後年金の給付を受ける現役世代にとって受け入れ難い提案であるかもしれない．このように，年金制度の改訂に対して，利害が対立する世代が改定案にどのように対応するかということは，今後の日本の社会保障制度の在り方を決める重要な問題である．本章において，われわれは，利他的な行動をする重複世代モデルを用いて，投票による年金制度変更の意思決定過程を分析する．

年金制度改革の費用便益

現在のわが国の年金制度は積立金を持っており，積立方式の性格も備えているが，その給付額が現職時の給与と物価上昇率によって決定される点を考慮すれば，最終的には，その資金の原資の一部は，現役世代の拠出額に依存せざるをえない．この意味で，現在の年金制度は賦課方式によって裏付けられているということができる．以下では，賦課方式の年金制度が主たる分析の対象となる．ところで，年金の給付水準の低下が現役世代と退職世代に与える影響を見てみると，その対象となる退職世代に不利，拠出額が軽減される現役世代には朗報と簡単に結論づけられない側面がある．親が子供に対してとる利他的行動を分析の対象に入れると，親と子供の複雑な対応が視野の中に入ってくる．親

表1　給付率引き下げの世代別費用便益

	現役世代	将来世代
公的年金	退職後の所得の減少　⇩ （給付水準の減少）	保険料の軽減　⇧
私的な側面	遺産額の削減　⇧	親からの援助の減少と生涯所得の減少⇩ 介護の負担の増加
（合計）	効果の正負は 個人によって相違する	効果の正負は 個人によって相違する

にとっての現実的対応は給付額の減少分を子孫への遺産などを削減することで埋め合わせることであろうが，子孫に十分な配慮ができないことは親にとって非常に不本意に感じられることかもしれない．子供も拠出額の削減によって公的な負担の軽減を享受することができるが，その反面，親からの遺産の減少によって親の資金を自分自身の仕事に活用できないなどの点で，かえって生涯所得の減少を懸念するかもしれない．さらに，この子供の退職期にその次の世代（孫）がこの破棄率（給付水準の引下げ率）上昇を継続させる可能性が大きく，子供の世代は年金制度そのものを頼りにできなくなるという最悪の結果さえ覚悟しなければならない．このように，年金制度改革からの便益と費用は各世代において一様でなく，拠出額や遺産額に応じてかなり異なることが予想される．

　本章のテーマは年金制度など社会保障制度の改正に対する社会的な合意が形成される過程を解明することであるが，ここでの分析を開始する前に，本章に関連する文献に言及しておこう．以下では，年金を受けながら遺産を遺す個人の行動が考察される．Roberts（1984）など多くの論者によって主張されるように，この行動は利他的な個人による自発的な所得再分配であるということができる．また，Bernheim, Shleiferと Summers（1985）は親が子供の行動を誘導する手段としての遺産の性格に言及する．年金などの公的資金と私的な遺産の代替あるいは補完関係が問題となるが，この分野には，Barro（1974）をは

じめとして多くの研究が存在する．これらの議論の1つの中心は，公的な機関による強制的な世代間の移転が世代間の所得分配に与える影響の中立性である．これに対して，BernheimとBagwell (1988)，Bernheim (1989)，AbelとBernheim (1991) およびStrawczynski (1994) などの一連の研究は，政府の政策が所得配分に与える効果を評価する．これに対して，本章で考察される政府は，年金の総給付額に応じて一定の方式で拠出額を各個人に割り当てる機能を果たすだけで，社会的な厚生の改善を目指す政策を実行しない．

1つの仮説

AuerbachとKotolikoff (1987) およびKotolikoff (1992) は，私的遺産がないライフサイクルモデルを用いて政府の金融・財政政策における世代間の利害関係への配慮の重要性を論じるが，本章においてその政策実行の前提条件である社会的意思決定と世代間の利害調整の関係が主として考察される．次に，世代間の所得再分配を伴う社会的意思決定過程に関する研究を少し詳しく見てみよう．

賦課方式に基づく社会保障制度や公債の発行・償還は，世代間の所得再分配を伴うが，このような世代間における所得再分配を実現する政策が社会の多数派によって支持されるのは何故であろうか．[3]

社会保険料や公債償還のための租税が薄く広く社会各層に分担されるのに対して，社会保障給付や公債発行からの便益が少数の個人に集中することから，受益者の組織化による政治権力への働き掛けが容易であることであるかもしれない．しかし，この推論が有効であるためには，単純な多数決による意思決定以外の決定メカニズムが使用されなければならない．

他方，現在の負担(勤労)世代は，次のような予測に基づいて，現在において社会保障制度の存立や公債発行を支持するのかもしれない．現在支持することによって，彼らは近い将来に自らが次世代の負担に基づく社会保障給付や公債発行からの便益を享受できる．この議論の前提として，現在時点で制定される立法が未だ誕生していない将来世代を拘束する力を持つことが求められるか，あるいは，社会保障制度の運営や公債発行の実行主体である政府が将来の社会

保障給付や公債発行からの便益の享受について公約(commitment)しなければならないと考えられる．これに対して，Tabellini (1990, 1991) は，負担世代にとって確約された利益が存在しなくても，社会保障や公債を通じた世代間の所得再分配に対する社会の多数派の積極的支持が生じることを示す．以下で展開される本章の特徴が明快になるように，Tabellini の議論の概要が紹介される．

中位投票者モデル

まず，Tabellini (1990) の議論を要約してみよう．社会保障の保険料負担は，その給付と比較して所得に比例するように設計される．社会保障制度が世代間および世代内の所得再分配をもたらすことから，社会保障制度は所得分配の改善を願う社会の多数派によって支持されると論じられる．理論的な分析において，各世代を構成する個人について，世代間の相互の利他的選好および個人間で異なる初期賦存状態を仮定することで，受給世代と負担世代の一部が一緒になって多数派を形成し，ある水準の社会保障規模を支持することが論証された．特に，勤労世代は社会保障給付の財源として保険料を負担しなければならないが，その世代の一部が支持する理由は，貧困な負担者ほど自らの保険料の拠出額に対する親の受給額が相対的に大きくなることに他ならない．また，高齢者人口比率の上昇および課税前所得分配の不平等度の上昇の各々が均衡における社会保障規模の拡大を招来することが示され，その現実妥当性が国際クロスセクション・データを用いた実証分析により確認される．

また，Tabellini (1991) は，中位投票者モデルを用いて，賦課方式に基づく社会保障制度に関する上記の分析方法を将来世代から現在世代への再分配をもたらす公債の償還にも適応する．そこでは，Tabellini (1990) と同様に世代間の相互の利他的選好および個人間で異なる初期賦存状態が仮定され，現在の公債発行から何ら便益を享受しない将来世代の一部がその償還を支持する理由は，不均等な親世代の公債保有量と均等な子供世代の公債償還のための租税負担であると主張された．また，両世代はともに親の公債保有量によって異なる破棄率を個人ごとに選好し，[4]富裕(貧困)な家計の親子ほど低い(高い)破棄率

を選好することが示された．さらに，中位投票者となる親と子供のペアが公債保有量から特定され，彼らが選好する破棄率を示すことで，多数決均衡として実行可能な公債を通じた再分配規模が分析された．

概　要

　本章の内容は以下のように要約される．重複世代モデルを用いて，賦課方式に基づいて運営される年金制度の改正の問題が論じられる．特に，第1期に創設された制度が第2期に見直されるとき，社会的な意思決定の過程で各世代によって表明される賛成と反対の行動が分析される．個人は利他的であることが想定されるが，その利他的な配慮は主として子供に対して注がれており，親に対する利他的な関心は薄い．年金破棄率上昇（給付水準の引下げ）のような年金制度の改正に関しても，負担が軽減される第2世代は賛成，給付水準が引き下げられる第1世代が反対という単純な世代間の対立の構図が描けるのではなく，第1，2世代ともに，賛成派と反対派が存在し，同一家計の親と子でも賛成反対に関して異なる意思表明をする可能性が存在する．その賛成反対の態度は，所得再分配前の所得分布と個人が属する相対的な所得階層に依存する．本章の構成は以下のとおりである．2節において，以下の分析に用いられるモデルが紹介される．3節において，第1と第2世代に関して最適消費行動が分析され，年金破棄率の上昇に関する利害関係が解明される．4節において，5つの図を用いて年金制度改正に対する両世代の投票行動が分析され，この改正が社会的に支持される過程が解明される．本章で導出された主たる帰結は5つの命題に要約される．5節において強調されたことは，本章の理論分析が94年11月に成立した年金改革を直接対象とするのではなく，2004年に予定されている社会保障制度改革への国民全体での合意の過程を照らす一筋の導きの灯火となることを願うものである．

2. モデル

重複世代モデル

本章で用いられるモデルの説明をしよう．重複世代モデルを用いた賦課方式の年金制度が論じられる．各世代は2期間生存して，第1期目の現役期に年金保険料を拠出し，第2期目の退職期に年金の給付を受ける．第1期には，退職後の第0世代と現役の第1世代，第2期には，退職後の第1世代と現役の第2世代が共存する．図1は重複世代モデルの導入的な概念図が描かれる．

各消費者はただ1つの合成財である私的財を消費する．その財の価格は1に定められる．消費者は現役期に年金保険料の拠出に加えて貯蓄をして，退職期の生活に備える．各世代は次の世代に遺産を遺す．各世代は現役期に遺産を受け取ることができるとしよう．さらに，厳密にいえば，遺産は死後に子孫に遺される資産であるが，以下では，これを少し広い意味に解釈して，親が生前に子孫のためになされる支出も遺産に含められる．記号は以下のとおりである．

図1　重複世代モデル

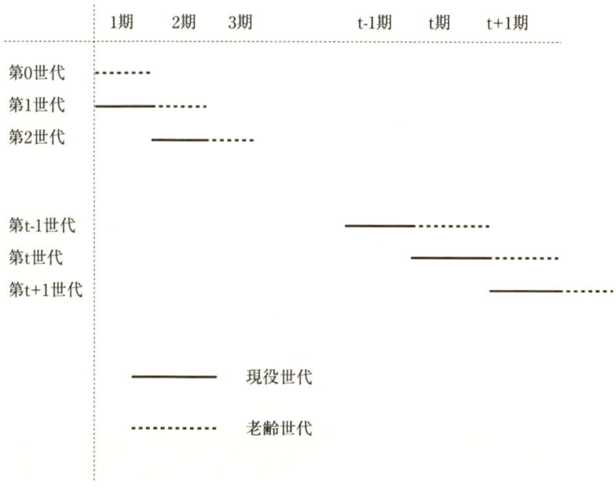

	1期	2期	3期	...	t-1期	t期	t+1期
第0世代	······						
第1世代	────	······					
第2世代		────	······				
第t-1世代					────	······	
第t世代						────	······
第t+1世代							────

──── 現役世代
······ 老齢世代

n_i は各世代の各タイプ i に属する個人数を示す．その数は一定であり，人口の成長は存在しないと想定される．タイプ数は m である．c_{ij}^t は t 世代の i タイプの個人による j 期 (t と $t+1$ 期) の消費量である．

d_i^t は t 世代の i タイプの個人による t 期の年金の拠出額である．ただし，年金制度の最初の受益者である第 0 世代の i は，拠出額がゼロであっても年金の給付額 d_i^0 を受けるとしよう．第 0 世代に関して，d_i^0 は年金の拠出額でなく給付額を表示する．

b_i^t は t 世代の i タイプの個人による $t+1$ 世代への遺産額を表示する．本章では，所得は労働からの賃金所得だけであると想定される．また，労働供給量は一定であると仮定される．

w は各期の現役世代が獲得する賃金であるが，親の遺産額の関数であると想定される．t 世代の i タイプの個人の t 期の賃金は $w(b_i^{t-1})$ と書かれ，$w'(b_i^{t-1}) > 0$ と $w''(b_i^{t-1}) < 0$ が満たされる．親が子供に遺産を遺すとき，親は子供たちに次のような期待を抱くであろう．子供はその遺産を浪費してしまうのではなく，その遺産を上手に活用して，より豊かな人生を送る．労働からの賃金以外の所得が想定される場合には，親から資産の相続により，子供には資本からの収益あるいは利子所得が生じる．前世代の遺産 (b_i^{t-1}) が大きいほど，所得 w が高くなる可能性が大きい．あるいは，親は，賃金からの所得についても，一般的に次のような関係があると信じて，子供にいろいろな配慮をするであろう．親からの援助によって高学歴や高い技能を獲得したり，あるいは，自営業を始めるに当って親からの資金援助を得ることができる個人はこのような援助が得られない個人より高い生涯所得を得ることができる．

第 1 期に賦課方式の年金が採用され，i タイプの第 0 世代は，年金の拠出額にかかわらず，d_i^0 の年金の支給を受ける．この時点では，第 1 期における年金の収支均衡条件式は，

$$\sum_{i=1}^{m} d_i^0 n_i = \sum_{i=1}^{m} d_i^1 n_i \tag{1}$$

で表現される．年金を管理する政府にとって，左辺は年金の給付総額，右辺は

年金の徴収総額である．ところで，完全な賦課方式の年金制度のもとでは，現役世代が負担可能な拠出額d_i^1に見合うように退職世代への給付額d_i^0が決定される．現実には，各期ごとに，それぞれの状況に応じて，この２つの世代は給付額と拠出額に合意せざるをえないであろう．結果として，現役世代が負担可能な範囲内で拠出額と給付額が設定される．場合によっては，現役世代が高い負担にあえいでいるにもかかわらず，退職世代は生活を維持するのに十分な年金の給付が受けられないということにもなりかねない．各世代が遭遇する運，不運によって，年金制度が退職世代にとって頼りとなったりならなかったり，また，現役世代にとって過重な負担になったりならなかったりする．たとえ，われわれがこのような不確かな年金制度のもとで，自らの退職後の生活を送らなければならないことを認識したとしても，われわれには，大きな不安の渦に飲み込まれるか，公的年金制度に頼らない老後の人生設計を試みるかの選択しか残されていないであろう．

給付額と拠出額の見直し

年金制度によってわれわれの退職後の生活が安定したものとなるためには，国家の資金による支援と賦課方式の一部修正が不可欠なものとなる．とはいっても，国家による資金の投入はできるだけ小さく，その金額には何らかの限定が設けられなければならないであろうし，年金の拠出額と給付額が各期ごとに独立に決定されるのではなく，ある程度の継続性が保たれることが必要であろう．政府は貯蓄と比較して年金制度の魅力が劣らないように，拠出額に応じた年金の給付を目標とするとしよう．rは市場利子率である．政府はt期にt世代の$t+1$期の年金給付額が，各iに関して$d_i^t(1+r)$であると発表するとしよう．ところで，この支給額を決定するのは，$t-1$世代とt世代であるのに対して，拠出額を実質的に負担するのは，$t+1$世代である．拠出額が負担に感じられる場合には，$t+1$期において参政権を得た$t+1$世代は，$t+1$期の年金の給付額と拠出額の見直しを求めるかもしれない．たとえば，第２世代が第２期において年金の給付額と拠出額の見直しを要求するときには，第１世代の代表も出席する議会においてその破棄率θが決定される．第２期の年金の収支

均衡条件式は

$$\sum_{i=1}^{m} d_i^1 (1+r)(1-\theta) n_i = \sum_{i=1}^{m} d_i^2 n_i \tag{2}$$

で表現される．以下の議論が容易になるように，年金の拠出額は所得に応じて決定されるとし，

$$d_i^1 = \sum_{i=1}^{m} d_i^0 n_i \times \frac{w(b_i^0)}{\sum_{i=1}^{m} w(b_i^0) n_i} \tag{3}$$

$$d_i^t = \sum_{i=1}^{m} d_i^{t-1}(1+r)(1-\theta^t) n_i \times \frac{w(b_i^{t-1})}{\sum_{i=1}^{m} w(b_i^{t-1}) n_i}, \quad t = 2, 3, \cdots \tag{4}$$

と定式化される．θ^t は t 期に決定される年金の破棄率である．本章において，第2期に定められる年金の破棄率が主として考察されることから，特に断り書きがないときには，$\theta^2 = \theta$ が満たされると想定される．

3. 利他的な世代間行動

3.1 第1世代

以下では，第1世代と第2世代が共に意思決定に参加する第2期の年金の給付額と拠出額を決定するモデルを考察しよう．この結果は t と $t+1$ 世代に関する一般的な場合の議論へ容易に拡張される．第1世代の i タイプの個人の効用関数が

$$u_i(c_{i1}^1, c_{i2}^1, b_i^1 + d_i^1 - d_i^2) \tag{5}$$

と定式化される．(5)において，次の2点が注意されなければならない．まず第一に，各 i の効用は，各期の消費量 c_{i1}^1, c_{i2}^1 に依存すると想定される．労働と余暇との間の選択の問題が分析されないので，年金制度が労働意欲に与える効果の分析は本章における考察の対象外におかれる．第二に，各 i の効用は年金を含めた純遺産額の関数にもなっている．本章のモデルにおいて，d_i^1 は(3)

によって定められている．また，(4)で示されるように，破棄率 θ の上昇と共に，d_i^2 は減少する．破棄率 θ と $d_i^1-d_i^2$ の関係を見てみよう．破棄率 θ が上昇して，$d_i^1-d_i^2$ が大きくなるほど，年金制度を通じて第1世代が第2世代に与える負担額が減少することから，$d_i^1-d_i^2$ は公的な純遺産額ということができる．あるいは，個人 i は年金制度を通じて d_i^1 が0世代から受け継いだ負の遺産であり，d_i^2 を第2世代に対する負の遺産であると感じるであろう．このような i は，$d_i^1-d_i^2$ をこの世代が年金制度において減額させた負の遺産額であると評価する．$d_i^1-d_i^2 \neq 0$ が成立するとき，世代1と2は同額の負担を受け継ぐ．この場合，各個人は公的年金から世代としての特別の負担を感じないで，この負担の変化額に世代としての貢献を見出すであろう．本章において，公的年金の世代間の負担が分析されるとき，この世代間の負担の軽減額が公的な純遺産を形成すると想定しよう．以下では，$d_i^1-d_i^2$ は世代1の i が次世代の公的な負担額を軽減する貢献額であると解釈される．私的と公的な遺産額の実質的な合計である e_i^1 が

$$e_i^1 = b_i^1 + d_i^1 - d_i^2 \tag{6}$$

で定義されるとしよう．(6)は，次のような親の子供たちに対する配慮を定式化したものである．公的年金制度の拡充が国民の広範な支持を受ける理由の一つには，親が公的年金制度に加入することによって，子供が親の老後の生活を支援する負担が軽減されることが考えられる．効用関数(5)は，c_{i1}^1, c_{i2}^1, e_i^1 に関して単調増加で，狭義の擬凹関数である．また，この関数は e_i^1 を変数に含むことから，利他主義的な効用関数である．親は子供に対する遺産額に応じて効用を享受するが，これが子供によって実際に獲得される効用と一致するという保証はない．この効用はいわば親心に当たる行為から生じるものであり，このような親の態度は子供には有難迷惑な存在であるかもしれない．このようなタイプの効用関数を持つ個人は，Andreoni (1989, 1990) によって考察される 'impure' な利他主義者に分類されるであろう．第1世代の第1期と第2期の予算制約条件は

$$c_{i1}^1 = w(b_i^0) - (s_i^1 + d_i^1) \tag{7}$$

$$c_{i2}^1 = -b_i^1 + s_i^1(1+r) + d_i^1(1+r)(1-\theta) \tag{8}$$

と書かれる．この(7)と(8)から

$$c_{i2}^1 = -b_i^1 + (w(b_i^0) - c_{i1}^1)(1+r) - d_i^1\theta(1+r) \tag{9}$$

が得られる．Lagrange 乗数 λ を用いれば，変数 c_{i1}^1, c_{i2}^1 と b_i^1 に関して Lagrange 関数を微分することによって得られる第1世代の個人 i の消費に関する1階の最適条件は

$$\frac{\partial u_i}{\partial c_{i1}^1} - \lambda(1+r) = 0 \tag{10}$$

$$\frac{\partial u_i}{\partial c_{i2}^1} - \lambda = 0 \tag{11}$$

$$\frac{\partial u_i}{\partial e_i^0}\left(1 - \frac{\partial d_i^2}{\partial b_i^1}\right) - \lambda = 0 \tag{12}$$

で表示される．(10)と(11)から，異期間の消費に関する限界代替率 $-dc_{i2}^1/dc_{i1}^1$ が1プラス利子率に等しいという通常の条件が導出される．(11)と(12)から，第2期における遺産と消費に関する限界代替率 $-dc_{i2}^1/de_i^0$ が $1/(1-\partial d_i^2/\partial b_i^1)$ に等しいという関係が得られる．$\partial d_i^2/\partial b_i^1$ は(4)を用いて得られる．第1世代の i の私的遺産額の増大が第2世代の i の所得 $w(b_i^1)$ を増加させ，総所得に占める個人 i の所得の相対的な比重が変化することによって，年金拠出額 d_i^2 が変更される可能性がある．場合によっては，第1世代の個人 i が多額の私的な遺産を第2世代に遺しても，公的な年金拠出額増加という形態で，その遺産額が目減りすることがこの第1世代の個人には懸念される．$1/(1-\partial d_i^2/\partial b_i^1)$ は，この減価分だけ純遺産の限界評価額が低下することを意味する．ところで，$w(b_i^1)/\sum_{i=1}^{m} n_i w(b_i^1)$ において，b_i^1 の変化は b_j^1 ($j \neq i$) を変化させるかもしれない．いいかえると，個人 i が彼の子供の相対的な所得が向上することを願って遺産額 b_i^1 を増やしても，そのことを知った個人 j は，自分の子供のことを気遣って i に対抗して遺産額 b_j^1 を増加させるかもしれない．現実には，このような推測的変化が生じ，それゆえ，$\partial d_i^2/\partial b_i^1$ の値を特定することは困難であると考えられる．以下における分析が容易になるように，各 i に関して $\partial d_i^2/\partial b_i^1$

が正の定数であると想定される．ただし，i と異なる j に関してその定数の値は異なる可能性がある．

本章では，消費財の価格と利子率が一定であると想定されていることから，各変数間の代替効果は分析の対象外におかれる．世代１の個人 i の間接効用関数は所得項の関数として表され，

$$V_i^1(-b_i^1+w(b_i^0)(1+r)-d_i^1\theta(1+r)) \tag{13}$$

と定式化される．

以下では，破棄率の変更に関する各世代の投票行動が分析される．その第１段階として方程式(9)〜(12)から最適な c_{i1}^1, c_{i2}^1, b_i^1, λ が求められる．この最適条件を満たす b_i^1 が b_i^{*1} と表示されるとすれば，最適な実質的な遺産額 e_i^{*1} は

$$b_i^{*1}=e_i^{*1}-d_i^1+d_i^2(\theta, b^{*1}) \tag{14}$$

と書き直され，破棄率 θ の関数で表される．ただし，$b^{*1}=(b_1^{*1}, \cdots, b_m^{*1})$ が満たされる．以下では，分析の簡単化のために，$\partial d_i^2(\theta, b^{*1})/\partial\theta = dd_i^2/d\theta$ が満たされることが想定される．この最適遺産額 e_i^{*1} が満たす性質は，Barro (1974) を始めとして多くの研究者によって考察された中立命題の一種の変形である．本章のモデルにおいて，各個人は公的遺産である年金と私的遺産を一緒にして，ある最適な額が次の世代に受け継がれることを希望する．したがって，彼あるいは彼女の遺産額は年金制度の改正によって大きな影響を受ける．所得が $M_i^1(=-b_i^1+w(b_i^0)(1+r)-d_i^1\theta(1+r))$ で示される．(13)を θ で微分すれば，

$$\frac{dV_i^1}{d\theta}=-\frac{dV_i^1}{dM_i^1}\left(d_i^1(1+r)+\frac{dd_i^2(\theta)}{d\theta}\right) \tag{15}$$

が導出される．第１世代の i は，$dV_i^1/d\theta>0$ が満たされるとき，年金破棄率の上昇に賛成，$dV_i^1/d\theta\leq 0$ が満たされるとき，反対の態度を表明すると想定される．ここでは，各個人が現状より修正案が改善されるかどうかということに関心を持っており，自分にとって最も理想的な提案がなされることを期待しないとしよう．すなわち，関数 V_i^1 が単峰型であることは仮定されないで，各

個人の投票行動は局所的な最大化を目標とするとしよう．(1)が成立することに注意すれば，(15)は

$$\frac{dV_i^1}{dM_i^1} \sum_{i=1}^m d_i^0 n_i (1+r) \left\{ -\frac{w(b_i^0)}{\sum_{i=1}^m n_i w(b_i^0)} + \frac{w(b_i^1)}{\sum_{i=1}^m n_i w(b_i^1)} \right.$$

$$\left. + \frac{\sum_{i=1}^m n_i w'(b_i^1)}{\sum_{i=1}^m n_i w(b_i^1)} \left(\frac{w(b_i^1)}{\sum_{i=1}^m n_i w(b_i^1)} - (1-\theta) \right) \right\} \quad (16)$$

と整理される．dV_i^1/dM_i^1が正値であると想定されることから，(16)の符号は，{ }内の符号によって定められる．{ }内の第1項はiグループの第0世代の相対的な所得分配であり，第2項以降の項は破棄率の変化の影響を含めた第1世代の相対的な所得分配である．(16)を用いた年金の破棄率決定に関する分析は4節において展開される．

3.2 第2世代

年金破棄に対する第2世代の態度は明白なように見える．すなわち，年金の破棄が進めば，年金拠出額が軽減され可処分生涯所得が増加して世代として効用が増大する．したがって，年金破棄率の上昇は第2世代の利益である．第2世代が置かれている立場をもう少し細かく見ると，彼らの利害はこのように単純なものではなく，かなり微妙であるように感じられる．まず第一に，年金破棄率の上昇は，第1世代の生涯の可処分所得を減少させ，第1世代に私的遺産額を削減させるかもしれない．場合によっては，負の私的遺産額が継承されるかもしれない．第二に，第3世代がこの引き上げられた破棄率を第2世代の給付にも適用することが予想され，このとき，第2世代は年金給付の面で削減を受けるかもしれない．年金の破棄に関する第2世代の複雑な対応を分析するために，第2世代に関するモデルを導入しよう．iグループの第2世代の個人の

効用関数は，(5)と同様に，
$$u_i(c_{i2}^2,\ c_{i3}^2,\ b_i^2+d_i^2-d_i^3) \tag{17}$$
において定式化される．第2世代の実質遺産額 e_i^2 は
$$e_i^2 = b_i^2 + d_i^2 - d_i^3 \tag{18}$$
と定義される．第2世代の第2期と第3期の所得制約条件は，(19)と(20)において書き表される．
$$c_{i2}^2 = w(b_i^2) - (s_i^2 + d_i^2). \tag{19}$$
$$c_{i3}^2 = -b_i^2 + s_i^2(1+r) + d_i^2(1+r)(1-\theta). \tag{20}$$

以下の分析を容易にするために，(20)において，次のような仮定が用いられる．第2期において，第1世代と第2世代の合意に基づいて，破棄率 θ が決定される．第3世代も破棄率が θ に定められたことを過去の事実として知っていることから，第2世代は第3期に，第3世代が破棄率 θ を要求することを覚悟する．いいかえると，(8)と(20)において，同一の破棄率 θ が用いられる．仮定1が設定される．

仮定1 世代2は，次の世代3も同一の破棄率 θ を要求することを覚悟して，第2期に第1世代とともに破棄率 θ を決定する．

(19)と(20)から，
$$c_{i3}^2 = -b_i^2 + (w(b_i^1) - d_{i2}^2)(1+r) - \theta d_i^2(1+r) \tag{21}$$
が導出される．第2世代の消費に関する1階の最適条件は，
$$\frac{\partial u_i}{\partial c_{i2}^2} - \mu(1+r) = 0, \tag{22}$$

$$\frac{\partial u_i}{\partial c_{i3}^2} - \mu = 0, \tag{23}$$

$$\frac{\partial u_i}{\partial e_i^2}\left(1 - \frac{\partial d_i^3}{\partial b_i^2}\right) - \mu = 0 \tag{24}$$

で表現される．ただし，μ は Lagrange 乗数である．また，$\partial d_i^3/\partial b_i^2$ は各 i

に関して定数であると想定される．以上 (21)～(24) の関係式を整理すれば，c_{i2}^2, c_{i3}^2, b_i^2 に関して前節と同様な関係が第 2 世代についても導出される．第 2 世代の個人 i の間接効用関数は

$$V_i^2(-b_i^2+(w(b_i^1)(1+r)-d_i^2\theta(1+r)) \qquad (25)$$

と書き表される．破棄率の変化は将来世代の拠出額に影響を与えるが，第 2 期になされる破棄率の変更が将来世代（特に，第 2 と第 3 世代）の拠出額に同じ効果を与えると想定される．$\theta^3=\theta$ が満たされるとして，関係式を用いれば，(26) が成立すると仮定される．

仮定 2

$$\frac{dd_i^2(\theta)}{d\theta}=\frac{dd_i^3(\theta)}{d\theta}. \qquad (26)$$

e_i^{**} が (24) を満たすとすれば，(25) は

$$b_i^2=e_i^{**}-d_i^2(\theta)+d_i^3(\theta)$$

と書き直されることと，(26) に注意して，(25) を θ に関して微分して整理すれば，

$$\frac{\partial V_i^2}{\partial \theta}=\frac{dV_i^2}{dM_i^2}\left\{\frac{dd_i^2}{d\theta}\left(\frac{dw(b_i^1)}{db_i^1}(1+r)-\theta\right)-d_i^2\right\} \qquad (27)$$

が得られる．(27) の意味が明確になるように，(27) は (28) と (29) に分けて書き直される．M_i^2 は $-d_i^2+w(b_i^1)(1+r)-d_i^2\theta(1+r)$ に等しいと定義される．

$$\frac{\partial V_i^2}{\partial \theta}=\frac{dV_i^2}{dM_i^2}d_i^2\{\frac{d_i^{2'}(\theta)}{d_i^2}(w'(b_i^1)(1+r)-\theta)-1)\}. \qquad (28)$$

$$\frac{d_i^{2'}(\theta)}{d_i^2}=\left(-1+\frac{(1-\theta)w'(b_i^1)d_i^{2'}(\theta)}{w(b_i^1)}-\frac{\sum_{i=1}^m n_i w'(b_i^1)d_i^{2'}(\theta)}{\sum_{i=1}^m n_i w(b_i^1)}\right). \qquad (29)$$

(28) と (29) は年金の破棄率決定の分析にとって重要な役割を果たすが，その議論は次節において詳細になされる．

4. 破棄率の社会的意思決定

4.1 第1世代と破棄率

まずはじめに，第1世代と第2世代の所得分布 $\{w(b_i^0)\}_{i=1,\cdots,m}$，$\{w(b_i^1)\}_{i=1,\cdots,m}$ の関係を見てみよう．その準備として，第0世代に関する所得制約条件と効用関数を定式化しておこう．第0世代の第0と1期の所得制約条件は

$$c_{i0}^0 = w(b_i^{-1}) - s_i^0, \tag{30}$$

$$c_{i1}^0 = -b_i^0 + s_i^0(1+r) + d_i^0 \tag{31}$$

で表示される．また，その効用関数は

$$u_i(c_{i0}^0,\ c_{i1}^0,\ b_i^0 - d_i^0) \tag{32}$$

と表現される．Lagrange の乗数 γ を用いて，(30)と(31)から得られる制約条件

$$c_{i1}^0 = -b_i^0 + (w(b_i^{-1}) - c_{i0}^0)(1+r) + d_i^0 \tag{33}$$

の下で，効用関数(32)を変数 $c_{i0}^0,\ c_{i1}^0,\ b_i^0$ に関して最大化すれば，

$$\frac{\partial u_i}{\partial c_{i0}^0} + \gamma(1+r) = 0, \tag{34}$$

$$\frac{\partial u_i}{\partial c_{i1}^0} + \gamma = 0, \tag{35}$$

$$\frac{\partial u_i}{\partial e_i^0} + \gamma = 0 \tag{36}$$

が導出される．ただし，(36)において，$e_i^0 = b_i^0 - d_i^0$ と $\partial e_i^0/\partial b_i^0 = 1$ が用いられる．第0世代の個人 i の間接効用関数は

$$u_i(w(b^{-1})(1+r) - b_i^0 + d_i^0) \tag{37}$$

と書き表される．(37)と(13)において，$w(b_i^{-1})(1+r) - b_i^0 + d_i^0$ と $-b_i^1 + w(b_i^0)(1+r) - d_i^1 \theta(1+r)$ が第0世代と第1世代の生涯可処分所得であるとしよう．仮定3が満たされるとき，経済は成長状態にある．すべての家計に関して，第0世代より第1世代の生涯可処分所得は増加する．

仮定3 （成長経済）
$$w(b_i^{-1})(1+r) - b_i^0 + d_i^0 \leq w(b_i^0)(1+r) - b_i^1 + d_i^1 \theta (1+r). \tag{38}$$

命題1 成長経済の下において，第0と第1世代間の生涯所得の変化額が年金制度の整備による所得移転額より小さければ，すべての家計に関して第0世代の私的移転額は第1世代の私的移転額より大きい．
$$b_i^0 > b_i^1. \tag{39}$$

証明） (38)は
$$b_i^0 - b_i^1 \geq d_i^0 + d_i^1 \theta (1+r) + (w(b_i^{-1}) - w(b_i^0))(1+r)$$
と書き直される．この命題の仮定より上式の右辺は正値であることから，(39)が導出される．

命題1は，賦課方式の年金制度が制定され，最初にその給付の恩恵に浴する第0世代の家計には，前後の世代よりこの給付額だけ可処分所得が増すことから，より大きな私的遺産額を遺す余裕が生じることを意味する．この命題1から次の命題2が導出される．

命題2 命題1の前提が満たされるとき，第1世代の相対所得の曲線は第2世代の曲線より勾配が大きくなる．すなわち，$w(b_i^0)/\sum_{i=1}^{m} n_i w(b_i^0)$ を描く曲線の勾配は $w(b_i^1)/\sum_{i=1}^{m} n_i w(b_i^1)$ の曲線の勾配より大きい．

証明） (39)と関数 w が単調増加であることから，
$$w(b_i^1) < w(b_i^0) \tag{40}$$
が成立する．次に，$w(b_i^0)/\sum_{i=1}^{m} n_i w(b_i^0)$ と $w(b_i^1)/\sum_{i=1}^{m} n_i w(b_i^1)$ の値を比較してみよう．命題1から，すべての i に関して b_i^1 が b_i^0 より小さいことに注意して，b_i^1 があるパラメータ x の関数 $b_i^1 = \phi_i(x)$ であるとして，$\phi_i'(x) < 0$ が満たされると想定しよう．ただし，この関係はすべての i に関して一様でないが私的

第13章　年金の世代間負担の決定　307

遺産額が減少することを表現する．$IE(b_i^1) = w(b_i^1) / \sum_{i=1}^{m} n_i w(b_i^1)$ を x に関して微分すれば，

$$\frac{dIE(b_i^1)}{dx} = \frac{w(b_i^1)}{\sum_{j=1}^{m} n_j w(b_j^1)} \left(\frac{w'(b_i^1) \phi_i'}{w(b_i^1)} - \frac{\sum_{j=1}^{m} n_j w'(b_j^1) \phi_j'}{\sum_{j=1}^{m} n_j w(b_j^1)} \right) \quad (41)$$

が得られ，右辺の括弧内の第2項がすべての i に関して同一の値である平均値 A に相応することから，第1項の値にしたがって(41)の符号が決定される．$b_i^1 < b_j^1$ を満たす個人 i と j に関して，関数 $w(b_i)$ の性質から，$w(b_i^1) < w(b_j^1)$ と $w'(b_i^1) > w'(b_j^1)$ が得られる．$w'(b_i^1)/w(b_i^1) > w'(b_j^1)/w(b_j^1) > 0$ が成立する．ところで，ϕ_i' と ϕ_j' の値に関して明確な関係を確認することは容易ではない．たとえば，Strawczynski (1994) は，現存世代と将来世代の家計所得に相関関係があるとして，一階の定常的なマルコフ過程を想定する．

（i）まず第1に，第0世代において i より相対的に私的遺産額が大きい j が，第1世代において私的遺産額を i よりより大きく減少させる場合を考察しよう．$0 > \phi_i' > \phi_j'$ を成立させるある ϕ_i' と ϕ_j' に対して，両者の値の差が $w'(b_i^1)/w(b_i^1)$ と $w'(b_j^1)/w(b_j^1)$ の間の格差より大きいときには，

$$0 > \phi_i' w'(b_i^1)/w(b_i^1) > A > \phi_j' w'(b_j^1)/w(b_j^1) \quad (42)$$

が導出される．すべての i に関して，$\phi_i'(x) < 0$ が満たされることに注意すれば，(41)の符号は，比較的小さな b_i^1 に関して正，比較的大きな b_i^1 に関して負の値をとる．図2において，所得に関して小さい方から順番に個人が水平軸にとられる．所得と私的遺産額が単調増加な対応関係にあることから，(41)の符号は b_i^1 が比較的に小さなある i に対して正，ある相対的に大きな j に対して負の値である．$IE(b_i^1)$ を描く CD 曲線は $IE(b_i^0)$ に対応する $C'D'$ 曲線の H' 点より左方では上方に，右方では下方に位置する．グループの個人が年金の破棄に関して示す対応を明らかにするために，(16)式の意味を考察しよう．

(4)から，破棄率 θ の上昇は d_i^2 を減少させ，さらに，(14)から，b_i^1 を低下させることが明らかである．いいかえれば，グループ i の個人は，次のような理由

で私的遺産額の減少を実行する．破棄率が上昇することで，第2世代の年金拠出の負担が軽減されることから，公的な負の遺産が減少する．この時，私的な遺産額がその軽減額だけ減額すれば，第2世代への純遺産の合計額は維持される．さらに，個人間における所得格差の主な要因となる私的遺産額が減少することによって，所得の不平等の程度は改善されると考えられる．

$x=\theta$ が成立するとして，(41)を用いた推論が適応されることから，図2において，AB 曲線は CD 曲線と下方から交わる．θ の上昇は CD 曲線の勾配を一層緩やかになるようにシフトさせる．以下では，CD 曲線は θ の上昇を反映させた曲線であるとしよう．ただし，グループの数 m は有限であり，本章の考察の対象となる関数が連続でない可能性は大きいが，以下では，簡単化のために，連続の曲線が近似的に分析に用いられる．

(16)の│ │内の項において，第1項と第2項だけに注意を集中して第3項を無視できるならば，点 E を境にして，左側の低額所得者は破棄率の上昇に賛

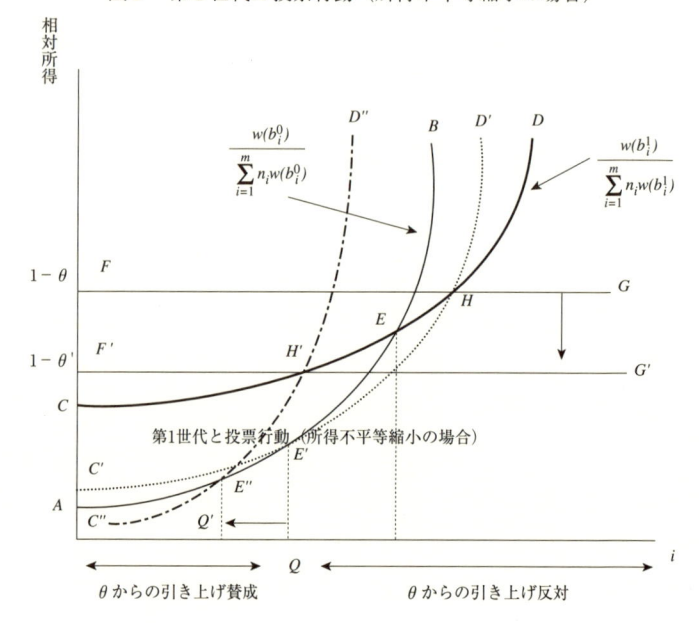

図2 第1世代と投票行動（所得不平等縮小の場合）

成，右の高額所得者は反対ということになる．ところで，第3項を考慮すれば，この結果はどのように修正されるであろうか．$IE(b_i^1)-(1-\theta)$ で水平軸と水平な直線と $IE(b_i^1)$ を表示する曲線 CD との交点 H の左と右で符号が負と正で逆に現れる．さらに，この第3項はこの $IE(b_i^1)-(1-\theta)$ に正値の項が乗じられており，図2において，交点 H の左では負，右では正値となる．したがって，この第3項は曲線 CD を $(1-\theta)$ の水平な直線と CD 曲線との交点 H の右側の部分を上方へ，また左側を下方へ逆方向へシフトさせる．このようにして作成された $C'D'$ 曲線と AB 曲線との交点 E' は点 E より左側の領域に位置して，破棄率の上昇に対する賛成者は，第3項が考慮されない場合より少なくなる．さらに，θ のわずかな変化に対して，CD 曲線の形状がそれ程変わらないとして，θ がさらに θ' に引き上げられるならば，賛成と反対を分ける点はさらに左に移動して，賛成者数が一層減少することが，図2から読み取られる．すなわち，θ' の水準においては，$C''D''$ 曲線と AB 曲線の交点 E'' が，E' 点より右方に存在するかあるいは交点が存在しない可能性が高い．

どうしてこのような結果が生じるのか，その理由を考えてみよう．各グループの個人は，次世代が有利になる世代間の移転を望んでいる．破棄率の上昇は，第0世代の年齢の給付額の引下げを意味しており，この世代は生活水準の維持のために，第1世代への私的な遺産額を削減せざるをえない．比較的高額の所得層は，その削減額も大きくなり，その層の次世代は私的遺産額削減による打撃が破棄による年金の公的負担の減少額を超過する．これに対して，中位以下の所得層では，年金の破棄による負担軽減の効果が私的な遺産額の削減によるマイナス効果を上回る可能性が存在する．このような理由に基づいて，所得階層によって年齢の破棄に対する対応が異なることが推論される．

(ii) (42)とは逆の不等号関係(43)が成立する場合を考察しよう．

$$\phi_i' w'(b_i^1)/w(b_i^1) < A < \phi_j' w'(b_j^1)/w(b_j^1) < 0 \tag{43}$$

(42)が成立するときと比較して，(43)を満たす ϕ_i' と ϕ_j' は $\phi_i' = \phi_j'$ の場合など比較的に広範に存在する．ここでの特徴は，(42)と比較して，年金制度の変更など世代間所得再分配に関する要因が私的遺産額の変化に与える影響が所得階

層にかかわらず一様である点である．相対的に小さな b_i^1 と相対的に大きな b_j^1 に関して(41)において成立する関係は(i)とは逆になる．しかしながら，(i)で展開された議論は，多少の修正がなされるだけで，この場合にも適応可能である．説明が冗長になるが，(ii)の場合に関して図2と同様の図3が作成される．ここでは，図2と異なり AB 曲線が CD 曲線と上方から交わる．いいかえると，年金導入によって，所得移転が考慮される前の段階における所得分布の格差が拡大する．この場合においても，社会保障制度によって所得の格差は部分的にであるが補正されるので，比較的に低額所得者は年金破棄率上昇に賛成，高額所得者が反対という基本的な構図は変更されない．賛成と反対を分ける点 E' の位置は，図3と図4では大きく異なることが予想される．残念ながら，本章の分析において，AB 曲線と CD 曲線の正確な形状が特定されていないので，図3と図4を比較して厳密な推論を展開することはここでは差し控えられる．以上の議論の概要は命題3で要約される．

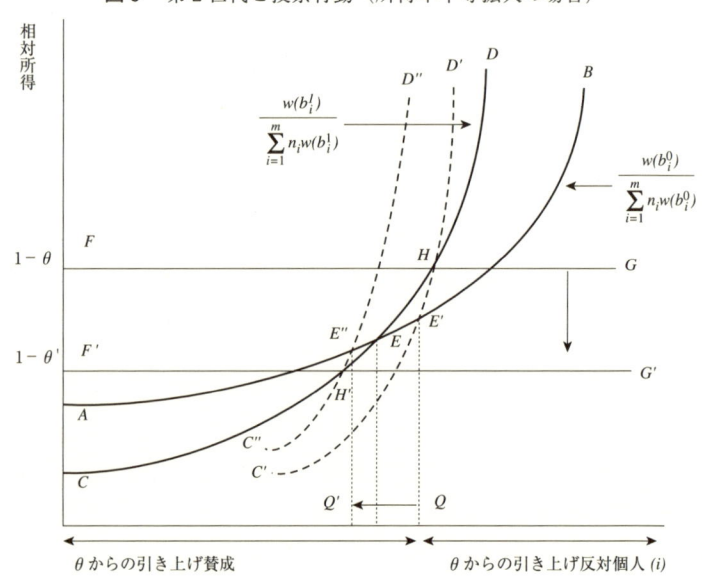

図3 第2世代と投票行動（所得不平等拡大の場合）

命題3 年金の破棄率上昇に対して，第1世代は，賛成と反対の両派に分かれる．所得が比較的に低い層は賛成，高い層は反対になる傾向が存在し，破棄率上昇とともに賛成派は減少して，反対派は拡大する．

4.2 第2世代と破棄率

㉘と㉙式を用いて，第2世代の投票行動を考察しよう．㉙式の値が負であると仮定しよう．$(dV_i^2/dM_i^2)d_i^2$ が正であることから，まず，$w'(b_i^1)(1+r) - \theta$ の値に注目しよう．図4において，図2と同様に水平軸に各グループの個人が所得の順番に並べられる．所得の増加とともに，私的な遺産額が増加するが，その限界額は逓減すると想定される．したがって，$w'(b_i^1)(1+r)$ は右下がりの AB 曲線で表示される．AB 曲線と θ で水平な直線 FG の交点が E で示される．$db_i^1/d\theta < 0$ であることから，$w''(b_i^1)db_i^1/d\theta > 0$ が得られ，θ の上昇は AB 曲線を CD 曲線の方に上方へシフトさせる．このとき，FG 曲線も HI 曲線に上方シフトしていることから，新しい交点 J は，点 E より左方の点である．ところで，θ の水準が大きくなり，次世代の所得に与える効果が増大するにつれ，CD 曲線が $C'D'$ 曲線へ大きな幅でシフトすると仮定される．このとき得られる新しい交点 K は点 E より右方の点となる．以下では，θ の上昇と AB 曲線と CD 曲線の交点 E の位置に関して，次のような関係が想定される．θ の変化が小さいとき交点は左方へ移動するが，θ がある水準を超えて変化すると，右の方向へ移動する．ある $w'(b_i^1)(1+r)$ と θ にグループごとの所得の影響を示す $(dV_i^2/dM_i^2)d_i^2$ が一定であるとすれば，図4に基づいて描かれた図5から，第2世代の年金破棄に対する対応が読み取れる．$(d_i^{2'}/d_i^2)(w'(b_i^1)(1+r) - \theta) - 1$ を表示する右上がりの AB 曲線と水平軸との交点が E であるとしよう．点 E より右方の領域にある比較的に高額所得の個人は θ からの破棄率の上昇に賛成である．これに対して，点 E より左方にある比較的に低額所得の個人は，破棄率の上昇に反対である．

このような第2世代の対応は，第1世代の行動と対称的なものとなる．その理由は以下のような推論がなされる．仮定2から，第2世代は θ の変化に伴う

312

図4　第2世代の世代間移転

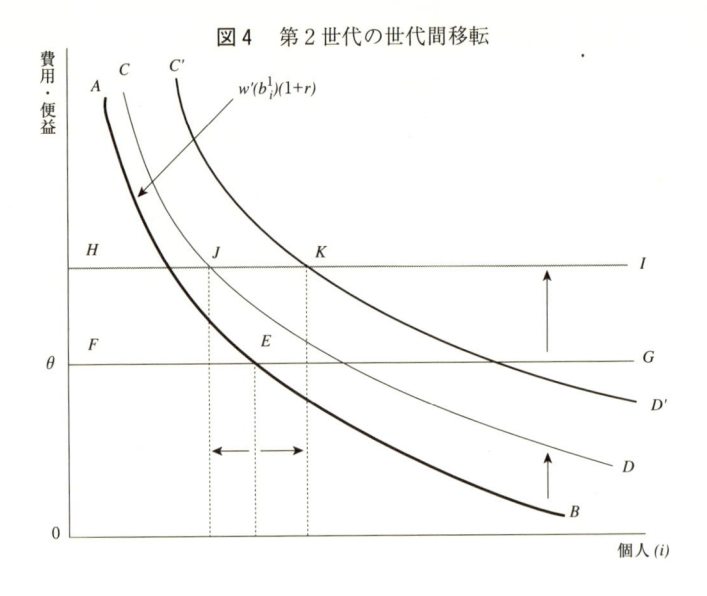

縦軸: 費用・便益
横軸: 個人 (i)

曲線ラベル: $w'(b_i^1)(1+r)$
点: A, C, C', H, J, K, I, F, E, G, θ, D', D, B

図5　第2世代と投票行動

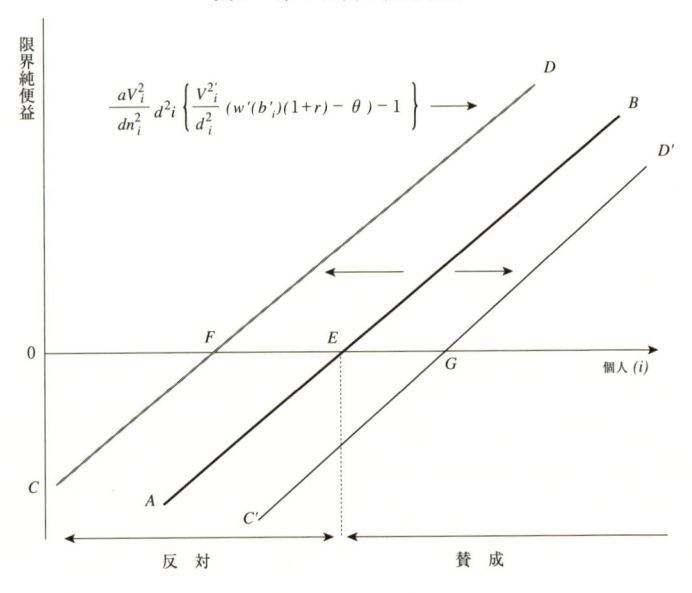

縦軸: 限界純便益
横軸: 個人 (i)

$$\frac{aV_i^2}{dn_i^2} d^2 i \left\{ \frac{V_i^{2'}}{d_i^2} (w'(b'_i)(1+r) - \theta) - 1 \right\} \longrightarrow$$

点: C, A, F, E, G, D, B, D', C'

反対　　賛成

第3世代への配慮を示さない．第2世代はθの上昇による公的な年金拠出額の軽減額とそれに伴う第1世代の私的遺産額の減少が彼らの生涯所得に対する削減効果を比較する．このとき，私的遺産額からの所得の限界効果が逓減すると仮定すれば，高額所得者ほど公的な負担の軽減を強く望むと考えられる．ところで，θが上昇するとき，図5のAB曲線がCD曲線の方に左方へシフトして，新しい交点がFとなり，年金の破棄率の上昇に賛成する層が拡大する．このとき，第1世代が私的な遺産をある程度遺せる範囲内で，年金給付額が縮小されるならば，年金の破棄率上昇によってその負担軽減を実感する第2世代のグループが増大する．さらに，破棄がある水準を超えると，図5のAB曲線が$C'D'$曲線の方に右方へシフトして，交点はGで表示される．一度賛成に回ったグループの一部が再度反対に態度を変える．その理由は次のように考えられる．年金の破棄率上昇による第1世代の生涯の可処分所得の減少が第2世代への私的遺産額を削減させるが，その削減額がかなりの程度に達すると，これは第2世代間における一種の所得再分配効果を持ち，第2世代の高額所得者はその比較的に有利な地位を維持することが困難になる．このような破棄率の上昇には，第2世代の間にも反対が広がるであろう．以上の議論は命題4において要約される．

命題4 第2世代も年金破棄率上昇に対して，賛成と反対の両派に分かれる．第2世代は第1世代と対照的に，比較的低所得層は反対，比較的高所得層は賛成の態度を表明する．破棄率の上昇に対する支持はある範囲では拡大するが，その範囲を超えると逆に反対派が増大する可能性がある．

4.3 投票による意思決定

投票によってどのように意思決定がなされるか考察しよう．第1世代に関して次のような推論が成立する．θが0の近傍にあるときには，(16)式の$w'(b_i^1)/\sum_{i=1}^{m} n_i w(b_i^1) - (1-\theta)$は負値となる．図2において，点$H$は右端に移動する．この場合，$C'D'$曲線は図3で描かれる曲線より下方に位置することから，

$C'D'$ 曲線と AB 曲線が交点を持たず，AB 曲線が $C'D'$ 曲線より上方にあることから，第1世代の大多数の個人が年金の破棄率上昇に反対の態度をとる可能性がある．ところが，θ がある水準に達すると第1世代にも一定数の破棄率の引き上げへの支持者が現れるが，その数は次第に減少する．図6において，水平軸に破棄率，垂直軸にこの破棄を支持する個人数が測られる．第1世代の支持者数を示す曲線 AB は右下がりとなる．また，第2世代の支持者数を示す CD 曲線の特徴は次のように分析される．図5において，θ が0の近傍にあるときには，AB 曲線は右端の領域まで移動する．ところが，θ が上昇するにつれて，賛成する支持者の数は増大し続けるが，θ がある水準を超えると支持者数は減少を始める．社会の支持者の総数を示す GH 曲線は過半数の水準を表示する JK 曲線と E, F 点で交わる．EF の範囲の破棄率は社会的に承認される可能性があるが，点 F の破棄率の水準が社会的な意思決定によって選択されるであろう．

ところで，年金の破棄が社会的に承認されるかどうかは GH 曲線の形状に

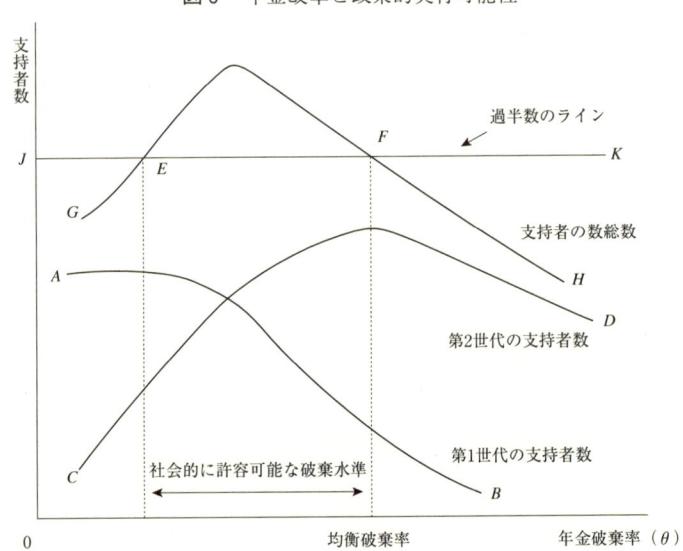

図6 年金改革と政策的実行可能性

依存しており，この支持者の総数曲線が過半数ライン（JK 曲線）より下方にあって交わらない可能性が存在する．このときには，年金の破棄は社会的に承認されない．4.3において展開された議論は命題5で要約される．

命題5　年金の破棄率上昇は第1と第2の両世代の一部から構成される多数派によって支持される可能性がある．ただし，場合によっては，同一家計の親子でも，この年金破棄率上昇に関する賛否に対して異なる態度をとる可能性が大きい．

5．おわりに

1994年11月2日に年金改革関連法が成立したが，その内容は次のように要約されている．「年金改革法案には現在60歳となっている厚生年金の支給開始年齢を2001年から段階的に65歳に引き上げ，60歳代前半の人には現在の半額程度の部分年金を支給するという柱のほかに，①　それまで，月収の14.5%（これを労使で折半）となっている厚生年金保険料を法律成立時より16.5%に，96年10月から17.35%に引き上げる．②　それまで，月額1万1,100円の国民年金保険料を95年度から1万1,700円とし，96年度以降99年度まで毎年94年度価格で500円ずつ引き上げる．③　年金額を4%程度増額するなどが盛り込まれている．」[5]

このように，拠出額と給付額の引き上げという年金改革は，本章で検討された改革と正反対の内容を有しているように一見みえる．いいかえると，世代間の利害という観点からは，94年改正の内容は，退職世代の給付水準引上げのため現役世代が負担を増大させることである．ところが，実質的な年金給付水準の引下げ（支給開始年齢の延長）の主要な論点であった65歳からの年金支給開始についていえば，最終的にこの制度の適応を受ける個人が男性で1949年4月2日，女性で1954年4月2日以降に生まれた個人である．しかも，この条件に該当する個人は上記のようにその拠出額も増大し，将来の保険料や給付額は積

立金の今後の運用実績と物価上昇に依存して決められるという不確かなものである．これらの制度上の変更は，本章の議論に則していえば，次のように整理されるであろう．現時点において，退職世代は第0世代が主体であり，現役世代は第1世代と第2世代の一部が含まれ，第0世代と第1世代の間の利害調節が中心的課題である．本章で考察された第1世代と第2世代の間の投票による利害調整が本格化するのは，21世紀に入ってからであり，94年の年金改革は，その序章とでもいうべき内容である．本章で導出された帰結は，われわれがこれから取り組まなければならない年金制度をはじめとする一連の社会保障制度の改革に課せられた政治的な制約条件を解明する．いいかえると，これらの制度改革に関してわれわれが政治的に選択可能な範囲は限定されていて，この改革が私的遺産額に与える効果も十分に検討されなければならない．このような政治的な制約を満たす社会保障制度の改革が進まなければ，制度自体の全面的な崩壊が将来待っているということにもなりかねない．

社会保障水準決定に関する投票理論について，他の研究との関係に言及しよう．BoadwayとWildasin (1989) は，連続時間型の重複世代モデルに中位投票者モデルを統合することで多数決均衡としての最適な社会保障水準を示した．そこでは，人口成長率が一定という仮定の下では一定となる中位の年齢者が中位投票者として設定される．勤労期にある彼は，資本市場において借入制約に直面する利己的な個人であり，その社会保障給付水準についての選好は単峰性を満たす．そして，既存の社会保障給付水準が大きいほど彼の選好する最適な社会保障水準は小さくなることが示された．

他方，HanssonとStuart (1989) は，利他的個人から構成される重複世代モデルを用い，満場一致のルールの下で社会保障の導入が世代間取引として内生的に起こることを示した．その理由は，人口成長率に対応する賦課方式に基づく社会保障制度からの収益率が市場利子率を上回るとき，正の贈与を伴う定常的均衡において社会保障制度の導入がパレート改善をもたらすことに求められた．これらの投票理論を用いた研究に共通する特徴は最適な社会保障制度に関する議論であるということができるが，本章におけるわれわれの目的の一つ

は，多数決に参加する両世代の個人の複雑な利害関係を解明して，社会保障制度の改革が実際に支持されるメカニズムを考察することである．

本章での議論は1994年当時の年金制度改革の議論に対するわれわれの主張を再度展開したものである．今回での改訂で，21世紀の社会保障制度改革の議論に対する田中・久下沼モデルの有効性が検討された．実際には，ここで主張された世代間の負担率の本格的な見直しの作業はこれから具体化されることになっていることと，われわれの主張が今回の改訂でも変更されていないことを強調するという結果となった．田中・久下沼モデルで展開された議論が読者諸氏にできるだけ読みやすくなることを心がけた．また，世代間で費用便益分析からの結果が一致しない場合への1つの接近法として，本章の分析を参照いただくことを願うものである．

注

1) 財政政策研究会編『(図表解説) 財政データブックス―財政の現状と展望―平成6年度版』大蔵財務協会, 1994年, 142頁.
2) 同上, 147頁.
3) Barro (1974) において，社会保障制度や公債を通じた政府による世代間所得移転の効果は，利他的選好をもつ個人が遺産という自発的な世代間所得移転手段を通じた調整をすることによって相殺される．この場合，社会保障制度や公債を通じた世代間所得移転に対して，社会の構成員が積極的に支持を示す理由は何ら存在しない．
4) 公債の破棄率は発行時のある一定の公債の収益率を償還時に引き下げるための割引率を意味する．たとえば，破棄率がθ，発行時の公債の収益率がrであるとすれば，償還時の公債の収益率は$r(1-\theta)$である．そして，Tabellini (1991) が設定するような世代間での相互の利他的選好の下での破棄率の引き上げは，公債保有者である親世代に対する公債の償還額の減少という効用へのマイナスの効果と自分の子供の租税負担額の減少というプラスの効果が生じる．子供の世代には，逆の関係が成立する．
5) 日本経済新聞, 1994年10月27日(木).

参考文献

Abel, A. B. and B. D. Bernheim (1991), "Fiscal Policy with Impure Intergenerational Altrurism," *Econometrica*, 59, pp.1687–1711.

Andreorni, J (1989), "Giving with Impure Altruism : Applications to Charity and

Ricardian Equivalence," *Journal of Political Economy*, 97, (6), pp.1447-1458.

Andreoni, J. (1990), "Impure Altrurism and Donations to Public Goods : A Theory of Warm-Glow Giving," *The Economic Journal*, 100, pp.464-477.

Auerbach A. J. and L. J. Kotolikoff (1987), *Dynamic Fiscal Policy*, Cambridge University Press, Cambridge.

Barro, R. J. (1974), "Are Government Bonds Net Wealth?" *Journal of Political Economy*, 82, 6, pp.1095-1117.

Bernheim, B. D., Shleifer, A. and L. H. Summers (1985), "The Strategic Bequest Motive," *Journal of Political Economy*, 96, (6), pp.1045-1076.

Bernheim, B. D. and K. Bagwell (1988), "Is Everything Neutral?" *Journal of Political Economy*, 96, (2), pp.308-338.

Bernheim, B. D. (1989), "Intergenerational Altruism, Dynastic Equilibria and Social Welfare," *Review of Economic Studies*, 56, pp.119-128.

Boadway, R. W. and D. E. Wildasin (1989), "A Median Voter Model of Social Security," *International Economic Review*, 30, pp.307-328.

Hansson, I. and C. Stuart (1989), "Social Security as Trade Among Living Generations," *American Economic Review*, 79, pp.1182-1195.

Kotolikoff, L. J. (1992), *Generational Accounting : Knowing Who pays, and When for What We spend*, The Free Press, a Division of Macmillian, Inc. 香西泰監訳 (1993)『世代の経済学――誰が得をし, 誰が損するのか』, 日本経済新聞社.

Tabellini, G. (1990), "A Positive Theory of Social Security," *NBER Working Paper*, No.3272.

Tabellini, G. (1991), "The Politics of Intergenerational Redistribution," *Journal of Political Economy*, 99, (2), pp.335-357.

Roberts, R. D. (1984), "A Positive Model of Private Charity and Public Transfers," *Journal of Political Economy*, 92, (1), pp.136-148.

Strawczynski, M. (1994), "Government Intervention as a Bequest Substitute," *Journal of Public Economics*, 53, pp.477-495.

付 記

本章の議論は, 田中廣滋・久下沼仁筰 (1995)「年金の世代間負担と投票行動の理論的分析」『経済学論纂 (中央大学)』第36巻第3号, 89-109頁をベースに年金の世代間負担に関する費用便益を論じたものである.

第 14 章

環境経営における費用便益分析

1. はじめに

　地球環境の問題は，枠組み条約などの地球規模の取組みを必要としている．この問題は壮大な規模での対応を人類に求めているが，その一方で，この排出削減の枠組みが有効に機能するためには，個々の排出主体が温室効果ガスをどれだけ効果的に削減するかというミクロ的な対応が重要である．そのために，種々の規制的な手段が講じられるが，CO_2などの排出はわれわれの日常の生活あるいは生産活動と広範囲に亘って密着しているだけに，その数量的な規制は容易ではない．炭素税や排出権など市場機構の機能を活用する政策手段の導入が検討されている．この市場機構の機能を前提とする経済規制手段が個々の排出主体に対して経済的な利益を通じて環境への対応を促すことが期待されている．このような経済の手法はインセンティブ規制という大きな分類に入れられる．ところで，インセンティブ規制を軌道に乗せるためには，政策当局と個々の排出主体が，このインセンティブの内容を正確に評価することが避けられない．
　いくつかの先駆的な企業が環境問題に積極的に取り組む事例は，メディアなどでも繰返し報道されているが，大多数の企業が環境問題に積極的に取り組ん

でいる実態は必ずしも明確にされてはいない．実際の生産活動のなかで，個々の企業によって，環境への取組みに差が生じるとすれば，この相違をもたらす要因は何であるのであろうか．この疑問を解明することは，環境に対する企業全般の取組みを推進するための重要なステップとなるといえるであろう．田中廣滋（1999）は，企業が持続可能性を制約条件として，生産活動をするとき負担しなければならない限界費用または限界機会費用に注目して，その値を環境経営の潜在価格と名づけた．田中はこの環境の潜在価格の大きさに応じて，企業が環境へ容易に自主的な取り組むことができるのかどうかが明らかになると主張し，この環境の潜在価格を決定する重要な要因として，市場における需要の弾力性と企業が環境の再生に与える要因としての純限界破壊度を導出した．伊東弘人（2001）は，企業による1999年のISO取得のデータを用いて，この2つの要因と企業の環境への取組みとの相関関係を実証した．

　企業が環境への取組みに消極的になる1つの要因として，企業が環境のために支出する費用や努力が評価される基準が明確でないことが考えられる．環境に取り組むことが企業の経営にマイナスとして作用し，長期的な視点から見た，環境問題の重要性とは対照的に，その存立を危うくするとすれば，企業は環境に対して当然消極的な姿勢をとらざるをえないであろう．企業のこのような判断はある程度現実を反映しているとしても，感度分析でも指摘されたように，環境の費用効果の分析が明確でないことも企業の消極的な姿勢を増幅させているといえる．田中廣滋（2000）は環境支出の費用効果の係数を間接的に評価する指標として環境収益率という指標を提示する．環境経営の潜在価格と環境の収益率の2つの概念が別々に説明されたため，両者の概念を正確に理解することが必ずしも容易ではなかった．本章では，両者の概念の関係を整理して，この概念の実用化の方向性が示される．

2．天然環境ストックと人工環境ストック

環境ストックの再生

　われわれが環境問題を考えるとき，人間の活動と自然環境の相互連関を解明するという作業がその前提として要求される．人間の社会活動や経済活動から自然環境の破壊を防止するといっても，オゾン層の破壊防止のために開発された代替フロンが地球の温暖化を加速させるように，ある種類の環境破壊の防止活動が別の側面では環境悪化の一因となることがしばしば見受けられる．自然環境に悪影響を与えない人間の活動の例を考えることさえ困難である．植林をするといっても，その活動の前段階で森林の大規模な伐採があったり，クリーン・エネルギーとして有力な風力や太陽光発電にしても，生産，建設および廃棄物などの過程を含めてみれば，環境への影響が懸念されることになる．このような観点から，これらの事業に関しても環境への負荷が検討されるべきであるという帰結に至るであろう．このように，人間の活動と環境汚染との間には，深い関連性があることが否定できないだけに，環境問題解決の目標として，汚染物質排出ゼロの達成を厳格に追求するのではなく，実質的な循環型社会を設計することに大多数の識者が賛同するに至っている．

　循環型社会を構築するという目標を実現するためには，一般的には，次の2つの方策を同時に実行することが求められる．一つは，CO_2の排出量を削減する自動車エンジンの研究開発などのように人間の活動による環境の破壊を最小限度に留めるための方策であり，もう一つは，人工的な自然の再生とでもいえるような環境保全への直接的な働きかけである．この例として，砂漠化を防止するための防風林の整備や，ダム，河川に対する自然環境と調和した管理などが挙げられるであろう．また少し変わった例としては，製造業のゼロ・エミッションの取組みなどにおける資源の再利用の推進が考えられる．というのは，リサイクルの取組みは自然界で資源の循環を補完する機能を有するといえるからである．

人工環境ストックの資本減耗

　循環型社会の設計を行うとき，環境ストックを自然の営みのなかで形成され，再生され続けている天然環境ストックと人間の経済的あるいは社会的な活動の結果として生み出される人工環境ストックとに分類して，両者の関係を明確にすることが不可避である．環境問題が語られるときにしばしば登場する大気，森林，水など代表的な環境ストックを例にとってみても，環境ストックが自然界で自律的に生成あるいは再生されるものとそのストックの形成および維持管理に人間の手が必要とされるものとがあることは容易に想像されるであろう．例を上げれば，アマゾンの熱帯雨林の植生は天然環境ストックであるのに対して，日本の植林された杉林は人工環境ストックである．林野庁の「森林資源現況」によれば，1995年末の森林の総面積と総蓄積量はそれぞれ25147万 haと3483万 m^{3}のうち天然林のそれは1338万 haと1590万 m^{3}である．天然林は面積の上では限られているが，量的には総量の2分の1に近い数字である．

　山火事によって失われた天然林がやがて再生することは度々経験されているし，漁獲資源は再生可能な資源の代表例である．もちろん，気象の変化などによって長期間を経て，植生が変わることは，森林が形成されてから何億年にも及ぶ地球の歴史から明らかにされた事実であるが，以下では，数十年を上限とする比較的に短い期間が考察されることから，天然環境ストックは，ある範囲内において，再生可能であると想定される．これに対して，植林やダムなどの人工環境ストックは一種の私的投資あるいは公共投資としての性質を有するということができる．投資によって形成された資本ストックには耐用年数が存在し，資本の減耗あるいは減価償却が考慮される必要が生じる．人工環境ストックとして人工林を例にとれば，枝打ちや下草刈りがなされない針葉樹の森林では，山林の崩落の危険性があるとしばしば指摘される．有効な利水のためには，河川の流域全体に及ぶ共同管理が必要である．国や地方自治体だけでなく河川の共同作業を営む地域社会の存在があることを忘れてはならない．人工的に孵化された鮭の幼魚がやがて海洋を回遊する漁業資源となることは，環境ストック再生の成功例であるということができるとしても，このような孵化事業を現

段階で停止すれば,鮭の数量はやがて激減することは容易に予想することができるであろう.本章において,環境ストックを天然環境ストックと人工環境ストックとに分けて,環境ストックの整備が市場において進むための条件が考察される.

3. 基本モデル

環境の再生と破壊

期首と期末の環境資本ストックの総量が K_0 と K_1 で表示されるとしよう.天然環境ストックの数量が K_{01} と K_{11} で人工環境ストックの数量が K_{02} と K_{12} で表示されるとき,次の2つの関係式が成立する.

$$K_0 = K_{01} + K_{02}. \tag{1}$$

$$K_1 = K_{11} + K_{12}. \tag{2}$$

自然の地理的な条件によって生成された湖もやがて湿地となり,消滅する運命にあるように,天然環境ストックも減耗する可能性があるが,ここでは,温室効果ガスの削減に役立つ森林や海洋などのように再生能力がある天然環境ストックが考察の対象となる.天然環境ストックの再生率が α で,また,人工環境ストックの減耗率が β で表示される.この α と β の値は自然界の条件や構造物の耐久年数によって定められており,所与であると想定される.簡単化のために,投入物を x 単位用いて,産出物が y 単位生産される生産過程を想定しよう.投入物は価値尺度財であり,その価格が1であるのに対して,産出物の価格は p である.企業の生産関数は

$$y = f(x)$$

で示される.ここで,限界生産力が逓減して,$f'(x) > 0$ と $f''(x) < 0$ が満たされると想定される.企業は生産活動の結果として,自然環境ストックを $g(x)$ だけ破壊するが,同時に環境ストックの再生のために努力をして $h(x)$ だけ人工環境ストックを創出することができるとしよう.たとえば,環境ストックを例にとれば,$g(x)$ が企業の生産の結果として生み出される産業廃棄物の総量

であるのに対して，$h(x)$は企業によって再商品化などリサイクルされる数量である．生産や汚染除去に関する一定の生産技術を前提にすれば，$g(x)$と$h(x)$はある定まった形状を有すると想定される．いいかえると，生産量の水準$f(x)$のもとで，企業は$g(x)$の環境汚染をする一方で，汚染除去には$h(x)$の貢献をする．生産水準とともに，限界環境破壊$g'(x)$は逓増するのに対して，限界汚染除去は逓減すると想定しよう．ここで，$g'(x)>0$, $g''(x)>0$, $h'(x)>0$と$h''(x)<0$が満たされる．$g'(x)-h'(x)$の符号は定まらないが，$g''(x)-h''(x)>0$が満たされることから，環境の純破壊はある水準から逓増すると考えられる．以下では，主として，限界純破壊$g'(x)-h'(x)$に関する分析を進めよう．また，技術革新は環境破壊関数$g(x)$を$g_1(x)$へと下方に，また，汚染除去関数$h(x)$を$h_1(x)$へと上方にシフトさせる．技術進歩は次の２つの式で表現される．

$g(x)>g_1(x).$

$h(x)<h_1(x).$

持続可能の条件

期末の環境ストックの総量は

$$K_1 = K_{01}(1+\alpha) - g(x) + K_{02}(1-\beta) + h(x) \tag{3}$$

で書き表される．環境の破壊が進まないという持続可能性の条件が

$$K_1 = K_0 \tag{4}$$

で与えられるときには，(4)に(1)と(3)を代入することによって，

$$K_{01}\alpha - g(x) - K_{02}\beta + h(x) = 0 \tag{5}$$

が導出される．(5)式は

$$K_{01}\alpha - K_{02}\beta = g(x) - h(x) \tag{5}'$$

と書き直される．(5)′の左辺は，環境の純再生率に対応しており，考察の対象となる環境に応じてその符号は異なる．(5)′の関係は，図１において解説される．図１では企業の投入量が水平軸に，費用と便益が垂直軸に表示される．直線ACの垂直軸の値は正であり，持続可能な条件を満たすための環境の純再生能力が正であることを表している．(5)′の左辺で表わされる環境の純再生能力

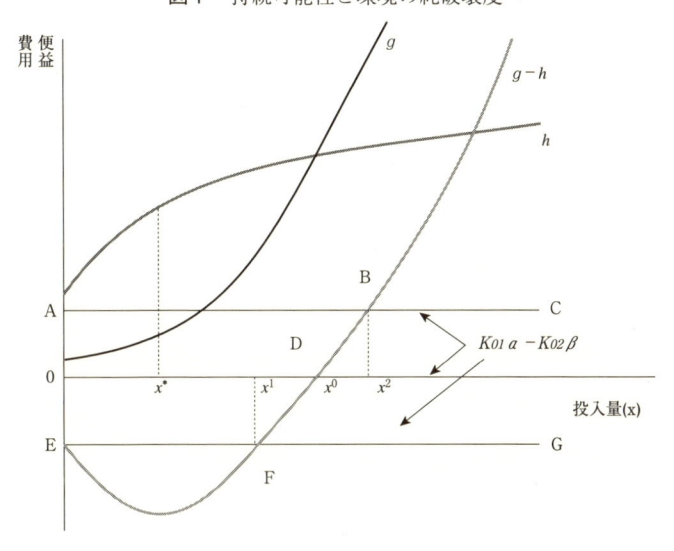

図1　持続可能性と環境の純破壊度

がゼロであるときには，水平軸，純再生能力が負であるときには，直線 EG で描かれる．直線 AC と環境の純破壊度 $g(x)-h(x)$ その交点 B，D，F で表示される投入量は，環境の純再生能力が正，ゼロ，負ときの，持続可能性の制約条件を満たすことが確かめられる．持続可能な投入量 x^2, x^0, x^1 は，純破壊度が最大となる投入量 x^* よりも大きくなることが，この図から読み取れる．また，(5)′ の左辺においてパラメーター α と β が一定であるとすれば，技術革新が発生する以前と発生後に持続可能性の条件 (5)′ を満たす数量を x と x_1 すれば，

$$g_1(x_1) - h_1(x_1) = g(x) - h(x) > g_1(x) - h_1(x)$$

が成立する．環境の純破壊が単調増加となる経済活動の水準では，不等式 $x_1 > x$ が得られる．環境に関する技術革新が進めば，生産へ加えられる環境からの制約は弱められるということができる．いいかえると，環境に関する技術開発は，環境の制約条件を乗り越えて生産物の潜在的な供給能力を高めるという効果を有している．

4．クリーン企業経営と費用便益分析

企業と環境

環境の悪化を食い止めるためには，すでに自然界に蓄積された汚染物質の除去とこれから排出される汚染物質の数量の削減が必要である．汚染の規模が大きな物質に関しては，蓄積された汚染物質の除去には莫大な費用が必要である．CO_2の排出削減などのような地球規模の環境対策では，汚染防止技術の開発に要する研究費とそれを実現するための設備投資を含めた環境関連の支出が巨額になると予想される．このような技術革新が期待されたほど順調に進まなければ，われわれの経済活動を抑制するという代償を支払っても，環境に関する目標を達成しなければならないであろう．その一方で，環境に関するビジネスは遺伝子技術や介護・福祉関連の産業とともに未開拓な巨大な市場を21世紀の産業社会にもたらすことが期待されている．このように，環境問題への対応に関する企業の意思決定を左右する複数の要因が現実の社会では絡み合って存在するので，企業が環境に負荷を与えないように生産活動をするために要する費用とその便益を正しく算出することは困難である．といっても，企業が環境を優先する生産計画の実施をすることが社会全体から見ても環境問題解決への第1歩であることは疑問の余地はない．社会における環境対策の推進のためには，企業による環境支出への決断が容易になるように費用と効果の関係が明確であることが望ましい．

環境対策の費用と便益

この費用便益の連関を解き明かすのにどのような接近法を試みればよいのであろうか．素材型の産業に分類される企業と流通業の企業とでは，直面する課題が同じではないので，環境問題への対応策は当然異なってくる．企業が環境対策を進める過程で，費用が増加することは避けられないが，その一方において，企業には，汚染物質を排出する要因となる投入物削減を伴う生産過程の見直しによって利潤の減少額を防止できるとか，環境に関連する新規市場の創出

による利潤の増加が期待できるなどの便益が生じる．このように，企業による環境に関する意思決定は，費用便益分析の対象となるのである．企業の意思決定における関心の焦点は，企業が環境対策に費用を新たに追加することが，そうでない場合と比較して，どれだけの利潤の増加となるか，あるいは，利潤の減少を食い止めることになるのかという点に絞られてくるであろう．すなわち，企業は環境対策を進める場合には，経費の増加と将来的に期待される売上げの上昇とが比較検討されることになる．企業が環境対策を回避して，環境への負荷が軽減するような経済活動の縮小を選択するときには，企業は収入の減少を覚悟しなければならない．

　環境技術の改革や期待利潤に関する不確実性が存在することが，企業による環境対策の対価の算出を困難にしている．[1]不確実性が支配する状況の下においては，企業が環境対策の対価を算出するのが困難だという理由で，この対価を考慮しないとしよう．このとき，環境対策は企業にとって費用がかかるだけで便益を生まない存在にすぎず，経営上何ら有効性がないということにもなりかねない．この判断が，企業が環境対策に躊躇する原因の一つになると考えられる．環境対策を過小評価する要因を取り除くという観点からも，環境対策の評価が容易に求められるような工夫をすることは，企業による環境への取組みを一層促すためにも，有益であるといえるであろう．

5．環境経営の潜在価格

潜在価格の導出

　企業が環境に配慮した経営を行うために支払うことになる対価の計算を行ってみよう．循環型社会の形成を目指す環境経営を実行する企業の行動はLagrange式(6)を用いて書き表すことができる．

$$L = py - x - \lambda \{y - f(x)\} - \mu \{K_{01}\alpha - g(x) - K_{02}\beta + h(x)\}. \quad (6)$$

ただし，λとμはLagrange乗数である．変数y，x，λ，μに関する一階の最大化条件から，環境経営の潜在価格（shadow price）μは

$$\mu = \frac{1-p(1-1/\varepsilon)f'(x)}{g'(x)-h'(x)} \tag{7}$$

に等しくなる.[2] ここで，ε は生産物の需要の価格弾力性である．環境経営の潜在価格は，企業が循環型社会の形成のために当然支払うべき対価を意味する．より厳密には，この潜在価格は次のように定義される．循環型社会の実現を目指す環境経営の潜在価格は，持続可能の条件が1単位緩和されることによって得ることができる利潤の増加額，あるいは，この持続可能性の条件の1単位の強化のために企業が支払わなければならない費用の増加などによる利潤の減少額，あるいは，この持続可能性条件を達成するために企業が進んで支払ってもいいと思う金額の最大値である.[3]

環境経営は企業が存続の基盤となる収益に大きな注意を払いながら，環境の改善に取り組むことの必要性を強調するといえる．企業が何か一つでも環境に役立つことをすれば環境経営を実践しているとはいえないのであり，企業には，生産活動のなかで環境改善の効果を上げることが求められている．もし，企業が循環型社会の実現のための貢献をする意欲と能力があれば，(7)で表現される環境経営の潜在価格は，環境の改善のために企業が犠牲にしても仕方がないと思う純利潤の減少額である．環境会計の普及などによって，企業が環境改善のための支出額と効果との関係を評価する機会が増すことになり，環境経営の潜在価格を近似的に求めることが可能となる経営環境が整ってくる．現状ではこの環境経営の潜在価格を企業経営の指針として用いる企業は存在しない．しかしながら，田中廣滋他（2003）で明らかにされたように，環境経営に取り組む企業は，具体的に意識するかしないかは別として，環境の潜在価格を有用な経営の指標として活用していると考えられる．

この環境経営の潜在価格が高くなるほど，企業は良好な環境を維持することに高い価値を見出しており，企業による環境改善への取組みは進んでいるといえる．企業にとって最大化の目的関数は利潤であることから，高い環境経営の潜在価格は，環境に関する制約の強化が企業に与える打撃の大きさを反映しており，環境に関する技術開発に成功した企業に対して巨額の利潤の増加がもた

らされることを意味している．いずれにしても，環境経営の潜在価格は，企業が利潤に換算してどれだけの重要性あるいは緊急性を環境の改善活動に感じているかを示す指標である．ところで，この潜在価格を企業経営に反映させていない企業が存在する可能性も存在する．たとえば，持続可能性の条件を遵守していない企業にとって，このような企業行動に対して，環境の規制当局，地域社会あるいは市場での消費者から，企業活動に対してマイナスの評価となる罰則，生産方法の改善要求あるいは企業イメージの低下に伴う売上げの減少などがなければ，この潜在価格はゼロに設定されている．循環型社会形成のための法規制が緩かったり，不正排出に対する監視や罰則が不十分である企業は(6)で制約条件なしで最大化の最適条件を導いていると考えるべきであろう．この場合には，あらかじめ潜在価格 μ はゼロに設定されていると想定しよう．

純限界破壊度

本章で得られる主な帰結は，この潜在価格が(7)式で計算できるということである．この主張の妥当性を(7)式に基づいて検討してみよう．簡単化のために，環境の破壊が進行している状況を想定しよう．このとき，分母の純限界破壊度（＝限界破壊度－限界汚染除去）が正である（図2参照）．

まず，分母の第1項である限界破壊度 $g'(x)$ が環境経営の潜在価格にもたらす効果を見てみよう．(7)式に従えば，高い限界破壊度は低い環境経営の潜在価格を意味する．いいかえると，限界汚染除去に対して限界破壊度が相対的に高いときには，純限界破壊度も大きくなる．このとき，1単位の環境制約が緩和されても，環境への悪影響を考慮すれば，それによって可能な生産量の拡大は限られていて，期待される利潤の増加額も小さくなる．あるいは，このような環境の改善効果が上っていない状況では，まだ環境の改善のために取り組むべき課題が山積しており，巨額の支出など大幅な利潤の低下につながるような決断をしなくて，環境の改善の可能性は残されている．このとき，潜在価格は小さい．

第二に，分母の第2項である限界汚染除去 $h'(x)$ が環境の潜在価格への影響は次のように述べられる．限界汚染除去は限界破壊度とは環境経営の潜在価

格とは逆の効果を持つ．限界破壊度に対して相対的に高い限界汚染除去は高い環境経営の潜在価格を意味するが，その理由は次のように説明される．限界汚染除去が相対的に大きいときには，純限界環境破壊が小さくなる．環境改善の方策が順調に進むことから，1単位の環境制約が緩和されるだけでも，生産の規模を拡大することが比較的に容易である．それだけに，利潤が増大する期待が高くなる．(7)式の分母の値と環境経営の潜在価格の関係は図1を用いて説明される．(5)′の左辺で示される環境の再生能力 $K_{01}\alpha - K_{02}\beta$ が高いほど，持続可能な投入水準は x^1, x^0, x^2 と増加する．持続的成長を実現するためには，再生能力が高いということは高い純限界破壊を容認しており，この関係は潜在価格が低水準に留まることを意味している．持続可能な投入量と環境経営の潜在価格との関係は次のように説明される．環境の自動回復力が高ければ，企業は環境に対する配慮が希薄になると考えられる．このとき，環境経営の指針である潜在価格は低下する．純限界環境破壊がゼロになる投入水準 x^* に近づくほど，潜在価格は高くなるといえる．この帰結は，次の命題1に要約される．

命題1 環境の再生能力が低くなるほど，純限界破壊度が小さく保たれることが必要になり，環境経営の潜在価格は大きくなる．逆に，環境の再生能力が

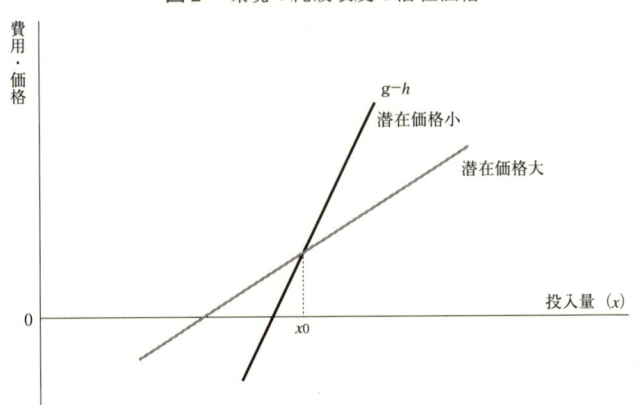

図2　環境の純破壊度と潜在価格

高ければ，大きな純限界破壊度が許容され，環境経営の潜在価格は小さくなる．

　企業が，一定の環境の状態を保全することに責任を有する場合には，この命題1は，企業の環境の潜在価格が生産活動の対象となる環境の再生能力に依存することを主張する．環境に関する持続可能性の条件が守られるように厳しく監視と規制の網が機能している企業に関しては，ここでの命題は直接的に適用可能であるが，企業が環境の再生能力の範囲で活動しているという保証は存在しない．純限界環境破壊度が高くなるほど，環境の潜在価格は小さくなるが，この低い数値は企業の環境問題への取組みが鈍くなる可能性を示唆するものである．この場合，重大な環境問題には企業は生産活動を少し抑えることによって，この種の環境問題が解消する目標を達成することが可能である．ただし，生産の現状が目標の水準とかけ離れている場合も存在して，上の図で示される投入水準x^0が持続可能性のように社会的に容認可能な水準x^1を大きく上回っていることも十分に想定される．この場合には，この命題は，われわれに環境問題が企業の自主的な取組みだけで，解決できるという幻想を持つべきでないことを暗示している．

　このような理念的な解釈から離れて，政策的な観点から，この命題を見直すと，企業を純限界環境破壊度の値に応じて幾つかのグループに分けて環境問題に対する政策的な支援をすることが望ましいという示唆が得られるであろう．その分類にも，潜在価格が役に立つというのが，本章の主張の一つになる．

企業の生産性

　次に，分子の構成要素の変化を見てみよう．需要の価格弾力性が1より小さいときを考えてみよう．このとき，$1-1/\varepsilon$の値が負となることに注意しよう．限界生産力$f'(x)$が高いときには，環境の潜在価格は大きくなる．その理由は次のとおりである．環境の側面から生産活動に加えられた制約が緩和されるときには，限界生産力が大きいときには，より大きな生産量の増加が実現される．このとき，弾力性が小さければ，生産量の増大による市場価格の低下も小さな範囲に留まる．限界生産力が高いほど，環境制約の緩和はより大きな利潤の増大をもたらす．同様の推論から，限界生産力が小さければ，売上げの減少が生

表1　環境経営の潜在価格

生産性＼弾力性	1より小	1より大
高い	高い	低い
低い	低い	高い

じて，潜在価格は小さくなる．逆に，需要の価格弾力性が1より大きければ，符号を含めていえば，(7)の右辺の分子の第2項は負の値となる．限界生産力の高い企業の潜在価格は小さく，限界生産力の低い企業の潜在価格は大きくなる．

　この結果を表1にまとめてみよう．価格の需要弾力性が1より大きくて，限界生産性が低い企業の環境経営の潜在価格が高いという結論が得られるが，このことは生産性が高くて，比較的に優良な企業でしかも，企業間の競争が激しい産業において，環境経営への取り組みが進むことを意味すると考えられる．高収益を上げる大企業が本格的に環境経営に取り組むという事例が報告されていたとしても，その要因として，そのような有力企業が環境対策に取り組む豊富な資金を有していることがあるだけでなく，潜在価格に反映されるような市場の条件が企業と環境経営との間をつなぐ重要な鍵となっているといえる．

　その一方で，生産性が高い企業に関していえば，価格の需要弾力性が1より小さい独占的な市場構造があるとき，本章での結論を単純に企業行動に適応すれば，このグループに入る企業が熱心に環境問題に取り組むことが予測される．また，弾力性が1より大きくて競争が激しくても，生産性が小さな企業では，利潤増加の機会は多くあり，環境への取組みが進むと見られる．規制的な措置または政策的な支援がなければ，環境への取組みが遅れることが懸念される．環境への取組みが進むことは期待できない．最後に，弾力性が1より小さく生産性の低い企業では，潜在価格が高く現れて，企業としての存続が危ぶまれる場合には，企業として環境対策が実施不可能であるということも考慮すべきである．この場合には，特別の政策手段が講じられるべきであろう．

6. 環境経営の潜在価格と企業行動

　企業が環境問題への取組みを推進するとき，その推進に寄与する要因の一つとして市場から企業に加えられる圧力が挙げられる．企業が環境志向の政策を実施するという意思決定において，環境対策の費用便益分析が，明確に数値化されることはなくても，何らかの形で用いられていると推測される．このような企業の対応に着目して，費用便益分析の柱の一つとなる潜在価格を環境経営に関して計算することによって，次の２つの論点が本章で明確にされる．第一に，限界的な純環境破壊の程度と市場の状態に応じて，潜在価格の値が異なる．このことから，企業を条件に応じて幾つかのグループに分類することが可能である．各グループの性格という点では，企業は環境対策が自主的に推進される期待されるグループとその取組みの遅れが懸念されるグループに分類される．政策的には，この潜在価格に応じて企業グループごとにきめこまかい政策手段を講じることが要請される．特に，潜在価格が上昇するような，産業政策を含めた総合的な政策対応が求められる．第二に，企業が環境対策に踏み切れない要因の一つに将来の市場価格や環境技術などに関する不確実性があることが指摘される．不確実性があることで，環境対策の費用便益分析を曖昧にすることは，企業による環境の対応を遅らせる結果にもなりかねない．その意味においても，大多数の企業が環境経営の潜在価格を容易に計算できるような，環境の整備にむけて研究と検討が進められるべきであろう．

7. 環境経営の費用効果[4]

環境改善収益率

　前節までの議論において，排出主体を取り巻く，環境の再生能力や市場の状況によって，生産主体による環境問題の評価は大きく異なることが明らかにされた．本節では，この環境に対する評価の相違がどのような形態で企業の環境

に与えるかを考察しよう．企業に代表される各生産主体は，その組織を維持発展させるために，売上，利潤，あるいは，財源の確保などをその活動の主たる目的とするが，環境に与える影響の程度は異なるとしても，地球環境という観点からは，重大な責務を有しているといえる．生産活動は企業だけでなく，政府の部門や協同組合など種々の形態によって営まれるが，以下では，生産活動の主体として，企業活動が主として考察される．企業は，製造業あるいは非製造業を問わず，その生産過程において，汚染物質や廃棄物の排出を通して，環境に負荷を与える存在となっている．このような環境破壊を持続可能な水準にまで除去したり，削減するためには，被害者や政府および民間団体など第3者による汚染物質の除去や廃棄物の処分などの対処療法的な対応では限界が存在する．環境問題に関しては，排出者責任の原則が適応され，汚染物質の排出主体が環境の改善にこれまで以上に積極的に取り組むようになる社会の枠組みの設計が不可欠である．その第1段階として，企業を汚染物質の削減に向かわせる誘因が解明されなければならない．以下では，生産活動だけでなく，汚染物質の削減にも取り組む企業行動が分析される．

企業は価格がpである生産物をy単位だけ生産する．投入財の数量と価格はx_1とr_1で表示される．また，企業は生産性の向上を目指して，経費削減のためにe_1の労力を費やす．労力は労働で換算され，その単位当たりの賃金は1である．生産に関する生産関数は

$$y = \phi(x_1, e_1)$$

で表示され，凹関数でしかも各変数に関して連続微分可能である．

企業は，利潤を第一目的とする生産だけでなく，環境に対する汚染物質の除去や排出物の削減にも取り組んでおり，そのために単価がr_2の投入物をx_2単位用いる．環境改善に対する人材の投入などe_2の努力が実施される．規制当局によって観察可能な汚染物質の除去や排出物の削減の数量がzであるとき，関係式

$$z = \theta(x_2, e_2)$$

が成立すると仮定される．ただし，zは政府によって定められる環境に関する

規制水準を超えて，企業が実現する環境改善に関する数量，あるいは，環境対応の技術改革に伴う新規市場の開発など環境面で実現される評価可能な成果である．環境に関する規制においては，情報の非対称性が存在することが周知の事実である．この問題は本章のモデルでは，規制当局は投入物の水準x_2が規制当局によって把握可能であると仮定され，Tirole（1994）やLaffont（1995）における定式化に従い，経営努力e_1と環境削減努力e_2は規制当局にとって観察可能ではないと想定される．環境政策では，規制当局にとって観察可能でない経営上の資源が存在するが，これらの資源を企業が効果的に環境の改善のために積極的に活用する社会の実現が目指される．具体的な分析手法からいえば，この2つの努力に関する分析がインセンティブに関する議論の中心となる．ただし，努力の総量には上限が存在し，その値は定数Eで表される．努力と名づけられ，経営資源に関する制約条件

$$E = e_1 + e_2 \tag{8}$$

が満たされる．環境面で顕著な成果zが上がったとしても，企業にとって環境対策が費用の増大だけをもたらすのであれば，企業は環境の対応に消極的になるであろう．自動車産業がCO_2の低排出エンジンの開発にしのぎを削る理由には，新しい環境規制をクリアする製品の市場で他のライバルメーカーに対して優位に立ちたいという思惑があることは確かである．企業が環境に積極的になるためには，その環境に対する投資などの資金の一部を回収できるという見込みを企業が持てることが必要である．企業が環境改善のための取組みを拡大して，そのための支出額を増大するためには，その支出期待する効果を示す明確な基準が必要である．企業は有効な環境の費用効果分析を模索していくと考えられる．企業にとって環境支出の評価項目として挙げられるものは，具体的には，環境改善のための投資支出に対する課税の控除の適用，新規市場の開拓や企業イメージの向上に伴う収益の増大などがある．2002年12月6日の数値でいえば，世界の自動車産業の時価総額で，日本のメーカーがトヨタ自動車11兆4800億円，ホンダ4兆4823億円，日産自動車4兆3545億円で世界の1位から3位までを独占した．その原因はこれらの自動車会社が「コスト削減と北米シェ

ア拡大で好業績を挙げ，環境関連など研究開発でも世界をリード．国内外の投資家から支持を集めている．」と報道されている（日本経済新聞2002年12月8日）．環境改善の成果 z は企業経営にとってなんらかのプラス要因として作用することが期待される．たとえば，排出分の削減に対して一定率の補助金が交付されたり，汚染物質の除去あるいは削減費用の一部が生産物の価格に上乗せされる．本章では，t は環境改善の収益率とよばれる係数を用いて，環境改善成果の金額での表示を行う．いいかえると，t は生産者が環境の改善に取り組むことによって得られる収益率であり，政府による環境政策手段を含めて複数の要因によって構成される．ただし，t は収益に関する期待値であり実現値ではない．また，環境改善からの収益とはいっても，企業イメージの向上のような広告宣伝費と同じ役割を果たす効果から，環境改善ための新製品の開発，生産管理工程の見直しによる生産における無駄の改善など多様な内容が包含される．この t の値と企業による費用便益の評価がどのように連動するかを明らかにしよう．

潜在価格の意味

企業の環境への取組みは予算によって大きく制約されることから，予算の項目を整理してみよう．規制当局が環境の改善に取り組むとき，観察可能な数量 z と x_2 に基づく政策の効果を確かめる．環境に対する努力水準 e_2 は規制当局によって捕捉不可能であり，課税や補助の対象となりにくい．x_2 が規制当局などの外部の機関から設定されるとき，法律で設置が義務付けられた環境の設備のために必要な費用 r_2x_2 は企業にとって一種のサンクコストとなっている．土壌汚染の発見に伴う汚染物質の除去などの対応では，土地の所有者である企業の資金力では実行が不可能な場合がしばしば経験されている．この場合，政府あるいは民間の基金からの資金が拠出される．民間の環境に取り組む企業に対する政府あるいは民間の基金からの一括補助金あるいは拠出額は G で表される．厳密な意味での環境の経費の収支は

$$tz - e_2 - r_2x_2 + G = 0$$

と表記されるが，環境の対策費は企業が生産の継続のために必要であると判断

する支出 r_2x_2 と必ずしも必要ではないと考える支出 e_2 に区分されると想定される．環境関連の必要経費は企業活動のための必要経費であり，企業の売上げとの対比で検討される項目であるので，以下では，上の式から r_2x_2 は除去される．企業にとって環境対応に多くの労力を投ずることは生産性の向上により直性的に結びつく支出がそれだけ犠牲になることを意味している．企業が自主的に環境の改善に取り組むといっても，企業は環境に関して，期待収益と支出あるいは経費との均衡に重大な注意を払うであろう．企業にとって，環境改善への自主的な努力水準の目標値が e_2 で与えられるとすれば，収益性を重視する企業の行動は制約条件

$$tz - e_2 + G \geqq 0 \tag{9}$$

で表される．(9)が等式で成立するとき，企業は環境の改善の収益率 t は

$$t = \frac{e_2 - G}{z} \tag{10}$$

と書き直され，効果に対する費用の割合を表すと解釈される．企業による環境への実質的な取組みの進展は収益率 t の低下を意味する．企業は生産関数 $y = \phi(x_1, e_1)$ と環境に関する技術 $z = \theta(x_2, e_2)$ の制約の下で，利潤

$$\pi = py + tz - r_1x_1 - r_2x_2 - E + G \tag{11}$$

を最大化すると仮定される．企業の最適生産の一階の条件は Lagrange 関数

$$\begin{aligned}L \equiv{} &p\,\phi(x_1, e_1) + t\,\theta(x_2, e_2) - r_1x_1 - r_2x_2 - (e_1 + e_2) + G \\ &+ \alpha(t\,\theta(x_2, e_2) - e_2 + G)\end{aligned}$$

を変数 x_1, e_1, x_2, e_2 と Lagrange の乗数 α に関して微分することによって(12)から(16)によって求められる．

$$p\frac{\partial \phi}{\partial x_1} - r_1 = 0. \tag{12}$$

$$p\frac{\partial \phi}{\partial e_1} - 1 = 0. \tag{13}$$

$$t\frac{\partial \theta}{\partial x_2} - r_2 + \alpha t\frac{\partial \theta}{\partial x_2} = 0. \tag{14}$$

$$t\frac{\partial \theta}{\partial e_2} - 1 + \alpha \left(t\frac{\partial \theta}{\partial e_2} - 1 \right) \leq 0 . \tag{15}$$

$$e_2 \left\{ t\frac{\partial \theta}{\partial e_2} - 1 + \alpha \left(t\frac{\partial \theta}{\partial e_2} - 1 \right) \right\} = 0 . \tag{16}$$

(12)と(13)から, x_1とe_1に関する限界代替率は

$$\frac{\partial \phi}{\partial x_1} \Big/ \frac{\partial \phi}{\partial e_1} = r_1 \tag{17}$$

を満たし, 投入物で計った生産に関する努力の限界費用は投入物の相対価格 r_1 に等しくなる. ところで, α は環境への自主的な取組みを拡大することによって生じる限界純費用あるいは負の限界純便益であり, 潜在価格としての性質を有する. このとき, 費用の増加が収益の増加を上回る可能性が存在し, α はその符号が明確には定まらないが, 環境の費用に対する効果あるいは限界純収益を表し, 費用効果の係数の役割を果たすと期待される. α が正値であるときには, 環境対策の費用を増加させることは, 環境での収支の均衡を保ったとしても, 企業の生産面での収支全体で見るとマイナスの効果が現れる. 逆に, α が負値であるときには, 企業全体では, 環境の支出は企業の収益の改善の役立つことが読み取られる. 企業は α の値が負で, しかも, その絶対値が大きいほど環境支出の費用に対する効果が大きいということができる.

次に, x_2のe_2に関する限界代替率は, (14)と(15)から

$$\frac{\partial \phi}{\partial x_2} \Big/ \frac{\partial \phi}{\partial e_2} \geq \frac{r_2}{1+\alpha} \tag{18}$$

が導出される. 汚染物質の削減あるいは除去に関しては, 1に削減あるいは除去努力に関する費用効果の係数 α で割り引かれたものであるということができる. α が正の値のときには, e_2の限界純収益が正となり, x_2のe_2に関する限界代替率が r_2 より低く設定される. また, α が負の値のときには, e_2の限界純収益が負となり, x_2のe_2に関する限界代替率が r_2 より高く設定される. 環境の努力の費用と効果の係数によって, 法律などで定められた環境対策と自主的な努力の組み合わせが異なる. ところで, 環境支出の費用効果を表す係数 $-\alpha$

に関して以下の解釈が可能である．⑭を変形すれば，

$$\alpha = \frac{r_2}{t\dfrac{\partial \theta}{\partial x_2}} - 1 \tag{19}$$

が導出される．市場価格 r_2 と限界生産力 $\partial \theta / \partial x_2$ が正の値をとることから，環境対策の負の費用効果を表す α は t が大きくなるほど小さくなり，環境改善の収益率が上昇するにつれて，環境支出の効率性が高くなることが明確になる．

より一般的には，⑲式は

$$t = \frac{r_2}{\dfrac{\partial \theta}{\partial x_2}(\alpha + 1)} \tag{20}$$

と書き表される．企業による環境への取組みを促進する誘因を持つ環境改善の収益率 t と x_2 に関する限界生産力，環境支出の費用効果 $-\alpha$ と投入財の価格 r_2 の間に命題2に要約される関係が成立する（環境改善に関する収益率の上昇が努力水準を増加させることは今回は省略された田中廣滋（2000）の後半で論証される）．

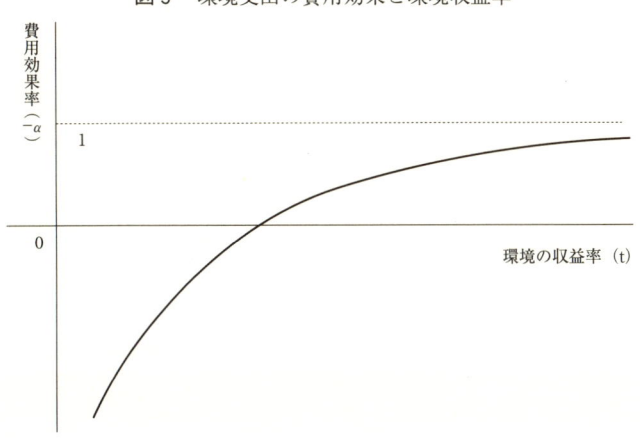

図3 環境支出の費用効果と環境収益率

命題 2　企業による環境改善のための取組みを促進する誘因を有する環境改善の収益率 t は, x_2 に関する限界生産力 $\dfrac{\partial \theta}{\partial x_2}$ と環境支出の費用効果 $-\alpha$ が上昇するにつれて, 投入財の価格 r_2 が上昇するにつれて増加する.

命題2の含意は次のように解釈される. 環境改善の収益率は環境支出の費用効果と強い相関を持っている. 環境改善の収益率を用いることによって, 企業の費用効果分析への一つの近似をすることができる. 企業は環境に積極的に取り組み, 企業が環境改善へのインセンティブを有さないという問題は表面化しない. α はインセンティブの問題に関する一つの指標となっている. 環境会計の導入とともに, 企業は環境の収支に関連する数値を発表するようになった. 環境収益率と企業の環境の支出の効果の実証的な研究は, 本間・長谷川・田中 (2002) によって開始された. 田中廣滋他 (2003) は, 企業が発表する数値を用いて, 環境支出に関する潜在価格による企業の環境支出の効率性を論じる.

(14)と(15)とから, 環境改善努力 e_2 の限界生産物の価値に関する条件が導かれる. (14)が変形された(19)から,

$$\alpha > -1 \qquad (21)$$

が導出される. (21)の不等号が成立するためには, (14)において,

$$t \dfrac{\partial \theta}{\partial e_2} < 1$$

が成立することが確かめられる. この不等式は, 環境改善努力の限界価値生産力が1より小さくなることを意味している. 最適な水準では, 限界生産力逓減を前提にすれば, 環境改善努力がかなりの水準まで進むことが要求されている.

注
1) 不確実性とインセンティブに関する議論は多くの論者によって展開されているが, Laffont と Tirole (1997), Yohe (1997) および田中廣滋 (1998) などは規制手段と不確実性の関係を論じている.
2) 潜在価格の理論的な分析は Dreze と Stern (1990) で紹介される.

3) Layard, R and S. Glaister (1994), *Cost-Benefit Analysis*, Cambridge University Press.
4) 本節は田中廣滋 (2000) が改訂されたものである.

参考文献

Drèze J. and N. Stern (1990), "Policy Reform, Shadow Prices and Market Prices," *Journal of public Economics*, 42, pp.1-45.

本間達, 長谷川智之, 田中廣滋 (2002)「環境報告書から見た循環型社会の進展」『地球環境レポート』6号, 24-72頁.

伊東弘人 (2001)「企業の環境戦略における収益率の分析―環境潜在価格の数値分析―」『地球環境レポート』4号, pp.123-164.

Laffont, J. J. (1995), "Regulation, Moral Hazard and Insurance of Environmental Risks," *Journal of Public Economics*, 58, pp.319-336.

Laffont, J. J. and J. Tirole (1996), "Pollution Permits and Compliance Strategies," *Journal of Public Economics*, 62, pp.85-125.

田中廣滋 (1998)「温室効果ガスの排出権に関する国際的な取引としてのクリーン開発メカニズムと排出権市場」『国際公共経済研究』8号, 14-22頁.

田中廣滋 (1999)「循環型社会と環境経営の潜在価格」『地球環境レポート』1号 10-16頁.

田中廣滋 (2000)「環境政策と企業の主体的な貢献」, 宇沢弘文・田中廣滋編『地球環境政策』, 中央大学出版部, 153-168頁.

田中廣滋他 (2003)「環境会計と費用便益分析」『地球環境レポート』8号, 19-32頁.

Tirole, J. (1994), "The Internal Organization of Government," Oxford Economics Papers 46, pp.1-29.

Yohe, G. W. (1997), "First Principles and the Economic Comparison of Regulatory Alternatives in Global Change," in F. L. Toth (ed.), *Cost-Benefit Analyses of Climate Change*, Birkäuser, pp.17-39.

付記

1から5節は田中廣滋 (1999), 6節は田中廣滋 (2000) をベースに加筆したものである.

エピローグ

　環境問題と費用便益分析の結びつきの強さは，疑問の余地がないことであろう．環境アセスメントを始めとして，環境関連の意思決定を支援するための各種の評価法が開発されている．残念ながら，市民生活や行政機関の活動にはまだ費用便益の考え方は根付いているようには見えない．にもかかわらず，これからの社会の意思決定に果たす費用便益分析の重要性は強調してもしすぎることはない．2001年の検討の開始から2003年に東京都の八王子市が環境指標「身近な環境ちぇっくどぅ」[1]を作成するまでの過程を紹介しながら，地域における費用便益分析の有効性とその活用方法を展望してみよう．

　八王子市は全国の多くの自治体と同様に，ごみの減量化，エネルギー消費の削減，水質向上，景観や生物環境の保全などに取り組んでいる．特に，自治体はごみ処理，上下水道の問題，国家レベルでの対応が問題となるエネルギー問題など重点課題への対策を強化しなければならない状況に置かれている．その取組みの成果は着実に上がっているが，周辺の自治体も環境対策を重点事業として強化していることもあって，2001年度では，八王子市はごみの総資源化率が19.8％で，多摩地区で最低の数字を挙げるという不名誉な結果に甘んじてしまった．各自治体はこれらの重点項目に取り組むためには，最新の環境技術を駆使する施設を導入する必要があり，当然のことながら，財政に対する重圧は増すばかりである．

　多くの市民は，このような芳しくない数字にそれほど大きな関心を抱いていないように見かけられる．実際に，市内には高尾山の豊かな自然があり，市の南東部が多摩ニュータウンの一角を占めているだけに，整然として区画された町並みや，絹の道などの歴史的な遺産にも恵まれていて，多くの市民は，多様な環境に恵まれたという実感を有している．八王子にある豊かな自然や居住空間のゆとりを求めて都心から，移住してきた住民も多い．このような，誇るべ

き自然環境も，住宅開発などの各種の開発によって次第に悪化していることも事実である．自然環境の保全という観点からは，里山，河川および森林などどれをとっても，保護再生の活動が環境保全の鍵であることは，多くの自然保護の団体によって実証されていることである．各団体は自らのテーマの解決に大きな労力を注入していることもあって，全世界的な取組みが求められる地球環境問題を別にすれば，環境問題の深刻さは受け止める個人や自治体の関係者など立場によって，かなり様相が異なってくる．ごみ，エネルギー問題あるいは水や下水道などの問題は，環境対策としては優先度の高い問題であることは事実であるとしても，ある程度の費用をかければ，生活のスタイルや生産の技術体系を見直すことに努力を傾注することによって，問題解決への方策への道筋は見えてくる．ところが，都心のように開発され尽くした空間に，自然環境を復元することは廃棄物処理の問題より解決が容易であるということはできないというのが多くの環境NPOの主張であろう．行政やNPOなどの立場によって，重点の置き方には相違点が見られるが，ごみ問題の解決も自然環境の保全もどちらも重要なのであり，重大な決意を持って行動を起こさなければならないのである．関心の異なる関係者が，環境の現状に関して共通の認識あるいは尺度を持つことが，地域における環境保全への協働活動の展開のための第一歩となることを願って，八王子の地域の環境総合指標が作成された．

　この環境指標は良好な環境を保全するための政策の実施に結びつくのであろうか．地方分権の進展と地方財政悪化のなかで，自治体の業務は質量ともに増大の一途をたどっているにもかかわらず，人員の増加はあまり見込めない状況である．ダイオキシンを排出しないごみの焼却施設は高額の投資となるが，その上，最終処分場への廃棄物の搬入量を削減するための焼却灰の再利用などのシステムの導入はこの分野への高額資金の投入が不可欠である．自治体は環境対策費をごみ・リサイクル，下水・水，エネルギーの対応にある程度重点的に配分せざるをえない．しかしながら，環境問題は社会全体としての環境保全費用の削減を目指さなければならない．効率的な費用削減のためには，廃棄物の流れや処理方法と連動した分別方法などを工夫する必要があり，そのために有

効に機能する社会のシステムを作り上げる作業が含まれている．さらに，自治体が法的な規制水準を守るための活動には，住民の間で大きな反対は存在しないが，社会的費用削減に結びつく自主的な目標を積極的に推進する環境対策に取り組むときには，対策への優先順位を含めた合意を地域社会で形成することは容易ではない．このような社会のシステム設計に関しては，住民参加の枠組みを備えることが望ましいであろう．八王子市では，2001年に実施された環境基本条例に基づいて，環境指標の作成が課題として設定されるだけでなく，それを活用する市民の活動の場として市民会議が設置された．費用便益の評価項目を1つの総合指標の中に集約して，市民自身が環境負荷低減の取組みを評価することができる仕組みが提示される。市民が主体となって個々の目標とその達成度の関係が明確に整理されることによって，地方分権のメリットを活かした環境政策が機動的に展開されることが期待されている．この概要とこの指標の検証は別の機会に譲りたい．最後に，われわれは費用便益分析をベースに社会にまだ眠っている豊かな知恵を活かす手立てを考えれば，困難な問題に関しても多様な選択肢の中から柔軟で適切な対処方法が見出されるであろう．

1) 八王子市・田中廣滋研究室（共同）制作（2003）『身近な環境ちぇっくどぅ』八王子市環境保全課発行．

田 中 廣 滋

索　引

《和文索引》（50音順）

あ 行

アウトライナー	120
網走湖	122, 123
アメリカ商務省国家海洋大気管理局	142
アラウアンス	40
粗利益	22
亜硫酸ガス（SO_2）	40
アンケート	109
井熊均	268
意見調整過程	213
維持管理費用	172
意識の固着	130, 141
意思決定	206
意思決定分析	66
遺贈価値	142
一意的な完全均衡	208
伊東弘人	149, 320
井原健雄	186
陰関数定理	275
インセンティブ	136, 286, 335, 340
インセンティブ機構	212
インセンティブ規制	319
インターネット調査	113, 114
インタビューアーバイアス	114, 115
インパクト	5
インフレーション	57
インフレ率	58
受入確率曲線	118
受取（り）意思額（willingness to accept (WTA)） 16, 17, 109, 134	
影響（impact）	9
影響関数	221
エイジェンシー（独立行政法人）	106, 108
エクソン社	110, 142
エコ・インプルーブメント	150
エコレシオ	150
大きな政府	233
オークション	116
太田誠	107
大野泰資	158
岡敏弘	158
オハイオ裁判	110
オプション価値	110, 142
オプション利用価値	120
温室効果ガス	38, 79, 319
オンタリオ湖	132, 133

か 行

外界の状態	64
開始点バイアス	133
外生的（な）ラーニング	76
外生変数	155
価格効果	252
価格上昇率	48
価格弾力性	152
価格パス	48
河川港湾プロジェクト	185
河川港湾法	185
仮想的事象	65
仮想（的）評価法	19, 109
仮想ランキング方式	116
価値機能	129
金本義嗣	107
貨幣評価	147
上山信一	186
環境改善（の）収益率	333, 336
環境（の）収益率	148, 320
環境 NPO	344
環境会計	146, 328
環境技術水準	150
環境基本条例	345
環境経営指標	146, 148, 150
環境経営の潜在価格	148, 327, 333
環境経営評価	148
環境効率	149, 150
環境コスト	149
環境支出に関する潜在価格	340
環境指標	148, 150
環境ストック	322
環境潜在価格	147, 157

環境特性	94	協力ゲームの展開型	215
環境の潜在価格	320, 328	局外中立性	127
環境白書	146	極端なケース	73
環境パフォーマンスの改善	149	久下沼仁筍	289
環境評価	10	クラウディングアウト	269
環境費用の効果分析	149	グランドキャニオン	131
環境負荷	149	クリーン開発メカニズム	86
環境報告書	146	繰り返しゲーム	208
環境保護省（EPA）	7	クリスチャンサンド湾	133
環境保全活動	146, 156	クリントン大統領	7
環境保全（活動に関する）潜在価格	152, 156	クロス・セクション・データ	107
環境保全技術	153	計画	4
環境保全対策	147	経済成長	33
環境保全の効率性	159	経済的余剰	20
環境リスクの回避	149	ゲーム理論	280
間接税率	271	決定樹形図	67, 76
完全競争	276	決定バイアス	128, 129
完全均衡	214, 215	限界汚染除去（度）	148, 152, 324, 329
完全均衡解	215	限界環境破壊（度）	152, 324
完全均衡概念を用いた交渉ゲーム	195	限界純破壊	324
感度分析	10, 59, 71, 79, 320	限界純便益	209, 211
ガンマ分布	39	限界純便益曲線	211
ガンマ割引	39	限界生産性	152
機会費用	9, 10, 51, 75	限界破壊度	148, 329, 330
企業における環境経営の費用分析	158	限界費用	209
企業のISO取得率	149	限界費用価格形成	178, 179
企業の環境保全活動の貨幣評価	156	限界費用曲線	211
企業の環境保全技術水準	152	限界部分的効果	72
企業の環境保全に関する潜在価格	154	限界便益	209
技術改善	154	限界便益曲線	211
規制影響分析（RIA）	7	顕示選好	135, 136, 141
規制水準	153	顕示選好法	111, 112
期待効用	129	建設段階	169
期待効用仮説	129, 143	限定反復付け値方式	115, 133, 134
期待純便益	65	公益企業	248
期待値	64	効果（有効度）	167, 185
期待値の最大化行動	143	公害関連法案	145
期待値分析	64	公害国会	145
期待費用	68	公害防止事業費事業者負担法	145
揮発油税	186	公害防止投資	145
基本（の）ケース	70, 82	公共財	138, 139
キャピタリゼーション仮説	91	公共財の私的供給	246
行政経営	161	公共財の自発的（な）供給	98, 221, 228
行政の政策評価	158		235, 236, 237, 240, 241, 250, 252, 280
京都議定書	79	公共財のただ乗り（フリーライド）	135
供用段階	169	公共財の非競合性	274

公共事業	4
公債の収益率	317
公債の破棄率	317
交渉ゲーム	193
交渉モデル	199
厚生経済学	133
公正報酬率規制	180
構造改革	219, 246
高速道路	8
交通弱者	175
公的介護法案	193
高斗甲	252
公平性	21
合法的な税回避行動	227
公約	293
功利主義	4, 5, 205
高齢者介護保険制度の創設について	193
高齢社会福祉ビジョン懇談会	289
高齢者人口比率	293
枯渇性資源	48
国土交通省	185
55年体制	205
コスト削減	156
混雑費用	105
コンジョイント分析	111

さ　行

サービス業基本調査報告	102
サーベイデザイン	118
最悪と最善のケースの分析	71, 72
最下限推定法	123
再交渉過程	206, 213, 215
再交渉ゲーム	213
財政の硬直化	224
財政の収支均衡	226
最適制御理論	42, 45, 60
最適値関数	42, 44
再配分案	208
産業の空洞化	220
サンクコスト	336
酸性雨プログラム	30, 40, 41, 59
残存価値	57
3島問題	162
サンプリング	119
サンプルデザイン	119
サンプルバイアス	120
時間選好	31
時間選好率	37
時間費用	9
時間割引価値	216
時間割引率	198
事業運営費用	172
事業効果	169
シグナル	136, 137
重森臣広	194
資源配分	4
資源配分機構	143, 276
事後（的な費用便益分析）	6, 7
資産価値	96
資産効果	98, 99, 104, 250
資産選択行動	143
市場価格関数	92, 93
市場均衡価格	92
市場均衡価格曲線	107
市場効果	97, 98, 105, 250
市場需要関数	19
市場需要曲線	117
市場の失敗	20, 128
市場利子率	37, 42, 51, 316
システム分析	163
施設効果	172
事前（の費用便益分析）	6, 7
自然環境ストック	323
自然に対するゲーム	65, 70
持続可能な成長	38
実質値	58
実質利子率	58
私的（な）遺産	291, 292
私的限界費用	182
柴田愛子	158
支払(い)意思額 (willingness to pay (WTP)) 16, 17, 93, 115, 131-135, 137-141, 143	
支払許諾率	123
支払意思額自由回答方式	115
支払意思額の評価	93
資本市場	33, 37, 59, 316
社会的（な）時間選好率	36, 37
社会的（な）割引率	33, 36, 37, 39
社会的意思決定	5
社会的限界費用	182
社会的厚生関数	26

社会的コスト	187
社会的最適	284, 285
社会的純便益	4
社会的責任	145, 146, 148
社会的(な)厚生	26, 27, 201, 285, 286
社会的な最適値	205
社会的費用	4
社会的費用便益分析	3
社会的便益	3, 4
社会的無差別曲線	36-38
社会的割引率	58
社会の純評価	198
社会保険制度審議会	193
社会保障審議会社会保障将来像委員会	193
収益率	51
自由回答方式	130, 131, 134
私有財	139
囚人のジレンマ	214
終点価値	55-57
住民基本台帳	122
主体均衡	274, 276
受動的利用価値	110, 142
需要価格	19
準オプション価値	74, 75, 78, 79
純価値	200
循環型社会	321, 322, 329
純限界（環境）破壊（度）	320, 329-331
純現在価値（NPV）	10, 31, 49, 58
順序効果	131
純粋公共財	105
純便益	5, 31, 33, 63
純便益最大化	60
純便益最大化問題	41
生涯(の)可処分所得	302, 305, 313
生涯所得	291
償還主義	179, 186
条件付純便益	78
正直な納税行動	235
状態方程式	42
消費者余剰	17, 19, 20, 81
情報の価値	64
情報の非対称性	246, 335
所得効果	131, 132
所得再分配効果	313
人工環境ストック	321-323
森林資源現況	322

推測的変化	300
スーパーファンド法	110, 142
素直な納税者	228, 229
成果	165
税回避（行動）	226, 236
制御変数	271, 274
政策の純便益	209
生産可能曲線	34, 38
生産技術の改善	159
生産効率の改善	156
生産者余剰	20, 81
政治支出	223, 224, 240
政治的(な)意思決定過程	21
政治的で合法的な税回避行動	227
政治的な意思決定	194
政治的な均衡解	215
政治的な税回避行動	234, 239
政治的な税回避者	228, 233
税制調査会	186
生存分析	121, 143
政府間パネル	59
政府の失敗	21
世代間(の)所得再分配	292, 293, 309
世代間所得移転	317
世代内の所得再分配	293
ゼロ・エミッション	321
選好依存型評価法	111, 112
選好独立型評価法	111, 112
潜在価格	60, 80, 147, 152, 274
	279, 280, 328-333, 336, 338
潜在的な労働力の過剰	276
戦略的回答	135
戦略的回答バイアス	115, 143
戦略的態度	135
総費用	3
増分費用効果比	166, 181, 185
総便益	3
ソニーの環境会計	149
損益分岐値	71, 85
存在価値	142

た　行

ターンブル法	123
第3セクター	273
第3セクター化	162

第一東海自動車道	186	超長期の費用便益分析	30, 39
大気浄化法	40, 59	重複世代モデル	290, 294, 295, 316
対象集団	164	直接規制	40, 59
大数の法則	74	直接的費用	175
代替効果	131, 132	直接的利用価値	110, 120, 142
代替的政策	163	付け値	134
代替フロン	321	付け値関数	92, 93
代替法	112	積立方式	290
大統領命令12291	7	鶴田健志	149
宝酒造	150	適用評価法	111
多重共線性	107	テネシー川流域開発公社	185
多数決(制度)	21, 22, 136	手番	215
多数決の原則	204	展開型(の)ゲーム	206, 207
脱国有化	181	天然環境ストック	321–323
田中・久下沼モデル	317	電話調査	113, 114
田中宏樹	90, 107	等価年間純便益(法)	53, 54
田中廣滋	59, 79, 86, 90, 95, 148, 150, 152	同時決定モデル	246
	158, 185, 194, 221, 227, 230, 240	投資の限界収益率	35, 37
	289, 320, 328, 339, 340, 341, 345	投票のパラドックス	21
単峰型	301, 316	道路関係四公団民営化推進委員会(民営	
地域振興策	266	化推進委員会)	180
地域特性	101	道路公団改革	180
地域に対する自己負担率	271	道路事業の客観的評価指標(案)	168
地域の財政均衡条件	264	道路事業評価手法検討委員会	169
地域の財政(収支)均衡線	262, 263	道路整備特別措置法	178
小さな政府	223	道路整備のインパクト分析	186
地下経済	237	道路損傷税	186
地球温暖化	33	道路特定財源	186
地球温暖化対策	30, 38, 59	特性ベクトル	91, 93
地球温暖化問題	38, 39, 59	トップダウン構成要素分解方式	130
窒素酸化物(NO_x)	40	都道府県地価調査	101
地方分権	245, 246, 345	トラベルコスト法	111
地方分権一括法	245	取引費用	33, 37
地方分権推進計画	245		
地方分権の推進を図るための関係法律の		**な 行**	
整備等に関する法律	245		
中位投票者	12, 294, 316	内生的(な)ラーニング	76, 78, 79
中位投票者モデル	293, 316	内部収益率	51, 52
中央自動車道	186	中西準子	158
中央値	121	長原歩	158
中間(の費用便益分析)	6, 7	長嶺純一	158
中立性命題	275, 279	中村良平	107
中立命題	98, 99, 230, 250	ナッシュ均衡	215
	252, 261, 268, 280, 301	二項選択法	116, 134, 138
調査設計	118	二項選択法ヒストグラム	117
調査票	113	21世紀福祉ビジョン	289

二重二項選択法	118, 122
二値シグナル	137
年額因子	53
年金(の)破棄率(の)上昇	294, 310, 311, 313, 315
年金改革関連法	315
燃料電池自動車	83
農業省	185
野口悠紀雄	196

は 行

バイアス	126
排出規制基準	151
排出許可証市場	47, 60
排出許可証取引	40
排出権	82, 85
排出権市場	79, 81
排出権取引	30, 40, 59, 79
排出者責任	334
排出水準	151
排出抑制	151
波及効果	10
破棄率	291, 298, 311, 313
外れ値	115, 120
長谷川智之	241, 340
八王子市環境保全課	345
バルディーズ号原油流出事故	110, 121, 142
パレート改善	316
パレート最適	15, 16
バンキング	41, 59
判断バイアス	125, 129, 130
非営利組織	216, 267
控えめなデザイン	113
比較静学分析	264
非協力ゲーム	195, 215
非合法的な税回避行動	227
久野新	158
非市場財	135
非政治的な税回避行動	221, 229, 235, 237, 241
非政治的な税回避者	221, 228, 235, 236, 238
肥田野登	107, 108
費用効果比	165, 166
費用効果分析	21, 25, 26, 163, 184, 185, 335
費用最小化	60
費用最小化解	42
費用最小化分析	183
費用最小化問題	40, 41, 44
費用対効果	148, 156, 180
費用負担能力	105
費用便益比	168, 169
費用便益分析マニュアル(案)	60, 185
費用有効度分析	163, 185
票の取引	23, 24
表明選好法	111, 112
非利用価値	176
ファクターX	150
プールデータ	107
不確実性	63, 64, 327, 333, 341
賦課方式	292–295, 306
複利計算	33
不合意均衡	214
不純な(利他的)動機	270, 278
附属書B締約国	81
フッカー化学社	142
物価変動	30, 57
負の社会的割引率	38, 39
負の割引率	30, 48, 59
部分的感度分析	70–72, 85
プライス・キャップ制	180
不履行バイアス	130, 131, 141
プロスペクト理論	129, 130
兵器システム分析	163
平均支払意思額(WTP)	117, 123, 124
平均純評価	198
平均増分費用	167
平均値	121
平均費用	100, 101, 180
平均費用価格形成	179
平均費用の弾力性	101
米国連邦洪水管理法	185
ヘドニック(価格)関数	91, 107
ヘドニック価格法	91, 107, 111, 139
便益費用比(率)	30, 32
便益費用比率法	32
包括的環境対処補償責任法	142
包含効果	130, 132, 133
補償需要価格	19
補償需要関数	19
補償需要量	18
補助金	90, 95
補助変数	43

補助率	264, 266, 267
北海道開発局網走開発建設部	122, 143
ホテリングの法則	48
本州四国連絡橋児島―坂出ルート（瀬戸大橋）	186
本間達	340

ま 行

埋没費用	211
マルコフ過程	307
満場一致のルール	316
身近な環境ちぇっくどぅ	343, 345
三菱電機	150, 158
三橋規宏	158
宮川公男	185
宮野俊明	184, 186
宮脇淳	108
民営化	106, 181, 278
民間部門による公共財の自発的供給	231
武藤孝司	185
村松岐夫	215
名目値	58
名目利子率	58
メカニズムデザイン理論	136
面接調査	113, 122, 143
目的汎関数	42, 44
モノンガヘラ	127
モンテカルロ感度分析	71, 73
モンテカルロ分析	74, 86

や 行

矢澤則彦	107
山谷清志	164, 185
誘因両立的	118, 136, 138, 139, 143
有効度	165
有効度・費用比率	166, 185
郵便調査	113, 114, 143
油濁法	110, 142
吉田陽	150
余剰	16
余剰最大化行動	211
余剰分析	21

与野党間の交渉	201
468号首都圏中央連絡自動車道（圏央道） 大栄～横芝	185

ら 行

ラーニング	76
ライフサイクル・コスト	106
ライフサイクルモデル	292
ラブ・キャナル（運河）	110, 142
ラブ・キャナル事件	110, 142
ラムゼー価格	186
ランニングコスト	106
利害集団	223, 241
リコー	150, 158
リサイクル	324
離散時間モデル	33, 48
離散的	32
利子率	31, 48, 58
リスク	33, 37, 64, 66
利他主義	268
利他主義的な効用関数	299
利他的選好	293, 317
利他的な行動	290
利得の再配分	208
利用価値	140
料金プール制	180
両派の評価	198
緑字予算	150
レーガン大統領	7
連続時間	30
連続時間モデル	32, 33, 48, 59
連続性	32
老人保健福祉審議会	193
労働市場	272
ロードプライシング	21
ロジスティック回帰	118

わ 行

割引現在価値	31, 33, 42, 44, 68
割引率	10, 31, 39, 49, 50, 78, 211, 317
ワンショット行動	135

《欧文索引》（アルファベット順）

Abel, A. B.	268, 292	Hagen, D. A.	127
Allingham, M.	221	Hamilton 関数	43, 45
Andreoni, J.	270, 299	Hansson, I.	316
Arrow, K. J.	59	Harsanyi, J. C.	215
Auerbach, A. J.	292	Heberlein, T. A.	140
Bagwell, K.	292	Hoel, M.	158
Barro, R. J.	268, 291, 301, 317	HPM	111
Becker, G. S.	221	Hunter, W. J.	241
Bernheim, B. D.	268, 291, 292	impure altruism	270, 272
Bishop, R. C.	140	'impure' な利他主義者	299
Blume, L.	268	Intriligator, M. D.	267
Boadway, R. W.	316	IPCC	59
Boardman, A. E.	12, 60	ISO	320
BOT	183	Jones, P. R.	209
Brito, D. L.	267	Kahneman, D.	129, 132
Brookshire, D. S.	141	Kamien, M. I.	60
Bush, L. A.	207, 214	Kaplow, L.	221
CA	111	Kemp, M. A.	130
Calder, K. E.	191, 216	Kim, J.	246
Carlson, C.	59	Knetsch, J. L.	132
Carson, R. T.	136, 138	Kopp, R. J.	119
CERCLA	142	Kotolikoff, L. J.	292
Cornes, R.	270, 286	Kraan, C. J.	194
Cournot-Nash	195	Kristov, L.	241
Cournot-Nash 的な推測	228	Laffont, J. J.	246, 335, 341
Cramer の公式	154, 155	Lagrange 関数	43, 45, 151, 300, 337
CS	17	Lagrange（の）乗数	
Cullis, J. G.	209		43, 45, 257, 274, 300, 303, 305, 327, 337
Cummings, R. G.	141	Lagrange 式	257, 274, 327
CVM	19, 109	Layard, R.	13, 158, 341
Dasgupta, P.	38, 59	Lesser, J. A.	12
Desvousges, W. H.	127, 132	Lindert, P.	241
Drèze, J. P.	158, 341	Machina, M. J.	136, 138
DRM	111	Marrelli, M.	241
Duizendstraal, A.	216	Martina, R.	241
EI 値	150	Maxwell, C.	130
Emmot, B.	216	McClelland, R.	241
EPA	7, 59	McKillop, W.	128
Epple, D.	221, 246	Nash（的な）推測	273, 286
Frank, R. G.	267	NBS	4
Glaister, S.	13, 158, 341	NEC	150, 158
Greenberg, D. H.	12	Nelson, M. A.	241
Groves, T.	136, 138	Nentjes, A.	216
Gyourko, J.	90, 100	NOAA	110, 142

NOAA ガイドライン	109, 125, 142	Shleifer, A.	291
NPM	161	Smith, V. K.	119, 127
NPO	89, 273, 344	SPM	111
NPV	10, 53	Srinivasan, T. N.	221
Oates, W. E	158	Stern, N. H.	158, 341
OPA	110	Stiglitz, J. E.	59
Petitti, D. B.	184	Strawczynski, M.	292, 307
PFI	106, 108, 260, 268, 278	Stuart, C.	316
Plan-Do-See	161	Summers, L. H.	291
Portney, P. R.	59	Sutton, J.	207, 208
Randall, A.	131	Tabellini, G.	293, 317
RCM	112	TCM	111
RIA	7	Tirole, J.	212, 335, 341
Roback, J.	90, 91, 93, 107	Tolley, G.	131
Roback モデル	94	Tracy, J.	90, 100
Roberts, R. D.	291	Tversky, A.	129
Romano, R. E.	221, 246	Varian, H.	268
Rosen モデル	94	Vicary, S.	221, 270, 286
Rosen, S.	90, 91, 93, 107	Vincent, J. W.	127
Roy の恒等式	94	Vining, A. R.	12
RPM	111	Voith, R.	90
Rubin, J. D.	30, 45, 47, 60	warmglow	133, 270, 278
Rubin モデル	41, 45, 60	Weimer, D. L.	12
Salkever, D. S.	267	Weitzman, M. L.	39
Sandler, T.	270, 286	Welle, P. G.	127
Sandomo, A.	221, 241	Wen, Q.	207, 214
Schulze, W. D.	141	Weyant, J. P.	59
Schwab, R. M.	158	Wildasin, D. E.	316
Schwartz, N. L.	60	Wilson, H. D.	246
Selten, R.	215	WTA	16, 19, 20, 109
Shaked, A.	207, 208	WTP	16, 19, 20, 109
Sheshinski, E.	267	Yohe, G. W.	79, 341

執筆者紹介（執筆順）

田中　廣滋（たなか　ひろしげ）　中央大学経済学部教授〔編集，プロローグ，第1，2，3（共著）9，10，11，12，13，14章，エピローグ〕

本間　聡（ほんま　さとし）　九州産業大学経済学部講師〔第3章（共著）〕

長谷川　智之（はせがわ　ともゆき）　中央大学大学院経済学研究科博士後期課程〔第4章〕

高　斗甲（こう　とかぶ）　中央大学大学院経済学研究科博士後期課程〔第5章〕

伊東　弘人（いとう　ひろひと）　地球環境レポート研究員〔第6章〕

牛房　義明（うしふさ　よしあき）　北九州市立大学経済学部講師〔第7章〕

宮野　俊明（みやの　としあき）　九州産業大学経済学部助教授〔第8章〕

編者・田中廣滋の主著

公共選択の経済理論（単著）中央経済社　1982年
現代公共経済論（編著）中央経済社　1984年
市場機構と公共政策（単著）九州大学出版会　1988年
高齢化・国際化と地域開発（共編著）中央経済社　1990年
公共経済学の基礎と展開（共著）中央経済社　1992年
都市の環境と生活（共編著）九州大学出版会　1993年
公共経済学（共著）東洋経済新報社　1998年
地球環境政策（共編著）中央大学出版部　2000年　CRUGE研究叢書1
環境ネットワークの再構築（編著）中央大学出版部　2001年　CRUGE研究叢書2

費用便益の経済学的分析　　　　CRUGE研究叢書3

2003年8月4日　発行

編　集　中央大学研究開発機構地球環境研究ユニット
発行者　中央大学出版部
　　　　代表者　辰川弘敬

東京都八王子市東中野742-1
発行所　中央大学出版部
電話　0426（74）2351　FAX　0426（74）2354

100％古紙100％再生紙

表紙デザイン／アート工房時遊人　　　電算印刷・渋谷文泉閣

Ⓒ（検印廃止）

ISBN 4-8057-2502-8